CRIME AND MORAL VALUES

Dilemma between Punishment and Social Acceptability

범죄와 도덕적 가치

형벌과 사회적 수용성 사이의 딜레마

허경미 지음

박영사

머리말

범죄와 도덕적 가치(Crime and Moral Values)는 도덕과 범죄 사이의 복잡한 관계를 탐구하고, 시대에 따라 도덕적 가치, 원칙, 윤리적 틀이 어떻게 범죄행위와 형사사법체계에 반영되고 형성되는지를 탐색하는 데 초점을 둔 책이다. 좀 더 구체적으로는 이 책은 함무라비 법전에서부터 미국의 수정헌법, 대한민국의 헌법에 이르기까지 도덕적 가치가 어떻게 생성되고, 그것이 법규범에 어떻게 반영되는지 그리고 사회적 보편성과 합치 또는 충돌의 과정을 거치며, 새로운 도덕 법칙을 만들고 사회구성원의 윤리적 틀을 견고히 하는지 그 일련의 과정을 들여다보고자 하였다.

한편으로는 범죄가 도덕적 가치에 미치는 영향과 그 순환성에 대해서도 살펴보았다. 특정 범죄가 사회의 도덕적 가치관을 어떻게 변화시키는지, 그리고 이러한 가치관의 변화가 다시 관련 범죄에 어떤 영향을 미치는지에 대해서 고민하였다.

이 책, 범죄와 도덕적 가치는 크게 다섯 파트로 분류할 수 있다. 첫 번째 파트는 개념적 영역으로 도덕과 범죄의 정의와 고대문명 사회의 도덕과 윤리성 및 범죄개념 등의 태동 등을 설명하는 도입 부분이다. 함무라비법전, 마아트(ma'at), 히브리성경, 고대인도문명 등에서 발견되는 보편적 도덕성과 범죄 그리고 형벌체계가 오늘날 어떤 양상으로 구현되고 있는지 살펴 보았다. 두 번째 파트는 도덕성과 윤리학, 그리고 범죄학적 관점에서의 범죄와 처벌의 상호작용을 설명하는 영역으로 벤담과 밀의 공리주의, 칸트의 정언명령 관점의 도덕과 범죄 그리고 형벌 특히 사형제와 구금형에 대한 인식의 차이를 탐색하였다.

세 번째 파트는 도덕성과 범죄성이 유전적인 것인지, 발달하는 것인지, 학습에 의해 그 수준이 달라지는 것인지에 대해 행동신경과학, 롬브로소의 격세유전설, 콜버그와 반두라의 인지이론 등을 통하여 규명해 보았다. 같은 맥락에서 우리 사회에서 사이코패스범을 치료할 것인지 아니면 형벌의 대상으로 삼을 것인지에 대한 진지한 논의가 필요하다는 것을 확인하였다.

네 번째 파트에서는 시민인권적 차원에서의 도덕과 범죄의 경계선상에 있거나 이중적 지위에 있는 사회적 이슈, 즉 시민불복종(civil disobeidence), 마약, 안락사, 낙태, 표현의 자유 등에 대하여 그 논쟁점 들을 살펴보았다. 여기서는 특히 영국과 미국의 노예폐지운동, 홍콩의 노란우산운동, 캐나다 브리티시 컬럼비아주의 전면적인 마약합법화, 네덜란드의 안락사와 의사조력자살, 낙태자율권에 대한 미국연방대법원의 범죄화로의 전환, 영화배우 고 이선균 사건에서 드러난 언론의 왜곡된 표현의 자유 등을 통해 도덕성과 범죄성의 경계가 무엇인가에 대해 집중적으로 분석하였다.

다섯 번째 파트에서는 무관용주의(zero tolerance) 형사정책, 화학적 거세, 알고리즘 경찰권 행사 등의 주제를 통해 국가 혹은 공권력 차원에서 이루어질 수 있는 도덕과 범죄성 관련 충돌과 갈등적 요소들이 무엇인지, 그것들이 사회구성원의 삶의 질과 존엄성에 미치는 영향을 알아보았다. 특히 무관용주의를 최초로 도입한 미국의 이 형사정책이 특정 피부색을 가진 비행청소년들을 교정시설로 보내는 파이프라인 역할을 한다는 비난에 직면한 사실, 특정인을 잠재적 위험인물로 표적(target)하고 경찰권을 행사하는 이른바 알고리즘 경찰권 행사의 불공정성 혹은 몰인간화(dehumanization) 등의 쟁점을 짚어보았다.

부디 이 책, 범죄와 도덕적 가치가 첨예하게 입장이 갈리는 위와 같은 이슈들에 대해 건강한 합의를 도출해나가는 길의 한 이정표가 되길 바란다. 특히 범죄화와 비범죄화(discriminalization), 도덕과 부도덕의 경계가 무너지고, 새로운 경계가 만들어지는 약물사용, 낙태, 성범죄자 화학적 거세, 알고리즘 경찰권, 표현의 자유, 안락사나 조력자살 등에 있어 우리 사회는 좀 더 치열한 담론이 필요하다.

이 책을 출판하기까지 세심한 배려를 해주신 박영사의 편집진, 관심과 지지를 보내주시는 독자여러분과 가족에게 감사의 마음을 담아 보라색 수국 한바구니를 선사한다.

2024년 7월에

계명대학교 쉐턱관에서 저자 허경미

목 차

PART 01

도덕과 범죄의 태동

CHAPTER 01

도덕과 범죄

CHAPTER 02

고대문명 사회의 도덕과 범죄

PART 02

도덕적 선택 및 의무, 범죄와 형벌

CHAPTER 03

공리주의, 도덕적 선택과 범죄

CHAPTER 04

도덕적 의무론과 응보주의 형벌

PART 03

도덕성과 범죄성의 유전과 발달, 그리고 사회화

CHAPTER 05

행동신경과학: 도덕성과 범죄성의 DNA를 말하다

CHAPTER 06

도덕성과 범죄성의 발달과 학습

CHAPTER 07

사이코패스: 질병과 형벌의 성긴 울타리

PART 04

도덕성과 범죄성의 경계와 해체, 새로운 정의의 출현

CHAPTER 08

시민불복종운동, 정의와 범죄 그 사이

CHAPTER 09

마약: 쾌락과 질병 그리고 범죄론의 변주

CHAPTER 10

안락사, 죽음으로 가는 미끄러운 경사로인가?

CHAPTER 11

낙태: 자기결정권과 생명권의 어느 지점

CHAPTER 12

영화배우 고 이선균, 표현의 자유를 묻다.

PART 05

국가 공권력, 형사사법권의 딜레마, 불균형성

CHAPTER 13

무관용주의 형사정책: 덫, 숨겨진 권력

CHAPTER 14

화학적 거세: 신체적 제재와 윤리 그 너머

CHAPTER 15

알고리즘 경찰권 행사: #해시태그 우범자, #해시태그 범죄 피해자

PART

01

도덕과 범죄의 태동

CRIME AND MORAL VALUES

CHAPTER

01

도덕과 범죄

DILEMMA BETWEEN PUNISHMENT AND SOCIAL ACCEPTABILITY

범죄와 도덕적 가치

Crime and Moral Values

Ⅰ. 도덕, 도덕성이란

도덕 또는 도덕성(moral, morality)이란 개인과 집단이 옳고 그름 또는 그 행동을 구별하도록 안내하는 원칙이나 표준의 체계를 말한다. 따라서 도덕은 공동체 사회에서 윤리적 의사결정과 행동을 형성하는 광범위한 신념, 가치 및 규범을 포함한다.[1]

따라서 도덕성은 다음과 같은 특징을 보인다.[2]

첫째, 도덕성은 주관적 특징을 보인다. 즉, 도덕성은 사람마다 또는 사회나 문화에 따라 다를 수 있다. 특정 사회에서 도덕적이라고 간주되는 것이 다른 사회에서는 비도덕적(immoral)이라고 비난받을 수 있다. 도덕의 주관성은 문화적 규범, 종교적 신념, 개인적 경험과 같은 다양한 요인의 영향을 받아 형성된다. 둘째, 도덕성은 보편성(universality)을 띤다. 도덕성이 가지는 주관적인 특징에도 불구하고, 다양한 문화와 사회에서 공유되는 보편적인 도덕적 원칙이 있다 이에는 정직, 공정성, 동정심, 타인에 대한 존중과 같은 개념이 포함될 수 있다. 셋째, 도덕성은 개인이 자신의 행동을 결정하는 기준이 된다. 사람들이 타인과의 교류와 갈등관계를 해결하고, 사회적 규범을 유지하는 방법에 대한 내면의 지침인 것이다.

넷째, 도덕성은 사회적 기능을 유지하는 특징이 있다. 즉, 도덕성은 공동체 내에서 사회 질서와 결속을 유지하며, 특정 행동에 대한 기대치를 설정하고 개인 간의 상호 작용을 규제하는 기준이 된다. 그리고 이 도덕성은 사회적 규칙과 법률을 제정하는 기초가 되며, 바람직한 사회적 행동표준(social behavior standards)을 제시한다. 다섯째, 도덕성은 발달과 변화하는 특징이 있다. 개인이 속한 집단, 학습과

1 Stanford Encyclopedia of Philosophy, The Definition of Morality, https://plato.stanford.edu/entries/morality-definition/

2 Darwall, S. (2017). Ethics and morality. In The Routledge handbook of metaethics, Routledge. 552-566.

정, 경험 등에 의하여 발달(development)과 변화를 보이며, 특히 가정, 학교, 직장, 사회 종교활동 및 문화 등을 통하여 변화를 보일 수 있다.[3] 여섯째, 도덕성은 모호성(ambiguity)을 보일 수 있다. 즉, 도덕성은 상충되는 가치와 원칙을 포함할 수 있다. 따라서 같은 사안에 있어서도 서로 다른 도덕적 고려 사항이 충돌하여 갈등상태를 야기할 수 있다.

이와 같은 도덕성이 가지는 특징들은 다음과 같은 딜레마 혹은 논쟁을 불러올 수 있다.

- 우리가 다른 사람에게 해를 끼치지 않고 누군가에게 이익을 줄 수 있다면 그렇게 해야 합니다.
- 다른 사람에게 해를 끼치지 않고 누군가에게 해를 끼치는 것을 방지할 수 있다면 그렇게 해야 합니다.
- 다른 사람의 목적을 위해 사람을 수단으로 이용하는 것은 잘못된 것입니다.
- 그것은 그들의 자율성을 침해합니다.
- 그것은 그들의 바람에 어긋날 수도 있습니다.
- 그 사람이 스스로 결정을 내릴 수 없다면 어떻게 될까요?
- 여러 사람을 구하기 위해 한 사람의 희생을 요구하는 것은 잘못된 것입니다. 과연 그럴까요? 예외는 없을까요?
- 우리는 죽음을 무릅쓰고서라도 가능한 한 많은 사람을 구해야 합니다.
- 인간의 생명은 똑같이 소중하고 신성한 것입니다. 적군의 생명도 그런가요?
- 탄소중립을 위해 전기차를 운전해야 합니다. 그런데 전기차를 만들고 유지하는데 더 많은 온실가스가 발생한다고 합니다.

한편 윤리 또는 윤리학(Ethics)이란 도덕적 신념과 실천에 대한 비

3 Tomasello, M., & SHIMIZU, Y. (2018). The origins of morality. Scientific American, 319(3), 70-75.

판적 조사, 윤리적 원칙과 표준의 개발 및 연구하는 학문으로 인간의 행동과 의사결정의 도덕적 옳음이나 그름을 평가하기 위한 틀(Frame)을 제시하는 노력을 계속하고 있다.[4]

따라서 윤리학은 도덕철학(moral philosophy)이라고도 불린다. 윤리학(ethics)은 고대 그리스어와 라틴어인 ethos(성품)와 mores(관습)에서 그 근원을 찾을 수 있으며, 관습은 특정 문화 내에서 무엇이 도덕적으로 허용되거나 허용되지 않는지 결정하는 기준이 된다.

윤리학은 옳고 그름을 따지는 일반적인 통념과는 다르며, 도덕을 방법론적으로 연구하는 학문체계라고 정의할 수 있다.

Ⅱ. 도덕적 입장과 도덕적 이유

도덕적 입장(moral position)이란 내가 어떤 의사결정을 하고 그에 따라 행동해야만 했던 당위성, 즉 도덕적 이유(moral reasoning)라고 할 수 있다.[5] 도덕적 이유는 공정성(fairness, 비편협성)이 있어야 하고, 합리적 타당성을 가져야 하며, 무엇보다 건전해야 한다. 따라서 편견(prejudice)에 사로잡히거나 명백한 거짓임에도 불구하고 이를 인정하지 않고 지극히 개인적인 감정으로 판단하거나, 자신의 신념이 아닌 다른 사람의 신념에 따르는 등은 도덕적 이유라고 할 수 없다.[6]

법철학자인 로널드 드워킨(Ronald Dworkin)은 도덕적 이유는 객관적이며 개인의 선호나 욕구와 무관하며, 공정성, 정의, 인간 존엄성의 원칙에 기초해야 한다고 주장하였다.[7] 또한 객관적인 도덕적 진리

---

4 Rachels, J., & Rachels, S. (2012). The elements of moral philosophy 7e. McGraw Hill. 39-41.

5 Fassin, D. (2011). A contribution to the critique of moral reason. Anthropological theory, 11(4), 481-491.

6 Dworkin, R. (1973). The original position. University of Chicago Law Review, 40(3), 500-533.

의 존재를 주장했다. 특히 그는 도덕적 이유는 개인에게 주어진 상황에서 무엇을 해야 하는지 알려주는 윤리적 행동(ethical behavior)의 지침이라고 보았다. 따라서 성실한 사람이라면 자신이 깊이 간직하고 있는 도덕적 신념과 원칙에 따라 행동하려 노력하며, 도덕적 불일치나 불확실성에 직면할 경우에도 개인의 윤리적 신념에 따라 행동의 일관성을 보인다고 설명하였다.

Ⅲ. 범죄란 무엇인가

범죄(crime)에 대한 정의는 학문에 따라 그 차이를 보인다. 범죄의 범죄학적인 정의는 법(law)을 위반하여 형사사법체계(criminal justice system)에 의해 처벌될 수 있는 행위를 말한다. 법이란 특정 사회나 국가의 도덕성, 윤리원칙, 관행 등을 반영하여 구성원의 합의에 의해 제정된 강제 규범이다. 형사사법체계란 범죄수사, 기소, 판결, 범죄인교화 등을 행하는 사법행정시스템을 말한다.[8]

이에 비해 범죄의 법학적 정의는 구성요건 해당성, 위법성, 책임성을 갖춘 행위라고 할 수 있고, 철학적 정의는 윤리적 틀 혹은 도덕성을 벗어난 행위라고 정의할 수 있다. 범죄의 사회학적 정의는 사회적 결속과 통합을 촉진하는 공유 규범과 가치를 해치는 행위로서 사회적 기능을 해치는 행위라고 할 수 있으며, 심리학적으로는 도덕성이 발달되지 않은 사람의 행위 등으로 정의할 수 있다.

어떤 학문적 정의를 배경으로 하던 범죄란 특정 사회의 도덕적 가치를 바탕으로 한 규범체계를 벗어난 행위라고 인식하는 공통점이 있다.

7 Dworkin, R. (2011). Justice for Hedgehogs. Harvard University Press.In this comprehensive work, Dworkin explores the concept of justice and its connection to morality, ethics, and human flourishing.

8 허경미, 범죄학 제8판, 2023, 박영사. 7-8.

Ⅳ. 도덕적 관점에서의 범죄

다음의 이슈에 대하여 도덕적 관점에서 단순히 도덕의 문제인지 아니면 더 나아가 범죄라고 할 수 있는 것인지 생각해볼 수 있다.

- 사형제도를 지지하는 낙태 반대론자
- 가죽 스니커즈를 신는 채식주의자
- 사립학교에서 자녀를 교육하는 사회주의자
- 복지정책을 주장하면서 외도를 하는 정치인
- 전기차가 위험하다며 경유차를 운전하는 환경운동가
- 저작권을 강조하면서 컴퓨터 소프트웨어나 음악을 복제하는 사람

도덕적 관점에서는 범죄를 의사결정의 도덕적 실패라고 할 수 있다.[9] 범죄는 개인이 행위의 부당함이나 그것이 피해자에게 미치는 영향을 인식하지 못할 때 발생한다. 도덕적 관점에서는 개인의 자유 의사 결정이 범죄 행위의 기초가 되며, 범죄 행위가 죄책감이나 수치심보다는 즐거움이나 어떤 이익을 가져올 때 범죄가 발생한다. 즉, 대부분의 범죄는 개인의 도덕성이 가지는 한계로 인하여 발생한다고 설명할 수 있다.

따라서 평균 수준의 도덕성 혹은 윤리성을 가진 사람들이라면 한 사회가 요구하는 보편적 도덕원칙을 잘 이해하고 준수하려는 성향과 태도를 가지고 있다고 추론할 수 있다. 그러나 이는 매우 형이상학적인 기대일 뿐 사회는 다양한 구성원들의 다양한 본성과 도덕성 수준, 그리고 법률적 체계로 작동되므로 크고 작은 도덕적 충돌과 범죄가

9 Albanese, Jay S. (2016). Professional Ethics in Criminal Justice: Being Ethical When No One is Looking, 4th ed. Prentice Hall.

발생할 수 있다.

한편 범죄사회학을 창시한 이탈리아의 초기 실증주의 범죄학자인 페리(Enrico Ferri, 1856-1929)는 도덕과 범죄의 관계를 다음과 같이 설명하였다.

페리(Enrico Ferri)의 도덕과 범죄의 관계[10]

....Un'altra classe, la più bassa, è costituita da individui contrari ad ogni senso di rettitudine, i quali, essendo privi di educazione, perennemente trascinati dalla loro miseria materiale e morale nelle forme primitive della brutale lotta per l'esistenza, ereditano dai genitori e trasmettono ai loro figli un'organizzazione anormale, che aggiunge degenerazione e malattia, un ritorno atavico all'umanità selvaggia.....

"...범죄사회학의 관점에서 사회 계층을 세 가지 유사한 범주로 나눌 수 있다. 가장 높은 계층은 범죄를 저지르지 않고, 도덕적 감각, 종교적 정서 및 평판, 여론 등을 의식하는 사람들이다. 이들은 도덕적 습관에 대한 유전성을 타고 났다... 그런데 불행하게도 이와 같은 사람들은 극히 많지 않다...

또 다른 계층은 모든 올바른 감각에 반대하는 개인들로 구성된다. 이들은 교육을 받지 못했고 물질적으로 결핍되어 있으며, 잔혹한 도덕성을 물려받은 사람들이다. 이들은 선천적인 범죄자들로 처벌이 쓸모없다... 왜냐면 그들은 법에 의한 처벌과 정직성을 구별할 수 있는 도덕적 감각을 갖지 못했기 때문이다...

마지막으로 범죄를 타고나지는 않았지만 악덕과 미덕을 번갈아 오

10 Ferri, E. (1917). Criminal sociology (Vol. 9). Little, Brown. https://www.marxists.org/archive/ferri/criminal-sociology/ch02.htm/

가며, 불완전한 도덕 감각, 교육 및 훈련을 받는 사람들이다. 이들에게는 처벌이 심리적 동기로서 진정으로 유용할 수 있다. 가장 많은 범죄가 이들에 의하여 발생된다. 이들에 대한 처벌은 과학적 심리학의 원리에 따라 실행될 경우, 특히 범죄 기회의 수를 줄이는 사회적 예방의 도움을 받을 경우 효과적이다."

V. 도덕성, 범죄, 처벌의 모호성과 딜레마

앞서 페리는 도덕성을 생래적인 본성(innate nature)으로 인식하였다. 그리고 사회는 높은 도덕성을 타고난 사람들과 그렇지 못한 사람들, 그리고 이중적 도덕성을 가진 사람들로 구성된다고 보았다. 그는 범죄는 바로 이 세 번째 이중적 도덕성을 가진 사람들에 의하여 가장 많이 발생한다고 주장하였다.

페리의 주장을 바탕으로 범죄적 행동에 대한 형사사법적인 제재와 처벌이 필요하다는 것을 알 수 있다. 즉, 도덕적 본성을 타고나지 못한 사람은 사회를 보호하기 위하여 그를 사회로부터의 격리 또는 엄격한 처벌이 필요하다는 논리가 성립한다. 또한 이중적 도덕성을 가진 사람들은 공동체 사회의 도덕성 수준을 가질 수 있도록 역시 사회와의 일정한 격리 혹은 처벌이 필요하다.

그런데 한편으로 역시 페리의 주장을 바탕으로 할 때 범죄적 행동에 대한 형사사법적인 제재의 무용성 혹은 그 효과의 한계 역시 드러난다. 즉 도덕성을 타고나지 못한 범죄자의 경우 아무리 강력하게 처벌하여도 그의 도덕성이 개선되지 않는다면 결국 부도덕한 행동, 범죄는 계속될 것이기 때문이다. 페리 역시 이들에 대한 처벌의 무용성을 주장하였다. 21세기의 관점에서는 페리의 주장처럼 이들을 영구적으로 사회와 격리시켜 교도소에 수용하거나 국외로 추방하는 처벌은 불합리하거나 비윤리적이라는 비난에 직면할 것이다.

한편으로 페리는 범죄자의 도덕성을 바탕으로 처벌의 효과성을 거론하였지만, 앞서 도덕성의 특징에서 살펴본 것처럼 시대와 국가 그리고 사회에 따라 도덕성은 변화성과 상충성을 보인다는 점도 간과할 수 없는 진실이다. 가장 대표적으로 미국의 낙태권 논쟁을 들 수 있다.

1973년 미국 연방대법원은 로 대 웨이드(Roe v. Wade) 판결로 여성의 낙태권을 인정하였다. 그러나 2022년 도브스 대 잭슨여성건강기구(Dobbs v. Jackson Women's Health Organization) 판결을 통하여 낙태를 비윤리적 행위라며 각 주정부별로 처벌할 수 있다고 판결하였다. 즉, 낙태를 미국 사회의 허용 가능한 도덕적 수준의 행위에서 범죄적 행위로 재정의한 것이다. 그리고 여전히 미국은 낙태권에 대한 사회적 논쟁을 이어가고 있다.[11]

이러한 논쟁은 도덕과 범죄에 대한 처벌의 모호성과 그 딜레마를 보여준다. 나아가 도덕성이 다양한 요소에 의하여 사회 규범적으로 재정의될 수 있다는 것도 극명하게 보여준다. 더 나아가 본질적으로, 즉 도덕적으로 사악한 범죄(malum in se)라는 정의 역시 가변적일 수 있다는 사실도 일깨워준다.[12]

도덕과 범죄, 그리고 처벌의 모호한 경계

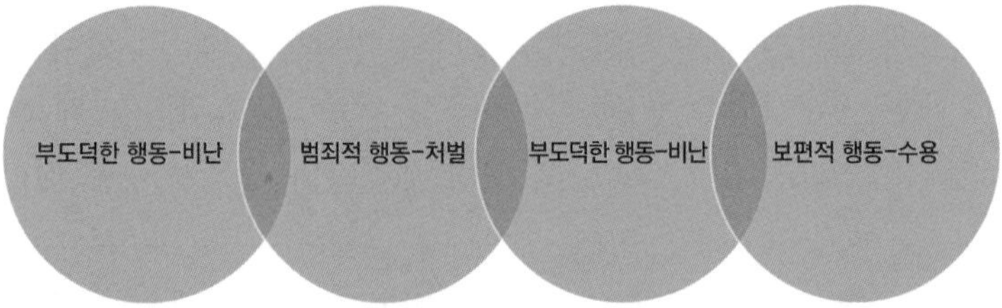

11 Bloomberg News, 2024.3.25., Supreme Court Rekindles Abortion Debate as Election Fight Looms, https://han.gl/Jt8u0/

12 Duff, R. A., & Marshall, S. E. (2019). Crimes, public wrongs, and civil order. Criminal Law and Philosophy, 13, 27-48.

참고문헌

1 Stanford Encyclopedia of Philosophy, The Definition of Morality, https://plato.stanford.edu/entries/morality-definition/

2 Darwall, S. (2017). Ethics and morality. In The Routledge handbook of metaethics, Routledge. 552-566.

3 Tomasello, M., & SHIMIZU, Y. (2018). The origins of morality. Scientific American, 319(3), 70-75.

4 Rachels, J., & Rachels, S. (2012). The elements of moral philosophy 7e. McGraw Hill. 39-41.

5 Fassin, D. (2011). A contribution to the critique of moral reason. Anthro pological theory, 11(4), 481-491.

6 Dworkin, R. (1973). The original position. University of Chicago Law Review, 40(3), 500-533.

7 Dworkin, R. (2011). Justice for Hedgehogs. Harvard University Press.In this comprehensive work, Dworkin explores the concept of justice and its connection to morality, ethics, and human flourishing.

8 허경미, 범죄학 제8판, 2023, 박영사. 7-8.

9 Albanese, Jay S. (2016). Professional Ethics in Criminal Justice: Being Ethical When No One is Looking, 4th ed. Prentice Hall.

10 Ferri, E. (1917). Criminal sociology (Vol. 9). Little, Brown. https://www.marxists.org/archive/ferri/criminal-sociology/ch02.htm/

11 Bloomberg News, 2024.3.25., Supreme Court Rekindles Abortion Debate as Election Fight Looms, https://han.gl/Jt8u0/

12 Duff, R. A., & Marshall, S. E. (2019). Crimes, public wrongs, and civil order. Criminal Law and Philosophy, 13, 27-48.

CHAPTER

02

고대문명 사회의 도덕과 범죄

DILEMMA BETWEEN PUNISHMENT AND SOCIAL ACCEPTABILITY

범죄와 도덕적 가치

Crime and Moral Values

Ⅰ. 문명의 발달과 도덕성, 그리고 범죄

문명(civilization), 도덕, 범죄의 관계는 복잡하고 역동적이다. 어느 문명에서나 구성원의 행동을 규제하고 사회 질서를 유지하기 위한 도덕적, 윤리적 틀을 가지고 있고 이는 궁극적으로 법률 체계에 반영되며, 고정적이지 않고 변화한다. 따라서 도덕성과 범죄는 한 사회의 문화와 역사, 종교 등 다양한 요인과 상호 영향을 주고받는 양상을 보인다. 고대문명 사회의 도덕체계는 종교적 또는 권력층의 통치체제를 바탕으로 발전하면서 법률의 이름으로 혹은 종교적 신념으로 구체화 되었고, 특히 보편적 도덕원칙은 현재에 이르기까지 영향을 끼친다.

대표적으로 오늘날까지 다양한 법률 체계에 영향을 끼친 도덕성과 범죄, 범죄자처벌 등의 기본원칙인 동해보복 사상을 바탕으로 하는 메소포타미아 문명의 함무라비 법전과 히브리성경 속의 십계명의 내용을 살펴본다. 그리고 고대 이집트의 사자의 서에 나타난 마아트와 고대 인도문명의 도덕률과 그 위반에 대한 제재를 살펴본다.

Ⅱ. 함무라비 법전의 도덕과 범죄

메소포타미아 문명(mesopotamian civilization)은 세계 최초의 문명 중 하나로 문명의 요람으로 불리기도 하며 여러 개의 도시국가로 이루어졌다. 현재의 이라크, 쿠웨이트, 시리아 동부 및 티그리스강과 튀르키예 남동부와 이란 남서부를 잇는 유프라테스강 사이 지역에서 번성했다. 메소포타미아 문명은 기원전 3500년경에 출현하여 기원전 500년경까지 지속되었다.

메소포타미아 문명은 티그리스강과 유프라테스강 유역의 비옥한 토양 덕분에 농업과 관개기술이 발달하였으며, 이를 바탕으로 번성하였다. 또한 설형문자(cuneiform)를 만들어 각종 기록물을 만들었고, 문학이 발달하였으며, 법률을 제정하여 행정을 펼치는 통치체제를 유지하였다. 메소포타미아 종교는 다신교였으며, 지구라트(ziggurat)로 알려진 사원은 다양한 신들을 경배하기 위하여 지어졌다.

고대 메소포타미아 문명 지역

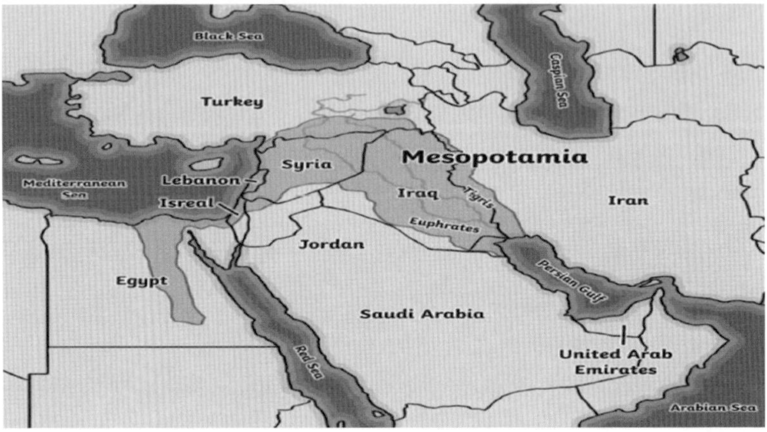

지중해와 페르시아만 사이에 있는 메소포타미아의 전략적 위치는 직물, 금속, 목재, 농산물 등의 물품이 교류되는 무역의 중심지로서의 역할을 하였다. 수학, 천문학, 공학 및 법학 등 다양한 분야에서 상당한 수준으로 번성하였다.

메소포타미아 문명은 특히 함무라비 법전(code of hammurabi)[1]을 만들어 상업, 결혼, 상속, 범죄 행위 등 일상생활의 다양한 측면을 규제하고 사회의 계층 구조와 질서를 유지하였다. 따라서 함무라비 법전은 메소포타미아 문명의 도덕성과 정의에 대한 인식을 통찰할 수 있는 창구라고 할 수 있다.

1 the Independence Hall Association, Hammurabi's Code: An Eye for an Eye, https://www.ushistory.org/civ/4c.asp/

함무라비 법전은 바빌로니아 왕이었던 함무라비가 1755년부터 1750년경에 만들었다. 그는 기원전 1792년부터 50년까지 바빌로니아 제국을 통치하였다. 함무라비 왕은 바빌론의 왕에서 출발하여 메소포타미아의 많은 국가를 정복하면서 다양한 집단을 통합하고 통치하려면 보편적인 법칙이 필요하다고 판단하였다. 그는 왕국 전역에 법률 전문가를 파견하여 기존 법률들을 수집했다. 그리고 이 가운데 282개를 선별하여 최종적으로 높이 2.25m에 해당하는 현무암 비석에 4,130줄의 설형문자를 기록하여 법전을 완성하였다.

함무라비 법전은 응보적 정의(retributive justice)와 위계 원칙에 깊이 뿌리를 두고 있고, 형법, 가족법, 재산법 및 상법에 이르기까지 모두 282개의 조문으로 구성되었다. 범죄에 대한 처벌의 정도는 매우 엄격하며, 동해보복의 원칙(lex talionis, the legal principle of exact retaliation)에 입각하여 눈에는 눈(an eye for an eye)이라는 비례적인 정의, 즉 공정성(fairness)을 강조한다. 그런데 처벌의 정도는 사회적 신

함무라비법전(루브르 박물관 소장)

자료: https://www.louvre.fr/

분에 따라 차이를 두었다. 즉, 상류층은 좀 더 엄격한 처벌을 받았고, 상류층에게 해를 끼치는 경우 평민에게 해를 끼치는 경우보다 더 강하게 처벌토록 하였다.

Ⅲ. 마아트의 도덕과 범죄

고대 이집트 문명(ancient egyptian civilization)은 세계에서 가장 오랫동안 지속된 문명 중 하나로 아프리카 북동부의 나일강 유역을 따라 기원전 3000년 전부터 기원전 30년까지 번창하였다.

나일강을 따라 농업에 적합한 비옥한 땅으로 농업이 발달하면서 문명이 대동하기 시작하였다. 아프리카, 아시아, 유럽 사이를 잇는 전략적 입지를 배경으로 금, 상아, 파피루스, 이국적인 동물과 같은 상품들을 거래하는 무역적 요충지로 성장하였고, 인근의 히타이트, 아시리아, 그리스 등 다른 문명과의 교류를 통하여 정치와 경제, 문화적 다방면의 눈부신 발전을 보였다.

고대 이집트인들은 채석, 운반, 석재 기술을 개발하고 정교한 벽화, 조각품, 보석을 제작하였으며, 이를 사원, 피라미드, 무덤, 오벨리스크 등 기념비적인 건축물에 반영하였다. 고대 이집트는 수학, 천문학, 의학, 기하학 공학 및 건축학 분야에 상당한 발전을 이뤄 달과 태양의 주기에 기초한 달력을 만들었고, 관개 시스템을 건설했으며, 독보적인 방부처리 기술을 습득하였다. 이들은 그림 기호를 사용하는 상형문자(hieroglyphs)를 발명하여 종교 문헌, 신화 이야기, 시, 그리고 문학 서적을 남겼다.

고대 이집트 사회는 신분계층이 엄격하여 최상층은 신과 교류한다고 믿는 통치자인 왕인 파라오가 있었고, 그 아래로 귀족, 사제, 서기관, 장인, 농민 등의 구조를 유지하였다. 고대 이집트인들은 자연, 인간 활동 또는 신을 연결하는 우주의 질서, 즉 마아트(ma'at)를 관장하는 여신이 있다고 믿고 이를 숭배하였다.

마아트는 우주의 조화, 균형, 질서, 조화, 법, 도덕성 및 정의 등을 의미하며, 인간 행동과 사회적 규범을 안내하는 도덕적, 윤리적 틀로서 현실세계에서 해서는 안되는, 즉 금기시되는 덕목으로 모두 42개로 이루어졌다. 생전에 마아트를 잘 지켰는지의 여부는 사후에 모두 42명의 신에게 "나는 ~을 하지 않았습니다"라는 금기시되는 행동, 즉 도덕을 위반하지 않았다는 자기 부정고백(42 negative confessions) 또는 자기순결선언(42 declarations of purity)을 하여야 한다. 고백을 모두 마치면 이것이 진실인지 여부를 심장을 꺼내 저울에 측정하는데 균형추로 올려놓은 것이 마아트, 즉 타조 깃털이다.[2]

저울이 평형을 유지하지 못하고 기울면 거짓으로 판정되어 악마

고대 이집트의 죽은 자의 서

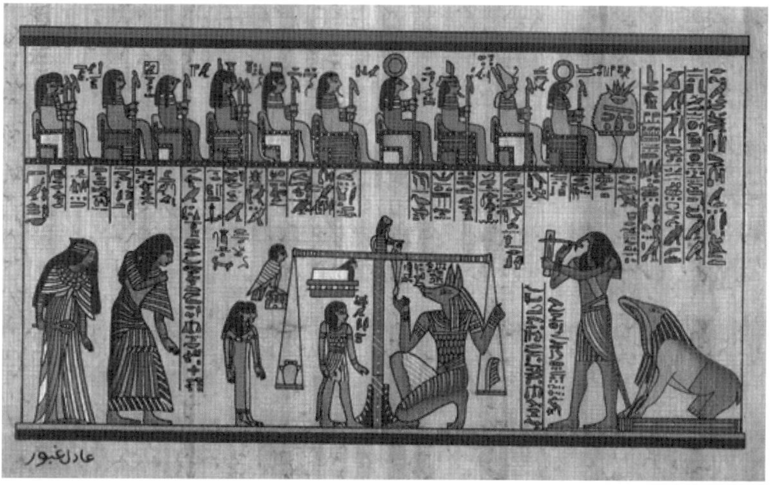

2 고대 이집트인들은 피라미드를 건축할 때 거대한 피라미드가 무너지지 않도록 중심축을 잡는데 타조 깃털, 즉 마아트를 활용하였다. 따라서 마아트는 모든 사물의 근원, 중심축, 중용, 도덕, 정의 등이라고 번역된다. 매일경제, 2013.8.9., 사자의 서, https://www.mk.co.kr/news/culture/5665713/

의 신에게 잡아먹힌다. 이로써 스스로의 삶은 소멸된다. 그러나 저울이 평형을 이루면 진실한 고백으로 인정되며, '목소리에 거짓이 없는 자'가 되어 태양신의 인도를 받아 재생과 부활의 신인 오시리스(osiris) 앞에 서게 되고, 사후세계에서 영생을 누린다고 믿었다.

그리고 이러한 일련의 과정을 양피지에 기록한 것이 사자의 서(book of the dead)이다.[3] 고대 이집트 문명에서는 따라서 이 마아트를 지키지 않는 경우 범죄로 간주된다.

42개의 마아트

나는 죄를 짓지 않았습니다.
나는 폭력으로 강도질을 하지 않았습니다.
나는 훔친 적이 없습니다.
나는 남자나 여자를 죽인 적이 없습니다.
나는 곡식을 훔치지 않았습니다.
나는 제물을 훔치지 않았습니다.
나는 신들의 재산을 훔치지 않았습니다.
나는 거짓말을 하지 않았습니다.
나는 음식을 가지고 가지 않았습니다.
나는 저주를 한 적이 없습니다.
나는 간음을 범하지 않았습니다.
나는 아무도 울게 하지 않았습니다.
나는 쓸데없이 슬퍼하지도 않았고, 까닭 없이 후회하지도 않았습니다.
나는 어떤 사람도 공격하지 않았습니다.
나는 사기꾼이 아닙니다.

3 사자의 서의 원래 이집트 명칭은 '루 누 페레트 엄 헤루'로 그 의미는 '빛으로 나오기 위한 책'이란 의미이다. 사자의 서는 죽음을 맞이한 자가 '두아트'라는 가장 깊은 지하세계를 지나 사후세계로 여행하면서 다음 세계로 진입하기 위해 필요한 주문(呪文) 모음집이다. 매일경제, 2013.8.9., 사자의 서, https://www.mk.co.kr/news/culture/5665713/

나는 경작지를 훔치지 않았습니다.
나는 엿듣는 사람이 아니었습니다.
나는 아무도 비방하지 않았습니다.
나는 정당한 이유 없이 화를 내지 않았습니다.
나는 어떤 남자의 아내도 타락시킨 적이 없습니다.
나는 어떤 남자의 아내도 타락시킨 적이 없습니다(이전의 확언을 다른 신에게 또 고백한다.).
나는 나 자신을 오염시키지 않았습니다.
나는 아무도 테러하지 않았습니다.
나는 율법을 어기지 않았습니다.
나는 화를 내지 않았습니다.
나는 진리의 말씀에 귀를 닫지 않았습니다.
나는 모독하지 않았습니다.
나는 폭력을 행사하는 사람이 아니었습니다.
나는 다툼을 일으키는 자가 아니었습니다.
나는 지나치게 성급하게 행동하지 않았습니다.
나는 상황을 왜곡하지 않았습니다.
나는 말할 때 내 말을 많이 하지 않았습니다.
나는 아무 잘못도 행하지 않았고 악한 일도 하지 않았습니다.
나는 왕을 대적하여 마술을 행한 적도 없고 왕을 모독한 적도 없습니다.
나는 물의 흐름을 멈춘 적이 없습니다.
나는 한 번도 오만하게 말하거나 화를 내며 목소리를 높인 적이 없습니다.
나는 신을 모독한 적이 없습니다.
나는 악한 분노를 가지고 행동하지 않았습니다.
나는 신들의 빵을 훔치지 않았습니다.
나는 죽은 자의 음식이나 물건을 가져가지 않았습니다.
나는 어린아이의 빵을 빼앗지 않았고 내 도시의 신을 멸시하지도 않았습니다.
나는 신에게 속한 가축을 죽이지 않았습니다.

Ⅳ. 히브리성경 십계명의 도덕과 범죄

히브리성경은 통상 구약성경(old testament)을 말한다.[4]

출애굽기(Exodus), 즉 이집트 탈출기는 히브리어 성경과 구약성서의 두 번째 책으로 고대 이스라엘 백성이 이집트의 노예 생활에서 모세(Moses)의 인도를 받아 약속의 땅으로 향하는 여정에 관한 이야기를 담고 있다. 모세는 이스라엘 백성을 애굽에서 인도하라는 하나님의 명령을 받아 온갖 고난 끝에 시내산(sinai)에 도착한다.

출애굽기 19장 25절은 하나님은 시내산에서 하나님의 손가락으로 두 개의 돌판에 십계명을 새겨 모세에게 주었고, 모세는 이를 이스라엘 백성에게 전했다고 기록되어 있다. 구약성경 출애굽기 20장 2절부터 17절, 34장 11절부터 26절, 신명기 5장 6절부터 21절에 이르기까지 십계명이 기록되어 있다.

십계명은 고대 유대교와 기독교의 기본행동강령으로 도덕적 원칙이라고 할 수 있다. 십계명은 신에 대한 충성, 헌신, 영적 성실, 경외

모세와 십계명(moses with the ten commandments)[5]

4 https://ko.wikipedia.org/wiki/

5 Philippe de Champagne(1621-1674, 프랑스 화가)

심, 존중, 가족에 대한 헌신, 유대감, 돌봄, 생명존중, 순결, 가정윤리, 사유재산에 대한 존중, 공정, 말과 행동의 진실성, 책임감, 정의, 타인의 재물에 대한 존중 등 보편적인 가치에 대한 도덕적 틀을 제시한다. 이후 십계명은 개인의 복지, 사회적 조화, 지역 사회 내에서 범죄를 예방하고, 처벌의 기준이 되었다.[6]

출애굽기 20장 1절-17절 십계명[7]

1. 너는 나 외에는 다른 신들을 네게 있게 말지니라.
2. 너는 위로 하늘에 있는 것이나 아래로 땅에 있는 것이나 아래 물 속에 있는 어떤 형상의 형상도 만들지 말며 그것들에게 절하지 말며, 섬기지 말라. 나 여호와 너의 하나님은 질투하는 하나님인 즉 나를 미워하는 자의 죄를 갚되 아비로부터 아들에게로 삼사 대까지 이르게 하느니라.
3. 너희는 네 하나님 여호와의 이름을 망령되게 부르지 말라, 여호와께서는 그의 이름을 망령되게 부르는 자를 죄 없다 하지 아니하시리라.
4. 안식일을 기억하여 거룩히 지키라, 엿새 동안은 힘써 네 모든 일을 행할 것이나 일곱째 날은 네 하나님 여호와의 안식일인 즉 너나 네 아들이나 딸이나 네 남종이나 네 여종이나 네 가축이나 네 성안에 거하는 모든 객은 아무것도 하지 말라. 여호와가 안식일을 복되게 하여 거룩하게 하였느니라.
5. 네 아버지와 어머니를 공경하라. 그러면 네 하나님 여호와가 네게 준 땅에서 네가 오래 살리라.
6. 살인하지 말라.
7. 간음하지 말라.
8. 훔치지 말라.
9. 네 이웃에 대하여 거짓 증언하지 말라.

6 Barclay, W. (1998). The Ten Commandments. Westminster John Knox Press.

10. 네 이웃의 집을 탐내지 말라. 네 이웃의 아내나 그의 남종이나 그의 여종이나 그의 소나 그의 나귀나 무릇 네 이웃에게 속한 모든 것을 탐내지 말라.

자료: https://ko.wikipedia.org/

출애굽기 20장 2-17절(exodus 20:2-17)[8]

1st	20:2	I am the LORD thy God, which have brought thee out of the land of Egypt, out of the house of bondage.
	20:3	Thou shalt have no other gods before me.
2nd	20:4	Thou shalt not make unto thee any graven image, or any likeness of any thing that is in heaven above, or that is in the earth beneath, or that is in the water under the earth.
	20:5	Thou shalt not bow down thyself to them, nor serve them: for I the LORD thy God am a jealous God, visiting the iniquity of the fathers upon the children unto the third and fourth generation of them that hate me;
	20:6	And shewing mercy unto thousands of them that love me, and keep my commandments.
3rd	20:7	Thou shalt not take the name of the LORD thy God in vain; for the LORD will not hold him guiltless that taketh his name in vain.
4th	20:8	Remember the sabbath day, to keep it holy.
	20:9	Six days thou shalt labour, and do all thy work:
	20:10	But the seventh day is the sabbath of the LORD thy God: in it thou shalt not do any work, thou, nor thy son, nor thy daughter, nor thy manservant, nor thy maidservant, nor thy cattle, nor thy stranger that is within thy gates:

7 https://ko.wikipedia.org/wiki/

8 University of Pittsburgh, The Ten Commandments, https://sites.pitt.edu/~hunter3/TenCommandments.html/

	20:11	For in six days the LORD made heaven and earth, the sea, and all that in them is, and rested the seventh day: wherefore the LORD blessed the sabbath day, and hallowed it.
5th	20:12	Honour thy father and thy mother: that thy days may be long upon the land which the LORD thy God giveth three.
6th	20:13	Thou shalt not kill.
7th	20:14	Thou shalt not commit adultery.
8th	20:15	Thou shalt not steal.
9th	20:16	Thou shalt not bear false witness against thy neighbour.
10th	20:17	Thou shalt not covet thy neighbour's house, thou shalt not covet thy neighbour's wife, nor his manservant, nor his maidservant, nor his ox, nor his ass, nor any thing that is thy neighbour's.

자료: University of Pittsburgh, The Ten Commandments, https://sites.pitt.edu/~hunter3/TenCommandments.html/

십계명은 중세 신학자이자 철학자인 토마스 아퀴나스(Thomas Aquinas, 1225-1274)에게 상당한 영향을 끼쳤고, 그는 포괄적 도덕체계인 자연법(ius naturale, lex naturalis, natural law) 사상을 발전시켰다. 자연법은 자연히 존재해 언제 어디서나 유효한 보편적이고 불변적인 법칙을 말한다.[9]

자연법사상은 인간은 다른 피조물과 구별되는 이성적인 본성(rational nature)을 가지고 있고, 이를 통해 도덕적 원칙을 분별하고 그 원칙에 따라 자연적인 목적, 즉 신중함, 정의, 용기, 절제, 신앙, 희망, 자선 등을 추구한다는 것이다. 아퀴나스는 이 이성적인 본성을 이끄는데 십계명과 같이 종교적 계율이 지대한 영향을 미친다고 주장하였다.

9 Mansfield, A. (2021). Knowledge of the natural law in the theology of John Calvin and Thomas Aquinas (Doctoral dissertation, University of Oxford). 65-80.

토마스 아퀴나스의 자연법사상은 중세와 계몽주의 시대에 많은 저명한 철학자와 경제학자에 의해 더욱 발전되었으며 현대에도 사유재산권, 개인권과 같은 인권법 등에 많은 영향을 끼치고 있다.[10]

V. 고대 인도문명의 도덕과 범죄

기원전 2000년경부터 기원전 150년경 정도까지 고대 인도는 단일체로 이루어진 독립체가 아니라 각기 고유한 관습, 신념, 법률 체계를 지닌 다양한 왕국, 제국, 지역 문화를 가지고 발전하였다.

고대 인도의 주요 종교인 힌두교(hinduism), 불교(buddhism), 자이나교(jainism)는 각각 뚜렷한 도덕적 틀을 제시했다. 고대 인도 종교의 도덕적 특성은 연민, 이타심, 정직, 타인에 대한 존중을 강조한다.[11]

힌두교는 우주의 법칙, 의무, 정의, 도덕성 등을 의미하는 다르마(dharma)의 개념을 강조했다. 비폭력(ahimsa, non-violence)과 인과의 법칙(karma, the law of cause and effect)은 힌두교가 강조하는 도덕의 중심이었다.

불교는 사성제 팔정도를 통해 윤리적 원칙과 모든 생명체에 대한 해악을 피하는 도덕적 틀을 제시하였다. 사성제(四聖諦, four noble truths)는 석가모니의 최초 설법인 동시에 일생의 설법으로, 고(苦)·집(集)·멸(滅)·도(道)를 말한다. 사성제는 괴로움의 세계라는 현실과 그 고통의 원인, 괴로움이 멸한 세계, 그리고 괴로움을 멸하는 길을 말한다. 이 괴로움을 멸하는 길을 팔정도(八正道, eight fold path)라고 한다. 이

10 Rashid, M. M. (2020). St. Thomas Aquinas and the development of natural law in economic thought. Journal of Economic and Social Thought, 7(1), 14-24.

11 Jois, M. R. (2015). Ancient Indian law: Eternal values in manu smriti. Universal Law Publishing.

것은 바른 견해(正見), 바른 사유(正思惟), 바른 말(正語), 바른 행위(正業), 바른 생활(正命), 바른 노력(正精進), 바른 마음챙김(正念), 바른 선정(正定)이다. 팔정도의 덕목들은 서로 밀접하게 연관되어 있고 종교적 수행과 도덕성의 기초를 이룬다.[12]

자이나교는 비폭력(ahimsa)의 중요성을 행동뿐 아니라 생각과 언어에서도 강조했다. 자이나교는 진실성, 절도 금지, 순결(celibacy) 등을 도덕성의 근본이라고 설파하였다.

고대 인도의 범죄와 법률 시스템은 종교, 관습, 통치자의 규율 등에 반영되어 있는데 남겨진 법전은 힌두교의 다르마를 반영한 다르마 샤스트라(dharma shastras)와 아르타 샤스트라(artha shastras)가 있다.

다르마 샤스트라는 힌두교인의 행동 강령과 도덕적 원칙(dharma)을 제공하는 법전 또는 경전으로 고대 산스크리트어로 작성되었다.[13] 이에는 행위, 법률 및 형벌, 입양, 상속, 세금, 가장의 의무 등에 대해 규정하였다. 카스트라는 신분제 사회에서 영적·종교적 지도자 계급인 브라만이 나머지 신분체계에 있는 사람들이 지켜야 할 도덕성 및 종교적 규범과 형벌 등을 구체적으로 제시한 것이다.

다르마 샤스트라는 법전, 논문, 짧은 격문 등 다양한 방식으로 쓰여졌고, 고대 인도를 거쳐 현대 인도에 이르기까지 다양한 종교법, 관습법, 실정법 등에 반영되었다.

12 불교신문, 2008.3.8., 불교의 핵심교리-사성제와 팔정도, https://www.ibulgyo.com/news/articleView.html?idxno=86362/

13 britannica, Dharma-shastra, https://www.britannica.com/topic/Dharma-shastra

고대 인도 문명의 다르마 샤스트라와 다르마[14]

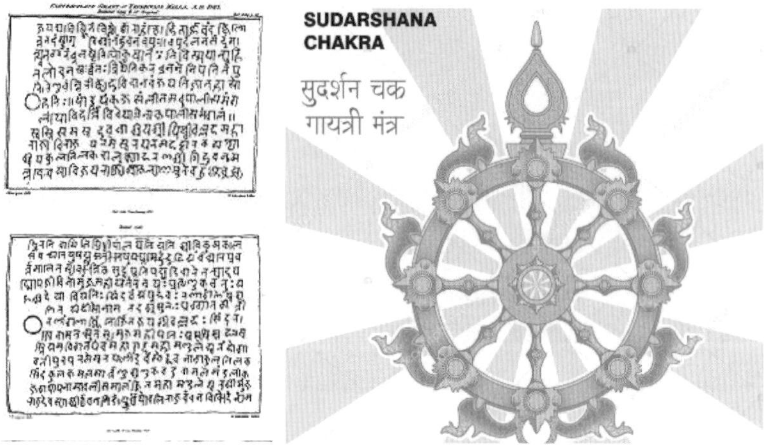

자료: https://en.wikipedia.org/wiki/Dharma/

아르타 샤스트라(Arthashastra)는 국정, 경제 정책 및 군사 전략에 관한 저서이다.

다르마 샤스트라는 범죄는 다르마를 해치는 행위이며, 형벌은 균형을 회복하고 법을 유지하기 위해 범죄의 성격, 가해자와 피해자의 사회적 지위, 피해정도 등을 고려하여 사형, 징역, 벌금, 배상, 체벌 등 다양하게 이루어졌다.[15]

범죄와 형벌은 절도, 폭행, 간음 등의 개인적 범죄와 국가나 사회에 대한 범죄, 즉 반역이나 반란, 재산이나 상업과 관련된 범죄 등 다양한 범주에 걸쳐 규정되었다.

엄격한 카스트 사회였던 고대 인도는 높은 카스트에 속한 사람이 저지른 범죄나 낮은 카스트에 속한 사람을 상대로 저지른 범죄는 종

14 https://depositphotos.com/

15 Das Gupta, R. (2007). Crime and punishment in ancient India. Bharatiya Kala Prakashan.

종 낮은 카스트에 속한 범죄보다 더 가혹하게 다루어졌다.[16]

이와 같이 고대 인도 문명은 종교적, 문화적, 사회적 요인에 의해 형성된 강력한 도덕적, 법적 틀을 가지고 있었고, 도덕, 범죄 등에 대한 개념이 정착되었던 것을 알 수 있다.

16 Jois, M. R. (2015). Ancient Indian law: Eternal values in manu smriti. Universal Law Publishing.

참고문헌

1 the Independence Hall Association, Hammurabi's Code: An Eye for an Eye, https://www.ushistory.org/civ/4c.asp/
2 매일경제, 2013.8.9., 사자의 서, https://www.mk.co.kr/news/culture/5665713/
3 매일경제, 2013.8.9., 사자의 서, https://www.mk.co.kr/news/culture/5665713/
4 https://ko.wikipedia.org/wiki/
5 Philippe de Champagne(1621-1674, 프랑스 화가)
6 Barclay, W. (1998). The Ten Commandments. Westminster John Knox Press.
7 https://ko.wikipedia.org/wiki/
8 University of Pittsburgh, The Ten Commandments, https://sites.pitt.edu/~hunter3/TenCommandments.html/
9 Mansfield, A. (2021). Knowledge of the natural law in the theology of John Calvin and Thomas Aquinas (Doctoral dissertation, University of Oxford). 65-80.
10 Rashid, M. M. (2020). St. Thomas Aquinas and the development of natural law in economic thought. Journal of Economic and Social Thought, 7(1), 14-24.
11 Jois, M. R. (2015). Ancient Indian law: Eternal values in manu smriti. Universal Law Publishing.
12 불교신문, 2008.3.8., 불교의 핵심교리-사성제와 팔정도, https://www.ibulgyo.com/news/articleView.html?idxno=86362/
13 britannica, Dharma-shastra, https://www.britannica.com/topic/Dharma-shastra
14 https://depositphotos.com/
15 Das Gupta, R. (2007). Crime and punishment in ancient India. Bharatiya Kala Prakashan.
16 Jois, M. R. (2015). Ancient Indian law: Eternal values in manu smriti. Universal Law Publishing.

CRIME AND MORAL VALUES

PART

02

도덕적 선택 및 의무, 범죄와 형벌

DILEMMA BETWEEN PUNISHMENT AND SOCIAL ACCEPTABILITY

CHAPTER

03

공리주의,
도덕적 선택과 범죄

DILEMMA BETWEEN PUNISHMENT AND SOCIAL ACCEPTABILITY

범죄와 도덕적 가치

Crime and Moral Values

Ⅰ. 공리주의와 도덕

공리주의(utilitarianism)는 도덕적으로 올바른 행동이 가장 좋은 결과를 낳는 행동이라는 가설에서 출발한다. 공리주의는 행동의 도덕적 가치가 그 결과에 의해서만 결정된다는 윤리 이론이다. 즉, 최대 다수의 사람들에게 최대의 선이나 행복(The greatest good for the greatest number), 즉 쾌락(공리, pleasure, or happiness)을 가져다주는 행위는 도덕적으로 옳은 것이라는 윤리철학이다.[1]

따라서 공리주의는 최선의 행동은 전반적인 행복이나 즐거움을 최대화하고, 고통을 최소화하는 것이라고 주장하는 공리의 원칙에 뿌리를 둔다. 결국 공리주의는 올바른 행동은 전적으로 생성된 결과를 중심으로 판단한다.

공리주의와 이기주의를 구별하는 것은 결과의 범위와 관련이 있다. 공리주의적 관점에서는 전반적인 이익을 극대화하지만, 이기주의는 자신의 이익만을 극대화한다.

제러미 벤담(Jeremy Bentham, 1748-1832)과 존 스튜어트 밀(John Stuart Mill, 1806-1873)은 고전주의적 공리주의의 대표적인 학자들이다. 이들은 선(good)을 쾌락으로 규정하고, 선을 극대화, 즉 '최대 다수를 위한 최대의 선'을 실현해야 하며, 그것이 곧 도덕(morality)이라고 주장했다.[2]

이들이 주장하는 공리의 원칙(principle of utility)이란 행위의 옳고 그름은 행복이나 즐거움을 증진하고, 고통(unhappiness)을 최소화하는 역할, 즉 효용이나 유용성이며, 이는 최대행복원칙(greatest happiness principle), 즉 최대 다수의 행복이나 즐거움을 극대화하는 것이

1 강준호, 제레미 벤담과 현대, 성균관대학교출판부, 2019, 68-72.

2 Jeremy Bentham, An Introduction to the Principles of Morals and Legislation, Oxford: Clarendon Press, 1907.

어야 한다. 이것이 바로 도덕이라고 한다, 따라서 공리의 궁극적 목표는 사회 구성원 모두에게 최대 행복 또는 이익, 쾌락을 부여하는 것이라고 강조하였다. 사회적, 경제적, 정치적 결정을 내릴 때 공리주의 철학은 사회 전체의 개선을 목표로 한다.[3]

공리주의는 특정 행동의 의도나 동기보다는 그 결과를 중시하는 결과주의(consequentialism)를 강조하며, 행위의 도덕성은 그 결과만을 토대로 판단한다.

제러미 벤담(Jeremy Bentham)과 존 스튜어트 밀(John Stuart Mill)

자료: https://en.wikipedia.org/

Ⅱ. 공리주의와 트롤리 딜레마

트롤리 딜레마(trolley dilemma)는 선택 또는 의사결정의 기로에 선 사람이 어떤 행동을 하는 것이 도덕적으로 바람직한 것인지에 대한 갈등심리를 보여주는 대표적인 실험이다.[4] 이 트롤리 딜레마는 다양

3 Stanford Encyclopedia of Philosophy, Jeremy Bentham, https://plato.stanford.edu/entries/bentham/

한 버전으로 응용된다. 공리주의적 관점에서 살펴보자.

"....석탄을 가득 실은 트롤리가 철도 내리막 선로를 달리고 있다. 트롤리에는 운전자가 없다. 공교롭게 선로에는 다섯 사람이 작업 중이다. 그들은 트롤리를 피할 시간이 없다. 트롤리는 지금 그들을 향해 질주하고 있다. A가 트롤리 조차장의 레버 옆에서 약간 떨어진 곳에 서 있다. A가 레버를 당기면 트롤리가 다른 선로로 전환될 수 있다. 그런데 그 선로에도 한 사람이 작업 중이다. 그 역시 트롤리를 피할 시간이 없다. A는 어떤 결정을 해야 할까?"

트롤리 딜레마(trolley dilemma)[5]

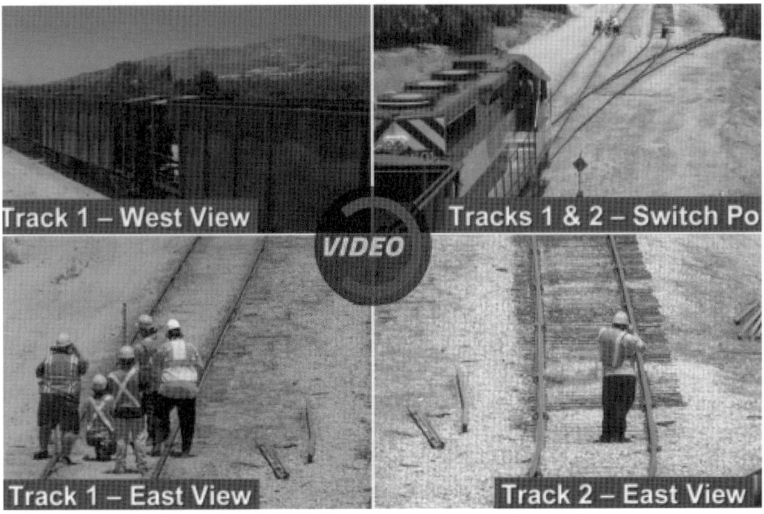

자료: carscoops, https://www.carscoops.com/2017/12/would-you-endager-1-person-if-it-means/

4 Gawronski, B., & Beer, J. S. (2017). What makes moral dilemma judgments "utilitarian" or "deontological"?. Social Neuroscience, 12(6), 626-632.

5 carscoops, https://www.carscoops.com/2017/12/would-you-endager-1-person-if-it-means/

공리주의적 관점에서는 최대다수의 최대행복이 사회구성원 모두에게 쾌락, 즉 이익을 주는 것이므로 A가 트롤리 조차장의 레버를 잡아당겨 트롤리의 질주 방향을 변경하는 것이 도덕적이라고 정의할 수 있다.[6]

공리주의는 행위공리주의(Act Utilitarianism)와 규칙공리주의(Rule Utilitarianism)로 구분된다. 행위공리주의는 개인의 행위가 특정 상황에서 가능한 최선의 결과를 낳는 경우에만 도덕적으로 옳다는 주장이다. 대표적 학자는 제러미 벤담(Jeremy Bentham)이다. 규칙공리주의는 어떤 행동이 최대의 선을 가져오는 규칙에 부합하기 때문에 옳다는 주장이다. 규칙공리주의는 특정 행동의 옳고 그름은 그 행동이 속한 규칙의 정확성에 달려 있고, 규칙을 어길 강력한 이유가 없는 한 규칙을 준수하라는 것이다. 대표적 학자는 존 스튜어트 밀(John Stuart Mill)이다.

벤담의 행위공리주의적 입장에서는 다섯 명이 살아남는 것이 한 명이 살아남는 것 보다 사회구성원에게 더 이익이므로 A가 트롤리 조차장의 레버를 잡아당겨야 할 의무가 성립된다. 밀의 규칙공리주의적 입장에서는 다섯 명의 생명이 한 명의 생명보다 더 많으므로 당연히 A가 트롤리 조차장의 레버를 잡아당겨야 할 의무가 성립된다. 결국 A가 트롤리 조차장의 레버를 잡아당겨야 할 의무, 즉 도덕성이 있지만 '당장 실현되는 결과의 중요성에 초점을 두는가?' 아니면 '결과도 중요하지만 실천해야 할 원칙에 초점을 두는가?'의 차이가 있다.[7]

---

6 KORTENK AMP, K. V., & Moore, C. F. (2014). Ethics under uncertainty: The morality and appropriateness of utilitarianism when outcomes are uncertain. The American journal of psychology, 127(3), 367-382.

7 제러미 벤담, 존 스튜어트 밀 지음, 정홍섭 옮김, 벤담과 밀의 공리주의, 2018, 좁쌀한알. 187-202.

Ⅲ. 벤담의 공리주의, 도덕성과 범죄

제러미 벤담은 영국의 공리주의를 창시한 철학자이자 사회 및 법률 개혁가로 도덕 철학, 형법학, 형벌론 등 다양한 분야의 연구와 저서를 남겼다. 그는 인간의 본성은 쾌락과 고통에 의해 동기를 부여받으며, 쾌락을 추구하고 고통을 회피하는 것이 인간 행동의 원동력(nature has placed mankind under two sovereign masters, pain and pleasure.)이라고 전제하였다. 사람은 자신의 행복(쾌락)을 위해 합리적으로 결정하여 행동하며, 그 행동이 사회 전체의 이익을 가져오는 쾌락일 수도 있고, 반대로 자신만의 이익을 위한 범죄적 행동 즉 비도덕적 행동일 수도 있다고 주장하였다. 즉 인간의 모든 행동은 합리적 선택의 결과라는 것이다. 그런데 사람들이 합리적 선택을 하는 기준은 각자의 쾌락, 즉 공리를 기준으로 삼는데 이 쾌락을 계산하는 원리를 펠리픽 공식(felicific calculus, happiness-making)이라고 한다.[8] 따라서 벤담을 양적 공리주의자라고도 한다.

팰리픽 공식[9]

$$U = \sum_{i=1}^{P_{total}} \int_{t=0}^{\infty} I_i(t)\ dt$$

강도(Intensity, i): 즐거움이 얼마나 강할까?
기간(Duration, d): 즐거움은 얼마나 오래 지속될까?
확실성(Certainty, c): 즐거움이 발생할 가능성은 얼마나 될까?
즉각성(Propinquity, n): 즐거움은 얼마나 빨리 발생할까?
다발성(Fecundity, f): 이 즐거움 뒤에 같은 즐거움이 또 있을까?
순수성(Purity, p): 다른 고통이 발생할 가능성은 얼마나 될까?
정도(Extent, e): 얼마나 많은 사람들이 영향을 받을까?

자료: philosophy.lander, The Hedonistic Calculus, https://philosophy.lander.edu/ethics/calculus.html/

8 Jeremy Bentham, An Introduction to the Principles of Morals and Legislation, London, 1789.

9 philosophy.lander, The Hedonistic Calculus, https://philosophy.lander.edu/ethics/calculus.html/

벤담은 누구나 펠리픽 공식에 의하여 자신의 행복(쾌락)을 위해 의사결정하여 행동(범죄)함으로써 사회적 해악을 끼쳤음으로 범죄로 인해 얻은 이익보다 강하게 처벌받아야 한다고 주장하였다. 그에 의하면 처벌은 성문법에 따라야 하며, 범죄의 상습성, 범죄결과 등에 맞게 엄격하게 이루어져야 한다. 특히 벤담은 처벌은 범죄를 억제, 즉 자신의 쾌락을 위해 또 다시 범죄를 선택하지 못할 만큼 고통을 주어야 한다고 주장하였다.

그러나 한편으로 과도하고 잔인한 형벌은 금지되어야 하며, 특히 사형수에 대한 사면이나 법정형량을 벗어나는 법관의 재량권 확대 등은 반대의 입장을 보였다.[10]

제러미 벤담은 초기에는 반역죄나 전쟁죄 등에 대하여는 사형제를 옹호하였으나 궁극적으로는 입장을 바꿔 어떠한 범죄에도 사형은 폐지되어야 한다고 주장하였다. 그는 사형보다는 종신형을 제안하였는데 교도소에서 중노동을 하는 것이 더 고통스럽고, 중노동을 통하여 생산하는 것들은 사회에 이익이 될 것이며, 무엇보다 사형이 가난한 사람들에게 적용될 것이므로 매우 불평등한 형벌이라고 비판적 견해를 보였다.

그는 또한 파놉티콘 교도소(panopticon prison) 모형을 제안하였다. 파놉티콘(panopticon)은 '모두'를 뜻하는 'pan'과 '본다'는 뜻의 'opticon'의 합성어이다. 이는 중앙에 위치한 감시탑에서 교도관들이 수감자들을 지속적으로 관찰할 수 있도록 설계하는 것으로 수감자들이 감시당하는 고통을 느끼는 그 자체도 처벌의 한 기능이라고 보았다. 그리고 그러한 고통을 일반인들에게도 알림으로써 범죄를 억제하고, 수감자는 이후에 재범을 억제하는 심리적 효과가 있다고 주장

10 Sverdlik, S. (2023). Bentham and Criminal Law. In R.Y. Chappell, D. Meissner, and W. MacAskill (eds.), Introduction to Utilitarianism, <https://www.utilitarianism.net/guest-essays/bentham-and-criminal-law>, accessed 5/7/2024.

하였다.[11] 제러미 벤담의 이 파놉티콘 교도소는 그가 살아 있는 동안에는 영국정부로부터 승인받지 못하였지만, 이후 유럽과 미국, 아시아 등 많은 국가에서 채택하였다.

미국 일리노이주 스테이츠빌 교도소센터(Statesville Correctional Centre, Illinois, USA, 1925. 건설)[12]

자료: Statesville Correctional Centre, Illinois, USA

Ⅳ. 밀의 공리주의, 도덕성과 범죄

존 스튜어트 밀(John Stuart Mill)은 규칙공리주의자로서 질적 공리주의자라고 한다. 그는 공리주의를 설명하면서 쾌락의 질적인 측면

11 uclpress, An Introduction to Jeremy Bentham's Theory of Punishment, https://uclpress.scienceopen.com/hosted-document?doi=10.14324/111.2045-757X.018/

12 alecboreham, Panopticon-1791-Jeremy Bentham, https://www.alecboreham.com/post/panopticon-1791-jeremy-bentham/

을 강조했다.[13] 그는 모든 쾌락이 동일한 것은 아니며 지적 또는 정신적 쾌락과 같은 일부 쾌락은 다른 쾌락보다 그 질이 더 높다고 주장했다. 밀은 단순한 감각적 쾌락보다 더 가치 있는 "더 높은 쾌락"을 옹호했다. 그는 도덕성을 제재에 의해 보호되는 규칙 체계로 정의하였다.

밀은 인간은 단순한 쾌락을 추구하는 동물과 구별되는 이성과 도덕적 감정과 같은 더 높은 품성을 지녔으며, 따라서 인간은 육체적 쾌락뿐만 아니라 지성, 감정, 상상, 도덕적 감정의 즐거움에 의해 동기를 부여받는다고 주장했다. 밀은 "배부른 돼지보다 배고픈 인간이 되는 것이 낫다. 만족한 바보보다는 만족하지 못한 소크라테스가 되는 것이 낫다."고 주장하며, 질적 쾌락을 중시하였다. 그리고 이 질적 쾌락은 도덕적 원칙을 따를 때 얻을 수 있다고 주장하였다.

존 스튜어트 밀은 인간의 행동은 모든 일관성 있는 보편적인 도덕적 규칙을 따라 그 쾌락을 누려야 함에도 불구하고 그렇지 않은 경우 비도덕적이며, 범죄적 행동이라고 보았다.

밀은 1868년 4월 21일 의회에서 동료 의원 길핀(Gilpin)이 제안한 사형을 금지하는 법안에 반대하는 연설을 통하여 사형제를 옹호하였다. 즉, 밀은 사형제의 남용을 반대했지만, 사형제 그 자체를 반대하지는 않았다. 그는 잔인하고 폭력적인 범죄자에 대한 사형은 필요하다고 주장하면서 세 가지 이유를 제시하였다.[14]

첫째는 잔인하고 폭력적인 범죄자가 살아있는 동안 사회 구성원들은 진정한 안도감, 쾌락을 느낄 수 없으며, 사회가 보호되지 않는다고 보았다. 둘째는 종신형을 살면서 평생 동안 중노동을 하는 것은 범죄자에게 매우 고통스런 일이며, 그는 전혀 쾌락을 느낄 수 없으

13 iep, John Stuart Mill: Ethics, https://iep.utm.edu/mill-eth/#H3/

14 John Stuart Mill, "Speech In Favor of Capital Punishment", https://faculty.uca.edu/rnovy/Mill—Speech%20in%20Favor%20of%20Capital%20Punishment.htm/

며, 오히려 사형이 더 인도적이라는 것이다. 그는 “우리에게 신성한 것은 인간의 생명 그 자체가 아니라 인간의 감정이다. 우리가 존중해야 할 것은 인간의 고통을 견디는 능력이지 존재의 능력이 아니다.” 라고 주장하였다. 그러면서 “누군가에게 사형을 선고할 자신이 없는 판사와 배심원들은 자신들이 관대해 보이는 선고를 행함으로써 가해자의 고통을 무시하고 있다. 평생 고통받는 것보다 빠른 죽음이 더 나쁘다고 잘못 생각하는 것이다.”라고 주장하였다. 그는 사형을 선고하지 않는 판사와 배심원에 대해 “생각없는 사람의 자비는 잔인하다(mercies of thoughtless people are cruel.).”라며 비난했다.

세 번째로 밀은 사형제는 죽음에 대한 공포는 범죄자에게 고통을 주어 범죄를 억제하는 효과와, 사회구성원들의 범죄를 억제하는 효과를 가져온다고 주장하였다.

V. 한국의 사형제도와 공리주의

한국은 1997년 12월 30일 사형을 마지막으로 집행하였다. 이후 2024년 6월까지 법원의 사형 확정 선고는 44건으로 파악된다.[15] 가장 최근 사형이 확정된 것은 2014년 6월 임도빈이 육군 22사단 일반전방초소(General Out Post, GOP)에서 총기를 난사해 동료 5명을 살해한 사건에 대해 대법원이 2016년 2월 19일에 선고한 확정판결이다.[16] 당시 대법원은 사형확정판결에 대한 별도의 보도문을 발표하였다.[17]

15 법률신문, 2023.11.6., [26년간 멈춘 사형집행, 어떻게 되나] 사형수 59명, 살인 피해자 207명, https://www.lawtimes.co.kr/news/192833/

16 대법원 2016. 2. 19. 선고 2015도12980 전원합의체 판결.

17 대법원, 대법원 2015도12980 상관살해 등 사건 보도자료, https://www.scourt.go.kr/supreme/news/NewsViewAction2.work?seqnum=326&gubun=702&searchOption=&searchWord=/

판결의 의의

사형 선고는 범행에 대한 책임의 정도와 형벌의 목적에 비추어 누구라도 그것이 정당하다고 인정할 수 있는 특별한 사정이 있는 경우에만 허용되어야 한다는 법리를 다시 확인하였다...

군부대 GOP 소초 내에서 군인인 피고인이 동료들에 대한 분노심으로 총기와 수류탄을 이용하여 다수의 동료 사병을 살해하거나 살해미수에 그친 이 사건에서, 대법원은 범행의 동기와 경위, 범행 계획의 내용과 대상, 범행의 잔혹성, 피해자의 수와 피해결과의 중대성, 피해자들의 고통과 슬픔, 범행에 상응하는 책임의 정도, 범죄와 형벌 사이의 균형, 유사한 유형의 범죄 발생을 예방하여 잠재적 피해자를 보호하고 사회를 방위할 필요성 등 제반 사정을 종합해 볼 때, 피고인에 대한 법정 최고형의 선고가 불가피하다고 판단하였다...

2022년 12월을 기준으로 전국의 교정시설에서 생존하는 사형수는 55명이며, 이들에 의한 살해당한 사람은 모두 207명으로 나타났다.[18] 사형수들은 평균 3.5명을 살해하였으며, 가장 많은 사람을 살해한 사형수는 20명을 살해한 유영철이었다. 그런데 1심에서 사형이 선고돼도 항소심이나 대법원에서 무기징역으로 감형되는 사례도 많았다. 어금니 아빠사건으로 알려진 이영학, 진주아파트 방화살인범인 안인득, 인천강도 연쇄살인범인 권재찬은 항소심에서 무기징역으로 감형돼 대법원에서 확정판결을 받았다.

헌법재판소는 1996년(재판관 7대 2 의견)[19], 2010년(재판관 5대 4 의견) 등 두 번에 걸쳐 사형제가 헌법정신에 반하지 않는다고 판결하였다.

두 번째 합헌판결은 2008년 9월 광주고법이 전남 보성 앞바다에

---

18 교정본부, 2023 교정통계연보, 2023. 67.

19 헌법재판소 1996. 11. 28. 선고 95헌바1.

서 남녀 여행객 4명을 살해한 혐의로 기소된 어부 오모씨(72)의 신청을 받아 위헌법률심판을 제청한 안건에 대한 심판이었다. 사형제의 당위성을 설명한 판결문의 내용 중 주요 내용을 발췌한다.[20]

1. 범죄에 대한 응보와 사회방어

사형은 일반국민에 대한 심리적 위하를 통하여 범죄의 발생을 예방하며 극악한 범죄에 대한 정당한 응보를 통하여 정의를 실현하고, 당해 범죄인의 재범 가능성을 영구히 차단함으로써 사회를 방어하려는 것으로 그 입법목적은 정당하고, 가장 무거운 형벌인 사형은 입법목적의 달성을 위한 적합한 수단이다.

2. 범죄억제력과 국민의 법적 정서

사형은 무기징역형이나 가석방이 불가능한 종신형보다도 범죄자에 대한 법익침해의 정도가 큰 형벌로서, 인간의 생존본능과 죽음에 대한 근원적인 공포까지 고려하면, 무기징역형 등 자유형보다 더 큰 위하력을 발휘함으로써 가장 강력한 범죄억지력을 가지고 있다고 보아야 하고, 극악한 범죄의 경우에는 무기징역형 등 자유형의 선고만으로는 범죄자의 책임에 미치지 못하게 될 뿐만 아니라 피해자들의 가족 및 일반국민의 정의관념에도 부합하지 못하며, 입법목적의 달성에 있어서 사형과 동일한 효과를 나타내면서도 사형보다 범죄자에 대한 법익침해 정도가 작은 다른 형벌이 명백히 존재한다고 보기 어려우므로 사형제도가 침해최소성원칙에 어긋난다고 할 수 없다. 한편, 오판가능성은 사법제도의 숙명적 한계이지 사형이라는 형벌제도 자체의 문제로 볼 수 없으며 심급제도, 재심제도 등의 제도적 장치 및 그에 대한 개선을 통하여 해결할 문제이지, 오판가능성을 이유로 사형이라는 형벌의 부과 자체가 위헌이라고 할 수는 없다.

---

20 헌법재판소 2010. 2. 25. 선고 2008헌가23.

3. 법익의 균형성

사형제도에 의하여 달성되는 범죄예방을 통한 무고한 일반국민의 생명 보호 등 중대한 공익의 보호와 정의의 실현 및 사회방위라는 공익은 사형제도로 발생하는 극악한 범죄를 저지른 자의 생명권이라는 사익보다 결코 작다고 볼 수 없을 뿐만 아니라, 다수의 인명을 잔혹하게 살해하는 등의 극악한 범죄에 대하여 한정적으로 부과되는 사형이 그 범죄의 잔혹함에 비하여 과도한 형벌이라고 볼 수 없으므로, 사형제도는 법익균형성원칙에 위배되지 아니한다.

4. 극악한 범죄에 상응한 형벌

사형제도는 우리 헌법이 적어도 간접적으로나마 인정하고 있는 형벌의 한 종류일 뿐만 아니라, 사형제도가 생명권 제한에 있어서 헌법 제37조 제2항에 의한 헌법적 한계를 일탈하였다고 볼 수 없는 이상, 범죄자의 생명권 박탈을 내용으로 한다는 이유만으로 곧바로 인간의 존엄과 가치를 규정한 헌법 제10조에 위배된다고 할 수 없으며, 사형제도는 형벌의 경고기능을 무시하고 극악한 범죄를 저지른 자에 대하여 그 중한 불법 정도와 책임에 상응하는 형벌을 부과하는 것으로서 범죄자가 스스로 선택한 잔악무도한 범죄행위의 결과인바, 범죄자를 오로지 사회방위라는 공익 추구를 위한 객체로만 취급함으로써 범죄자의 인간으로서의 존엄과 가치를 침해한 것으로 볼 수 없다.

5. 사형집행관 등에 대한 인권침해와 무관

한편 사형을 선고하거나 집행하는 법관 및 교도관 등이 인간적 자책감을 가질 수 있다는 이유만으로 사형제도가 법관 및 교도관 등의 인간으로서의 존엄과 가치를 침해하는 위헌적인 형벌제도라고 할 수는 없다.

6. 사형제의 대안으로서 절대적 종신형은 또 다른 인권침해 우려

절대적 종신형제도는 사형제도와는 또 다른 위헌성 문제를 야기할 수 있고, 현행 형사법령 하에서도 가석방제도의 운영 여하에 따라 사회로부터의 영구적 격리가 가능한 절대적 종신형과 상대적 종신형의 각 취지를 살릴 수 있다는 점 등을 고려하면, 현행 무기징역형제도가 상대적 종신형 외에 절대적 종신형을 따로 두고 있지 않은 것이 형벌체계상 정당성과 균형을 상실하여 헌법 제11조의 평등원칙에 반한다거나 형벌이 죄질과 책임에 상응하도록 비례성을 갖추어야 한다는 책임원칙에 반한다고 단정하기 어렵다.

이와 같은 헌법재판소의 입장은 규칙적 공리주의자인 존 스튜어트 밀의 사형존치론적 타당성을 주장하는 논거와 크게 다르지 않아 보인다. 한편으론 사형제보다는 절대적 종신형을 채택해야 하다는 제러미 벤담의 주장과는 달리 헌법재판소는 절대적 종신형제의 인권침해성을 지적하고 있다.

한편 한국갤럽에 의하면 1994년 이후 한국인들은 사형제의 존치를 더 많이 지지하는 것으로 나타났다.

사형제 존폐 여론(1994-2022)[21]

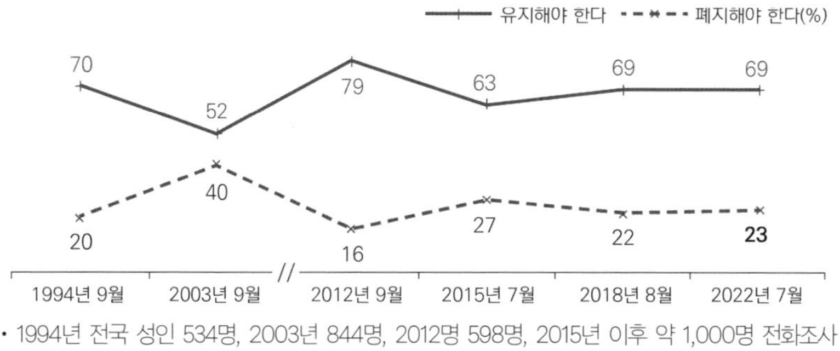

• 1994년 전국 성인 534명, 2003년 844명, 2012명 598명, 2015년 이후 약 1,000명 전화조사
• 2003년은 종교계 원로인사들이 노무현 대통령을 면담하는 등 존폐 여부 사회적 논의 부각
• 2012년 4월 수원 20대 여성 살해, 7월 제주 올레길 40대 여성 살해 사건 등 강력 범죄 연발
• 한국갤럽 데일리 오피니언 제504호, www.gallup.co.kr

국제사회의 사형제도 존치국[22]

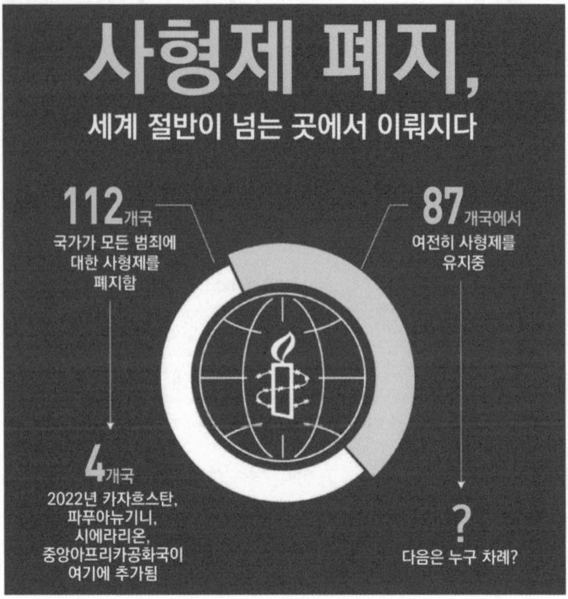

자료: 국제엠네스티, https://amnesty.or.kr/campaign/

---

21 한국갤럽, file:///C:/Users/Owner/Downloads/GallupKoreaDailyOpinion_504(20220722).pdf

22 국제엠네스티, https://amnesty.or.kr/campaign/

참고문헌

1 강준호, 제레미 벤담과 현대, 성균관대학교출판부, 2019, 68-72.

2 Jeremy Bentham, An Introduction to the Principles of Morals and Legislation, Oxford: Clarendon Press, 1907.

3 Stanford Encyclopedia of Philosophy, Jeremy Bentham, https://plato.stanford.edu/entries/bentham/

4 Gawronski, B., & Beer, J. S. (2017). What makes moral dilemma judgments "utilitarian" or "deontological"?. Social Neuroscience, 12(6), 626-632.

5 자료: carscoops, https://www.carscoops.com/2017/12/would-you-endager-1-person-if-it-means/

6 KORTENK AMP, K. V., & Moore, C. F. (2014). Ethics under uncertainty: The morality and appropriateness of utilitarianism when outcomes are uncertain. The American journal of psychology, 127(3), 367-382.

7 제러미 벤담, 존 스튜어트 밀 지음, 정홍섭 옮김, 벤담과 밀의 공리주의, 2018, 좁쌀한알. 187-202.

8 Jeremy Bentham, An Introduction to the Principles of Morals and Legislation, London, 1789.

9 philosophy.lander, The Hedonistic Calculus, https://philosophy.lander.edu/ethics/calculus.html/

10 Sverdlik, S. (2023). Bentham and Criminal Law. In R.Y. Chappell, D. Meissner, and W. MacAskill (eds.), Introduction to Utilitarianism, <https://www.utilitarianism.net/guest-essays/bentham-and-criminal-law>, accessed 5/7/2024.

11 uclpress, An Introduction to Jeremy Bentham's Theory of Punishment, https:// uclpress.scienceopen.com/hosted-document?doi=10.14324/111.2045-757X.018/

12 alecboreham, Panopticon-1791-Jeremy Bentham, https://www.alecboreham.com/post/panopticon-1791-jeremy-bentham/

13 iep, John Stuart Mill: Ethics, https://iep.utm.edu/mill-eth/#H3/

14 John Stuart Mill, "Speech In Favor of Capital Punishment", https://faculty.uca.edu/rnovy/Mill—Speech%20in%20Favor%20of%20Capital%20Punishment.htm/

15 법률신문, 2023.11.6., [26년간 멈춘 사형집행, 어떻게 되나] 사형수 59명, 살인 피해자 207명, https://www.lawtimes.co.kr/news/192833/

16 대법원 2016. 2. 19. 선고 2015도12980 전원합의체 판결.

17 대법원, 대법원 2015도12980 상관살해 등 사건 보도자료, https://www.scourt.go.kr/supreme/news/NewsViewAction2.work?seqnum=326&gubun=702&searchOption=&searchWord=/

18 교정본부, 2023 교정통계연보, 2023. 67.

19 헌법재판소 1996. 11. 28. 선고 95헌바1.

20 헌법재판소 2010. 2. 25. 선고 2008헌가23.

21 한국갤럽, file:///C:/Users/Owner/Downloads/GallupKoreaDailyOpinion_504(20220722).pdf

22 국제엠네스티, https://amnesty.or.kr/campaign/

CHAPTER

04

도덕적 의무론과 응보주의 형벌

범죄와 도덕적 가치

Crime and Moral Values

Ⅰ. 계몽주의와 합리주의

계몽주의 또는 이성주의는 17세기에 서유럽에서 출발하여 18세기까지 세계적으로 영향을 미친 지적, 철학적 운동을 말한다. 일반적으로 계몽주의는 1715년 프랑스의 루이 14세의 죽음으로 시작하여 1789년 프랑스 혁명으로 정점을 이루며, 임마누엘 칸트(Immanuel Kant)가 사망한 1804년에 종결되었다고 평가된다. 계몽주의는 종교권력, 절대군주제에 반대하며, 개인의 자유의지, 이성, 종교적 관용, 과학적 방법 등에 대해 핵심가치를 두었다. 따라서 계몽주의의 관점은 자연법, 자유의지, 진보, 관용, 형제애, 입헌정부, 종교와 국가의 분리 등 다양하게 걸쳐 있다.[1]

합리주의는 인간의 지식은 기본적으로 타고난 것이며 따라서 인간 마음의 내적 능력인 이성으로 논리적 진리를 직접 파악하거나 도출할 수 있다고 강조한다. 합리주의는 이성은 지식을 얻는 다른 방법보다 우선한다는 온건한 입장부터 이성이 지식에 이르는 유일한 길이라는 더욱 극단적인 입장까지 그 관점이 다양하다. 합리주의자들은 논리학, 수학, 윤리학, 형이상학 등을 중시한다. 합리주의는 계몽주의, 합리적 선택, 의무론, 공리주의, 무종교 세속주의 등에 영향을 미쳤다.[2]

Ⅱ. 칸트의 도덕적 의무론

도덕적 의무론이란 행동의 도덕성은 보편적 규칙에 따라 그 행동 자체가 옳고 그른지에 근거해야 한다는 규범적 윤리 이론이다.[3] 도덕

1 stanford, https://plato.stanford.edu/entries/enlightenment/

2 britannica, https://www.britannica.com/topic/rationalism/History-of-rationalism/

적 의무란 우주에 내재된 일련의 규칙, 종교법 또는 일련의 개인적 또는 문화적 가치에 반영된 도덕적 법칙을 실천해야 할 준칙으로 이를 정언명령(imperative)이라고 한다.

의무론(deontology)이라는 단어는 고대 그리스어 의무(deon)와 과학 또는 연구(logos)에서 유래한다.

도덕적 의무론은 도덕성은 행동의 결과에 따른다는 공리주의 혹은 결과주의와 맥락을 달리한다. 도덕적 의무론에서 도덕의 역할은 우리가 무엇을 해야 하는지에 대한 선택을 안내하고 평가하는 기본 원칙이지만, 공리주의에서 도덕의 역할은 행위의 결과로서 파악된다. 도덕적 의무론의 대표 철학자는 임마누엘 칸트(Immanuel Kant, 1724-1804)이다.

칸트는 18세기의 가장 영향력 있는 철학자였으며 특히 윤리학과 도덕 철학 분야의 다양한 연구가 있다. 칸트의 도덕적 의무론은 계몽주의와 합리주의를 배경으로 한다.

임마누엘 칸트(Immanuel Kant)[4]

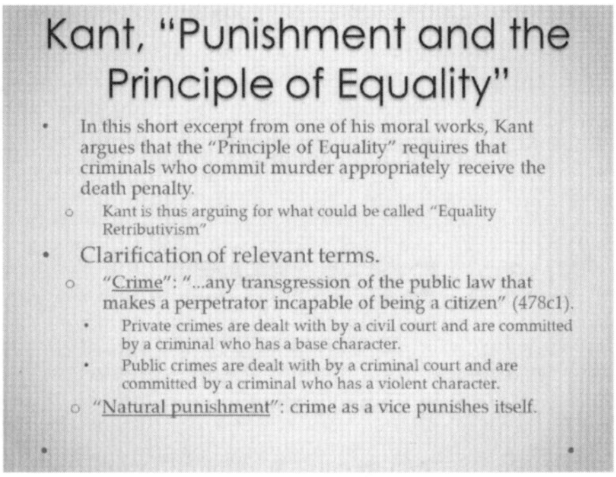

Kant, "Punishment and the Principle of Equality"
In this short excerpt from one of his moral works, Kant argues that the "Principle of Equality" requires that criminals who commit murder appropriately receive the death penalty.
Kant is thus arguing for what could be called "Equality Retributivism"
Clarification of relevant terms.
"Crime": "...any transgression of the public law that makes a perpetrator incapable of being a citizen" (478c1).
Private crimes are dealt with by a civil court and are committed by a criminal who has a base character.
Public crimes are dealt with by a criminal court and are committed by a criminal who has a violent character.
"Natural punishment": crime as a vice punishes itself.

자료: https://en.wikipedia.org/

3 Stanford Encyclopedia of Philosophy, Deontological Ethics, https://plato.stanford.edu/entries/ethics-deontological/

4 https://en.wikipedia.org/

1. 칸트의 정언명령

칸트는 인간이 어떻게 행동해야 하는지를 결정하기 위해 이성을 사용해야 하며, 이성은 정언명령(categorical imperative)에 기초하여야 한다고 강조하였다. 칸트는 도덕성이 이성과 합리성에 기초한다고 주장했다.[5]

칸트의 도덕적 법칙을 설명하는 중요한 질문은 옳고 그름에 대한 질문이다. 즉, 무엇이 행동을 옳고 그름으로 만드는가? 도덕성에 따라 우리가 수행해야 하는 행동은 무엇인가? 좋은 결과를 얻기 위해 도덕적으로 잘못된 일을 하는 것이 허용될 수 있는가? 좋은 의도로 행동하는 것이 중요한가? 좋은 의도란 무엇인가? 등등을 스스로 질문하고 내면의 도덕적 법칙에 따라야 한다.

도덕적 법칙은 자연법과는 다르며, 자유의지에 따라 윤리적으로 정의에 기반하여 항상 선한 것으로 합리적 이성을 가진 사람은 이 도덕적 법칙에 따라 행동해야 한다는 것이다.[6] 따라서 칸트는 어떤 행동이 옳은 것인가에 대한 도덕적 평가는 그 행위의 의도가 중요하다고 주장한다. 따라서 칸트에 따르면 결과가 중요하지 않으며, 좋은 결과가 잘못된 행동을 정당화할 수 없다.

정언명령(定言命令, categorical imperative)이란 도덕적 법칙을 실천하는 준칙으로서 어떠한 조건이나 결과에 상관없이 실천해야 하는 실천적 의무를 말한다. 즉, 어떤 행동을 하려고 할 때 무조건적, 절대적으로 따라야 하는 행동원칙이다.[7]

---

5 Kant, Immanuel, and Allen W. Wood. 1996. Practical Philosophy. Edited by Mary J. Gregor. The Cambridge Edition of the Works of Immanuel Kant. Cambridge: Cambridge University Press.

6 The Philosophy of Law: An Exposition of the Fundamental Principles of Jurisprudence as the Science of Right, by Immanuel Kant, trans. W. Hastie (Edinburgh: Clark, 1887), https://oll.libertyfund.org/titles/hastie-the-philosophy-of-law/

따라서 정언명령은 그 자체가 가치(선의)를 지니며, 어떤 수단이 되지는 않는다. 칸트는 정언명령은 보편성(universality), 인간존엄성(humanity), 자율성(Autonomy) 등을 갖춰야 한다고 설명하였다.

정언명령의 보편성이란 개개인의 주관적 사고를 배제한 모든 인간 본연의 목적에 기반한 조건없는 누구에게나 동일한 보편적인 도덕적 행동이라는 것이다.[8]

> "내가 배고프다고 다른 사람의 돈이나 빵을 훔칠 생각을 하고 있다면 이 행동이 보편적인 법칙이 될 수 있는지 스스로에게 물어봐야 한다. 즉 배가 고프다고 모든 사람이 항상 도둑질을 해도 되는 것인가?"

정언명령은 또한 인간의 존엄성을 바탕으로 한다. 이는 자신이나 다른 사람의 인간성을 단지 다른 목적을 위한 수단으로 사용하지 않아야 할 의무를 말한다. 칸트는 모든 인간이 본질적으로 가치가 있다면서 존엄성을 지닌 사람은 존중받아야 하며, 물건으로 취급되어서는 안 된다고 주장하였다.

> "누군가에게 해를 끼치거나, 누군가를 이용하거나, 누군가에게서 물건을 훔친다면, 당신은 그 사람을 당신의 목적을 위한 수단으로 취급하는 것이다. 반대로, 누군가를 무한한 가치를 지닌 사람으로 대하고, 그 사람을 존엄성과 존경심으로 대한다면, 그 사람을 목적으로 대하는 것이다."

모든 사람은 다른 사람을 자신의 이익(범죄적 이익)을 위하여 도구

---

7 맹주만, 칸트의 윤리학, 2019, 어문학사. 176.

8 Kant, Immanuel. (1797) 1996. The Metaphysics of Morals. In Practical Philosophy, 353-603.

나 수단으로 활용해서는 안 되며, 가능하면 다른 사람들의 목표 달성을 도와야 한다며 이것이 인간의 존엄성을 실천하는 것이라고 주장하였다.

정언명령의 자율성이란 인간은 합리적인 이성을 가지고 있으므로 도덕적 가치를 바탕으로 스스로 생각하고 결정을 내릴 수 있어야 한다는 것을 말한다.[9] 자율성은 다른 사람의 간섭을 배제하고 스스로 결정을 내릴 수 있는 능력이며, 개인적 성찰을 통해 독립적으로 결정을 할 수 있는 능력이며, 삶을 살아가는 이상적인 방식이라고 설명하였다.

따라서 칸트는 사람이 도덕성을 가질 수 있는 것은 자율성 덕분이며, 자율적인 만큼 도덕적이기도 하며, 도덕적 자율성은 자신에게 도덕법을 부과하는(스스로 입법하는) 합리적 행위자의 능력을 지녀야 한다고 주장하였다.

2. 칸트의 선의

칸트는 선의(good will)란 개인적인 욕망이나 성향이 아니라 의무감에서 행동하고 도덕원칙에 의해 동기가 부여되는 의지라고 설명한다. 따라서 행위는 이기심이나 다른 동기에서가 아니라 의무감과 도덕적 원칙에 대한 존중, 즉 선의에서 수행될 경우에만 도덕적이라고 평가받을 수 있다는 것이다.[10]

또한 칸트는 어떤 결과도 근본적인 도덕적 가치를 가질 수 없으며, 그 자체로 선한 유일한 것은 선의(the only thing that is good in itself is the "good will")라고 하였다. 선의는 도덕적 의무를 다할 것을 이성에 의해 자유롭게(스스로) 선택한다(자율성, 자유의지). 따라서 선

9 맹주만, 칸트의 윤리학, 2019, 어문학사. 190-192.

10 Kant, Immanuel, and Allen W. Wood. 1996. Practical Philosophy. Edited by Mary J. Gregor. The Cambridge Edition of the Works of Immanuel Kant. Cambridge: Cambridge University Press.

의는 온전히 개인의 이성에 의해 동기가 부여되는 개인의 자유의지이다.

길 건너 횡단보도에 시각장애인 D가 주저하며 횡단보도를 건너지 못하고 있다.

청년 A, B, C는 상대방을 돕겠다고 결심한다. A는 D를 돕지 않으면 하루 종일 죄책감을 느낄 것이기 때문에 도우려 한다. B는 D가 옆집 부자이고 그를 도우면 분명히 사례를 표할 것이라고 생각한다. C는 D를 돕는 것이 옳은 일이기 때문에 돕겠다고 결심한다.

이 가운데 자신이 할 수 있을 때 도움이 필요한 다른 사람들을 도와야 할 도덕적 의무가 있음을 이해한 사람은 누구일까?

Ⅲ. 칸트의 도덕, 범죄 그리고 형벌

칸트는 범죄는 정언명령으로 보편화될 수 없는 행위라고 보았다. 예를 들어, 도둑질은 도덕적으로 정당화될 수 없다. 왜냐하면 모든 사람이 도둑질을 하면 재산권의 개념이 무의미해지고 사회가 붕괴될 것이기 때문이다. 마찬가지로, 살인은 도덕적으로 정당화될 수 없다. 모든 사람이 마음대로 다른 사람을 죽이면 인간 생명에 대한 존중이 사라지고 사회가 혼란에 빠질 것이다.

칸트의 형벌 이론은 "도덕 형이상학의 기초"와 "도덕 형이상학"에 요약된 의무론적 윤리에 기초를 두고 있다.

칸트는 형벌은 근본적으로 정의와 도덕법의 개념과 연결되어 있다고 주장하였다. 그는 개인은 자율적으로 도덕적 의사결정을 내릴 수 있는 합리적인 존재로서 타고난 존엄성과 도덕적 가치를 갖고 있다고 주장한다. 따라서 범죄자에게는 도덕적 가치를 위반한 것에 대한 보복, 복수를 함으로써 정의를 회복해야 한다. 칸트의 범죄자 처벌에 대한 주장은 다음과 같이 정리될 수 있다.

첫째, 형벌은 범죄에 대한 복수(retribution)라는 관점이다. 즉, 처벌은 범죄억제나 재활 또는 사회적 방어를 위해서가 아니라 범죄에 대한 응징(복수)으로 도덕적 균형을 회복하기 위한 것이라는 관점이다.[11]

칸트는 형벌권이란 통치자가 범죄를 저지른 사람에게 고통을 줄 수 있는 권리이며, 범죄를 저질렀다는 이유만으로 항상 가해져야 한다고 주장하였다. 칸트는 인간은 결코 다른 사람의 목적을 위한 수단으로만 취급되거나 사물에 대한 권리의 대상으로 간주될 수 없다고 하면서 범인도 범죄 그 자체만으로 처벌을 받아야 하며, 사회적 방어나 피해자의 정서를 고려한 처벌 등이 행해져서는 안 된다는 입장이다.

> ... 형벌의 법칙은 정언명령이며, 범죄자를 형벌에서 해방시키거나 형벌이 약속하는 이익으로 형량을 줄일 수 있는 무언가를 찾기 위해 헤매는 자에게는 화가 있을 것이다. ... 사형을 선고받은 범죄자가 위험한 실험을 하는 데 동의하고 운이 좋게도 그 실험에서 살아남아 의사들이 새롭고 유익한 것을 배우게 된다면 그의 생명을 보존하겠다는 제안에 대해 어떻게 생각해야 할까?
>
> 법원은 의과대학의 그러한 제안을 경멸하며 거부해야 한다. 어떤 대가를 치르더라도 정의를 살 수 있다면 정의는 더 이상 정의가 아니기 때문이다. ...

둘째, 형벌은 정언명령과 일치해야 한다. 즉. 형벌은 도덕적으로 정당화되고 유사한 상황에 있는 모든 이성적 존재에게 적용할 수 있

11 Star, Daniel, 'Moral Metaphysics', in Roger Crisp (ed.), The Oxford Handbook of the History of Ethics (2013; online edn, Oxford Academic, 2 Apr. 2013), https://doi.org/10.1093/oxfordhb/9780199545971.013.0038, accessed 9 May 2024.

어야 한다.

셋째, 평등과 공정성: 형벌은 사회적 지위나 개인적 특성에 관계없이 모든 범죄자에게 평등하고 공정하게 이루어져야 한다. 즉, 형벌은 어떠한 편견이나 차별 없이 공평해야 하며, 오로지 응보적 정의의 원칙에서만 이루어져야 한다.[12]

> ... 응보의 법칙(ius talionis)만이 처벌의 질과 양을 명확히 규정할 수 있다. 물론 이는 개인의 사적인 판단에 의한 것이 아니라 법원의 판단에 의한 것이어야 하며, 다른 모든 원칙은 변동성이 크며 순수하고 엄격한 정의의 판결에 적합하지 않다.

넷째, 비례성: 형벌은 범죄의 심각성에 비례해야 한다. 즉, 형벌은 범죄 결과에 따라 비례적으로 적용되어야 하고, 과도하거나, 반대로 줄여서 처벌하는 것은 처벌의 본질을 흐리는 것이라는 주장이다. 칸트는 처벌은 협상할 수 없는 것으로 모든 사람은 그 이상도 그 이하도 아닌 자신이 마땅히 받아야 할 만큼만 법대로 처벌받아야 한다는 입장이다.

> ... 예를 들어, 상해를 행한 사람에게 벌금을 부과한다면 처벌과 아무런 관련이 없다. 왜냐하면 부자는 벌금을 내고 누군가를 때려도 된다고 생각할 것이다. 그런데 빈곤한 자는 벌금을 내지 못하고, 교도소에 가서 고통을 받을 것이다. ... 누군가가 살인을 저질렀다면 그는 죽어야 한다. ... 여기에는 정의를 만족시킬 대체방법이 없다. 삶이 아무리 비참하다 할지라도 삶과 죽음 사이에는 유사점이 없다...

12 Duindam, G., HOW CAN PUNISHMENT BE JUSTIFIED? ON KANT'S RETRIBUTIVISM, https://open.library.okstate.edu/introphilosophy/chapter/how-can-punishment-be-justified-on-kants-retributivism/

칸트는 범죄를 행한 고통을 치러야 하며, 징역형이나 사형을 대체할 만한 형벌은 없다고 지적하였다. 따라서 칸트는 형기의 감형이나 가석방, 벌금형, 사회내처우 등은 처벌의 무용성을 상징하는 것이며, 형벌의 본질을 훼손하는 것이라고 한다. 칸트는 사형제를 옹호하며, 사형은 극악한 범죄자를 인격체로서 존중하는 방식이라고 보았다.[13]

> ... 시민사회가 모든 구성원의 동의로 해산된다 하더라도(예를 들어 섬에 사는 사람들이 분리되어 전 세계로 흩어지기로 결정했다면), 감옥에 남아 있는 마지막 살인자를 먼저 처형해야 한다. ... 그렇지 않으면 사람들은 이 공개적인 정의 위반에 협력자로 간주될 수 있기 때문이다. ... 도덕적 의무를 위반하는 것이다...
>
> ... 당신은 범죄자를 상대할 때 그 범죄자의 "준칙"(살인을 허용하는 것)을 사용해야 한다. 즉, 그 자신의 악행은 그 자신에게 형벌을 가져온다는 것을 알아야 한다...

Ⅳ. 칸트 관점의 구금형과 사회내처우의 차별성

1. 칸트 관점의 구금형

구금형(prison sentence)은 범죄를 저지른 데 대한 처벌로 법원이 부과하는 법적 제재로 범인을 일정 기간 지정된 시설, 즉 교도소에 구금하여 개인의 자유를 박탈하는 고통을 부과하는 것이다. 구금형은 개인에게 자신의 행동에 대한 책임을 묻고 사회적 정의의 원칙을 수호하는 방법으로 간주된다. 구금형을 통하여 사회와 법체계는 침

13 TAMUCC, Extended Examples: Capital Punishment, https://philosophy.tamucc.edu/people/faculty/sencerz/ethics/extended_examples_capital_punishment/

해된 사회적 규범과 가치를 재확인한다. 따라서 칸트는 제러미 벤담이 주장하는 재활이론(처벌은 범죄자를 개혁(교화)하고 그들의 행동을 교정한다.)이나 사회방어이론과(처벌은 잠재적 범죄자를 억제하고 과거 및 잠재적 범죄자를 무력화함으로써 범죄를 예방한다)에 대하여 반대의 입장이다.

칸트의 관점과 현대적 의미의 구금형의 목적은 차이가 있다. 구금형은 범죄 행위에 대해 개인을 처벌하는 수단으로써 범죄자의 자유를 박탈하고 엄격한 감금 조건을 가함으로써 범죄에 대한 보복을 한다는 응보 또는 복수의 의미를 두는 측면은 차이가 없다.

그러나 오늘날 구금형은 또 다른 목적과 효과를 거두려고 한다.[14] 첫째, 범죄에 대한 억제이다. 범죄인을 구금함으로써 범죄자 개인과 사회 구성원들 모두가 범죄 행위를 하는 것을 억제하는 효과가 있다. 범죄를 할 경우 구금될 수 있다는 위험은 범죄를 결정하기 전에 처벌위험과 범행으로 얻는 이익을 다시 생각하게 함으로써 범죄를 억제하는 효과가 있다. 둘째는 구금된 범죄자에 대한 재활이다. 인성교육, 직업교육이나 약물치료 등으로 정신과 신체를 건강하게 함으로써 준법의식을 강화하고, 건전한 시민으로 사회에 재통합되도록 한다. 셋째는 범죄자를 지역 사회에서 제거하고 구금함으로써 대중을 잠재적인 피해로부터 보호하는 역할, 즉 공공의 안전을 유지하는 것이다.

그러나 한편 구금형에는 쟁점이 따른다. 즉, 처벌의 불평등성, 과밀수용, 교정시설 내 처우의 열악성, 사회적 비용 등의 문제와 징역형의 근본적인 효과성에 대한 의문이 있다.

---

14 허경미. (2011). 구금처우의 재범억제 효과성의 한계에 관한 연구. 교정연구, 52, 91-120.

2. 칸트 관점의 사회내처우

칸트의 형벌론에 따르면 사회내처우(community treatment)는 바람직하지 않다. 그는 형벌이 대안이 되어서는 안 되며, 그 자체가 목적이 되어야 한다고 주장하였다. 형벌이 대안이라면 범죄자를 도구로 사용하는 것으로 인간의 존엄성을 해친다는 것이다. 그러나 현대적 형사정책 관점에서는 사회내처우는 구금형에 대한 대안으로서 지역사회에서 범죄자의 범죄성을 제거하고 문제적인 행동을 하지 않도록 감시하면서 재범 가능성을 줄여 사회복귀를 할 수 있도록 지원하는 처우방식으로 이해한다. 또한 사회내처우를 통하여 구금에 대한 의존도를 줄이며 공공안전과 복지를 향상시키려는 목적을 달성하려 한다. 따라서 사회내처우는 범죄 행위에 기여하는 근본적인 문제를 해결하고 범죄 결과에 대한 책임의식을 갖게 하여 사회복귀를 성공적으로 할 수 있도록 하는 다양한 처우방식이 도입된다.

사회내처우의 종류는 다양하다. 첫째, 지역사회 기반 프로그램으로 범죄자가 지역사회에 머무르는 동안 다양한 개입과 서비스를 제공하는 것이다.[15] 약물남용치료, 정신건강상담, 분노조절교육, 교육 및 직업훈련, 대인관계방법 등이 일반적으로 지원된다. 프로그램은 각 범죄자의 정신과 교육정도 등 개별적 상황을 진단하고, 그에 맞게 설계된다. 둘째, 보호관찰이 있다. 보호관찰은 범죄자가 지역사회에 거주하면서 보호관찰관의 감독이나 지시에 따라 보호관찰관과의 면담이나 보고, 치료 프로그램 참여, 직업생활, 학교교육 등 법원이 정한 준수조건을 이행하는 것이다. 셋째, 회복적 사법 프로그램에 참여하는 것이다. 회복적 사법 프로그램은 범죄자의 행동으로 인해 발생한 피해를 복구하고 책임과 화해를 촉진하는 데 중점을 둔다. 중재자

---

15 허경미. (2016). 캐나다의 지역사회 교정처우에 관한 연구. 한국경찰연구, 15(1), 385-410.

가 범죄자는 자신의 행동에 대해 책임을 부담토록 하고, 피해자에게 배상을 해야 하며, 피해를 복구하고 관련된 모든 당사자의 요구 사항을 해결하기 위한 지역사회봉사 또는 기타 회복활동에 참여하도록 한다.[16]

회복적 사법 프로그램의 한 방식: 써클 회의

자료: inthestimes, Restorative Justice: A Much-Needed Alternative to Mass Incarceration, https://.com/article/restorative-justice-criminal-justice-reform-mass-incarceration/

넷째, 재통합프로그램으로 구금형을 마치고 지역 사회로 다시 복귀하는 범죄자에 대한 지원이다. 이에는 주택지원, 취업준비교육, 약물남용치료, 정신건강상담, 이웃친구맺기 등 재통합을 잘 할 수 있도록 다양한 서비스를 제공하여, 재범 위험을 줄일 수 있다.[17]

그러나 사회내처우는 쟁점이 따른다. 즉, 부정적 법감정, 공공안전의 위험성, 대상자 선정의 공평성, 경제적인 비용 부담, 비범죄인이면서 빈곤이나 정신질환에 처해 있는 사람들과의 형평성 문제, 피

16 inthesetimes, Restorative Justice: A Much-Needed Alternative to Mass Incarceration, https://.com/article/restorative-justice-criminal-justice-reform-mass-incarceration/

17 허경미. (2007). 회복적 사법과 지역사회 교정에 관한 연구. 교정연구, 36, 95-118.

해자에 대한 용서 강요 등의 문제가 있다.[18]

사회봉사명령의 다양한 유형[19]

자료: Community Service 101, Court-Ordered Community Service, https://blog.communityservice101.com/the-dewalt-promise/

18 허경미. (2013). 영국 사회내처우제의 정책적 시사점 연구. 교정연구, 61, 127-152.

19 Community Service 101, Court-Ordered Community Service, https://blog.communityservice101.com/the-dewalt-promise/

참고문헌

1 stanford, https://plato.stanford.edu/entries/enlightenment/

2 britannica, https://www.britannica.com/topic/rationalism/History-of-rationalism/

3 Stanford Encyclopedia of Philosophy, Deontological Ethics, https://plato.stanford.edu/entries/ethics-deontological/

4 https://en.wikipedia.org/

5 Kant, Immanuel, and Allen W. Wood. 1996. Practical Philosophy. Edited by Mary J. Gregor. The Cambridge Edition of the Works of Immanuel Kant. Cambridge: Cambridge University Press.

6 The Philosophy of Law: An Exposition of the Fundamental Principles of Jurisprudence as the Science of Right, by Immanuel Kant, trans. W. Hastie (Edinburgh: Clark, 1887), https://oll.libertyfund.org/titles/hastie-the-philosophy-of-law/

7 맹주만, 칸트의 윤리학, 2019, 어문학사. 176.

8 Kant, Immanuel. (1797) 1996. The Metaphysics of Morals. In Practical Philosophy, 353-603.

9 맹주만, 칸트의 윤리학, 2019, 어문학사. 190-192.

10 Kant, Immanuel, and Allen W. Wood. 1996. Practical Philosophy. Edited by Mary J. Gregor. The Cambridge Edition of the Works of Immanuel Kant. Cambridge: Cambridge University Press.

11 Star, Daniel, 'Moral Metaphysics', in Roger Crisp (ed.), The Oxford Handbook of the History of Ethics (2013; online edn, Oxford Academic, 2 Apr. 2013), https://doi.org/10.1093/oxfordhb/9780199545971.013.0038, accessed 9 May 2024.

12 Duindam, G., HOW CAN PUNISHMENT BE JUSTIFIED? ON KANT'S RETRIBUTIVISM, https://open.library.okstate.edu/introphilosophy/chapter/how-can-punishment-be-justified-on-kants-retributivism/

13 TAMUCC, Extended Examples: Capital Punishment, https://philosophy.tamucc.edu/people/faculty/sencerz/ethics/extended_examples_capital_punishment/

14 허경미. (2011). 구금처우의 재범억제 효과성의 한계에 관한 연구. 교정연구, 52, 91-120.

15 허경미. (2016). 캐나다의 지역사회 교정처우에 관한 연구. 한국경찰연구, 15(1), 385-410.

16 inthesetimes, Restorative Justice: A Much-Needed Alternative to Mass Incarceration, https://.com/article/restorative-justice-criminal-justice-reform-mass-incarceration/

17 허경미. (2007). 회복적 사법과 지역사회 교정에 관한 연구. 교정연구, 36, 95-118.

18 허경미. (2013). 영국 사회내처우제의 정책적 시사점 연구. 교정연구, 61, 127-152.

19 Community Service 101, Court-Ordered Community Service, https://blog.communityservice101.com/the-dewalt-promise/

CRIME AND MORAL VALUES

PART

03

도덕성과 범죄성의 유전과 발달, 그리고 사회화

DILEMMA BETWEEN PUNISHMENT AND SOCIAL ACCEPTABILITY

CHAPTER

05

행동신경과학:
도덕성과 범죄성의 DNA를 말하다

범죄와 도덕적 가치

Crime and Moral Values

Ⅰ. 행동신경과학: 도덕성 그리고 범죄

뇌의 기능과 도덕성의 관련성을 전제로 할 때 뇌기능 장애가 있는 경우 범죄와의 관련성이 있다는 추론은 뇌과학에서는 일정 부분 설득력이 있다.[1]

행동신경과학(behavioral neuroscience)은 인간의 도덕적 행동이 인간 두뇌에 기반을 두고 있다는 사실을 다양한 연구를 통하여 밝혀왔다.[2] 즉, 행동신경과학의 발달은 도덕성은 우리가 속한 사회·문화적 또는 종교적 배경에서 획득한 도덕적 규칙이나 표준을 넘어 타고난 뇌 구조의 복잡한 메커니즘의 결과라는 것을 증명하고 있다. 대표적으로 기능성자기공명영상을 사용하여 도덕적 행동과 관련된 특정 신경물질과 신경도덕회로를 밝혀내기도 하였다.

다음은 도덕성 및 범죄와 관련성이 있는 뇌구조의 장애를 보여준다.

신경도덕성 구조[3]

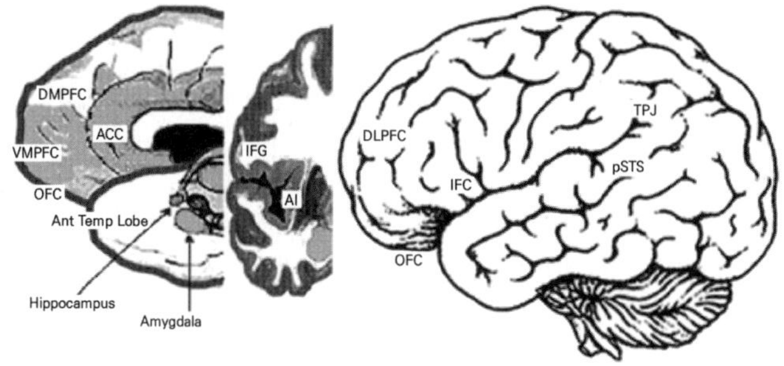

자료: Mendez, M. F. (2023). The Implications of Moral Neuroscience for Brain Disease: Review and Update. Cognitive and Behavioral Neurology, 36(3), 133-144.

1 Mendez, M. F. (2023). The Implications of Moral Neuroscience for Brain Disease: Review and Update. Cognitive and Behavioral Neurology, 36(3), 133-144.

2 Greely, H. T., Grady, C., Ramos, K. M., Chiong, W., Eberwine, J., Farahany, N. A., ... & Serrano, E. E. (2018). Neuroethics guiding principles for the NIH BRAIN initiative. The Journal of Neuroscience, 38(50), 10586.

도덕적 뇌는 앞에서 살펴본 여러 뇌구조에 의해 이루어진다. 뇌는 다양한 구조의 기능을 통해 무엇이 좋은지, 나쁜지, 옳고 그른지, 덕이 있고 악한지를 확인하는 도덕적 추론을 한다. 따라서 도덕적 추론에는 도덕적 감수성, 도덕적 판단, 도덕적 동기, 도덕적 행동 등이 포함된다.[4]

도덕적 추론과 관련된 뇌의 주요 영역에는 전두엽, 두정엽, 측두엽, 변연계 등이 있다.[5]

전두엽은 지속적으로 도덕적 판단에 관여하며, 도덕적 처리과정에서 관련된 감정의 중재에 중요한 역할을 한다.[6] 사회적 규범과 가치를 준수하는 것과 의사결정 중 다른 사람의 의견을 고려하는 것에도 관련이 있다. 또한 보상과 처벌에 대하여도 인지하며, 거짓말, 다른 사람과의 경쟁심 등의 조절, 규칙을 지켜야 하는 상황에 대한 적응과 조절 등에 관여한다. 또한 도덕적 갈등과 처리, 다른 사람을 속이려는 의도, 의사결정시 감정을 조절한다. 특히 자신의 행동에 대한 모니터링, 즉 성찰 기능, 도덕적 판단과 사회적 기능의 통합 등의 기능이 있다.

두정엽 영역은 주로 작업기억 및 인지제어와 연관되어 있으며,

---

3 신경도덕뇌와 관련된 구조를 보여주는 개략도(왼쪽 시상면, 중앙 관상면, 오른쪽 측면면). AI=전방 인슐라. ACC=전방대상피질. 개미 임시엽(Ant Temp Lobe)=전측두엽. DLPFC=등측 전전두엽 피질. DMPFC=배내측 전전두엽 피질. IFG=하전두회. OFC=안와전두엽 피질. pSTS=후방 상부 측두엽 고랑. TPJ=측두정엽 접합부. VMPFC=복내측 전두엽 피질.

4 Leo Pascual, Paulo Rodrigues, and David Gallardo-Pujol. "How does morality work in the brain? A functional and structural perspective of moral behavior," Frontiers in Integrative Neuroscience, Vol. 7 Iss. 65, (September) 2013. 1-8.

5 https://www.ncbi.nlm.nih.gov/pmc/articles/PMC3770908/

6 Strikwerda-Brown, C., Ramanan, S., Goldberg, Z. L., Mothakunnel, A., Hodges, J. R., Ahmed, R. M., ... & Irish, M. (2021). The interplay of emotional and social conceptual processes during moral reasoning in frontotemporal dementia. Brain, 144(3), 938-952.

다른 사람의 신념과 의도를 추론하는 데 필요한 사회적 정보를 파악하고 판단하며, 믿음을 행동으로 옮기고, 이전 의도를 처리하는 데 관여한다. 또한 거짓말을 인식한다.[7]

측두엽은 정서적 처리 및 사회적 인지와 관련된 도덕적 판단에 관여한다. 따라서 측두엽은 타인의 신념과 의도를 추론하는 데 영향을 끼치며, 개인적 딜레마나 타인과의 정의 딜레마에 빠질때 특히 영향을 미는 것으로 알려졌다.

변연계는 해마, 편도체, 선조체, 시상앞핵, 변연엽, 후각신경구 등으로 이루어져 있어 감정, 행동, 동기부여, 기억, 후각 등의 여러 가지 기능을 담당한다. 변연계와 관련된 질환으로는 뇌전증과 조현병 등이 있다.

변연엽은 타인과의 공감, 용서, 범죄자 처벌, 혐오감, 슬픔에 대한 공감, 정서적 처리, 불확실성 감지, 불평등 인식 등을 경험할 때 활성화되는 것으로 나타났다.

해마는 공포조절, 적절한 감정반응 유도 및 감정적 표정처리에 영향을 끼치며, 편도체는 도덕적 학습에 중요하며 도덕적 판단 평가, 도덕적으로 두드러진 시나리오 중 공감적 슬픔, 형사처벌 가능성 예측에 관여하는 것으로 알려졌다.

Ⅱ. 유전과 뇌

생명체의 유전 정보를 담고 있는 화학물질로 알려진 DNA(Deoxyribo nucleic acid)는 두 가닥이 서로 감겨 이중 나선을 형성한다. DNA는 염색체라고 불리는 구조로 포장된 긴 분자로 인간은 한 쌍의 성염색체(여성의 경우 XX, 남성의 경우 XY)를 포함하여 23쌍의 염색체를 가지고 있다. 각 쌍 내에서 하나의 염색체는 개인의 어머니에게서 나오고

7 Ochabski, D., Moral Reasoning in the Brain | The Science of Morality, https://www.moralapologetics.com/wordpress/moralityscience/moralreasoningbrain/

다른 하나는 아버지에게서 나온다. 23쌍의 염색체에 들어 있는 DNA의 염기쌍 수는 대략 30억 개지만 유전자를 만드는 부분은 2%에 지나지 않는다. 나머지 98%의 기능은 현재까지 거의 알려진 바 없다.

DNA 구조

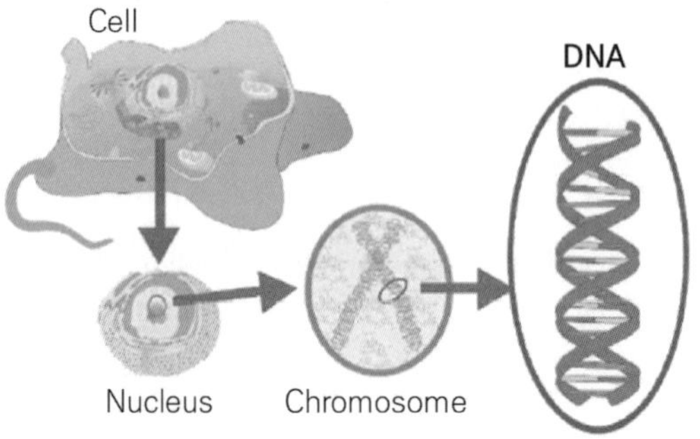

자료: 1000sciencefairprojects, Human Genome Project, https://www.1000sciencefairprojects.com/Biology/human-genome-project.php

사람의 전체 DNA에 담긴 유전정보를 통틀어 유전체(genome)라 부르는데, 이는 유전자(gene)와 염색체(chromosome) 두 단어를 합성해 만든 말이다. 인간 게놈을 구성하는 약 20,000개의 서로 다른 유전자 중 적어도 3분의 1 이상이 주로 뇌에서 활성화(발현)된다. 이는 신체에서 발현되는 유전자의 비율 중 가장 높은 것이다. 이 유전자는 뇌의 발달과 기능에 영향을 미치며 궁극적으로 우리가 움직이고, 생각하고, 느끼고, 행동하는 모든 방식을 제어한다.[8]

뇌는 인체의 중추신경계를 관장하는 기관으로 몸의 움직임과 행동을 통제하며, 신체의 항상성을 유지시키며 인지, 감정, 기억, 학습 기능을 담당한다. 위치는 머리뼈의 안쪽에 위치한다. 보통 성인의 평

8 교육부 공식 블로그: 티스토리, 뉴런의 종류와 기능, https://if-blog.tistory.com/5436

균 뇌 무게는 1.4~1.6kg정도이며 뇌를 구성하는 최소단위는 뉴런(neuron)이라는 신경세포이다. 뉴런은 860억 개 정도로 알려졌다.[9]

뇌를 진화론적으로 보았을 때

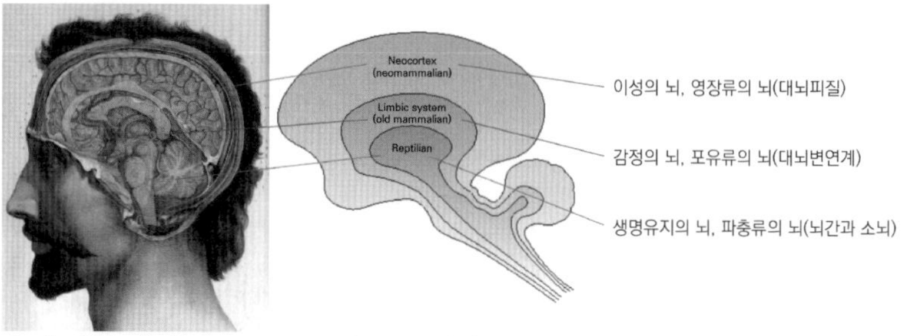

https://en.wikipedia.org/wiki/Human_brain https://en.wikipedia.org/wiki/Neomammalian_brain

신경계는 신경정보들을 받아들이고 반응을 결정하며 명령을 내리는 중추신경계인 뇌와 척수가 있고, 인체 곳곳에서 정보를 전달하는 말초신경계로 나눌 수 있다.

Ⅲ. 뇌와 신경계의 기능

1. 대뇌, 뇌간, 소뇌

인간의 뇌는 대뇌, 뇌간, 소뇌로 구성된다. 대뇌는 뇌의 거의 85%를 차지하며 대부분의 중요한 뇌 기능이 일어나는 곳이다. 대뇌는 두 개의 반구(왼쪽과 오른쪽)로 나뉘며, 각 반구에는 4개의 엽, 즉 전두엽, 두정엽, 측두엽, 후두엽이 있다.[10]

9 National Institute of Neurological Disorders and Stroke, Brain Basics: Genes At Work In The Brain, https://www.ninds.nih.gov/health-information/patient-caregiver-education/brain-basics-genes-work-brain

10 Mental Health America, The Human Brain 101, https://mhanational.org/human-brain-101

전두엽은 엽 중에서 가장 크며 뇌의 가장 복잡한 부분으로 사람의 행동을 관리하고 목표를 달성하는 데 필요한 일련의 인지활동을 제어한다. 전두엽은 추론, 의사결정, 계획, 감정 조절 등의 역할을 한다.

두정엽은 감각처리와 압력, 온도, 통증과 같은 자극을 인지하는 역할을 한다.

측두엽은 소리(언어 포함)를 처리하고 해석하는 역할을 하며 기억을 형성하고 검색하는 역할을 한다. 후두엽은 주로 시각정보 처리를 담당한다.

뇌간은 뇌의 기저부에 위치하며 대뇌와 척수를 이어준다. 뇌간은 중뇌, 연수, 뇌교로 구성된다. 중뇌는 주로 운동기능(특히 안구운동)과 청각 및 시각 처리기능을 담당한다. 연수는 심박수, 호흡, 혈류 및 산소 수준 등을 관장한다. 뇌교는 중뇌와 연수를 연결하며, 눈물 생성, 씹기, 깜박임, 균형잡기, 얼굴표정 등을 관장한다.

소뇌는 뇌간 뒤쪽에 위치하며, 균형과 자세유지, 근육활동 타이밍 조절, 연습이 필요한 동작의 학습(예: 악기 연주) 등 동작 및 조정 등을 담당한다.

뇌의 각 부위

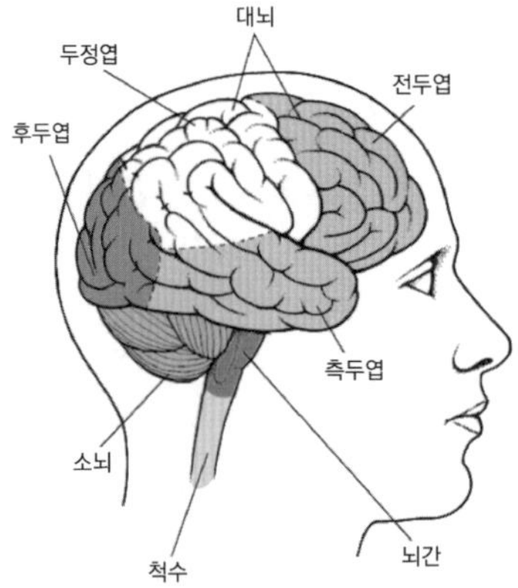

자료: https://www.msdmanuals.com/en-kr/home/brain,-spinal-cord,-and-nerve-disorders/brain-dysfunction/brain-dysfunction-by-location

뇌기능에 이상이 있을 때

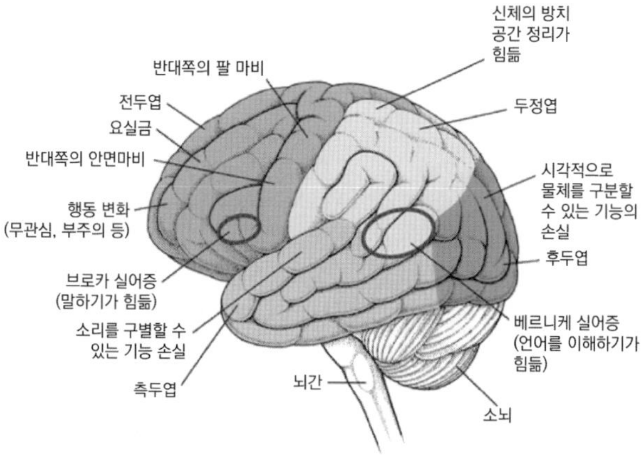

자료: https://www.msdmanuals.com/en-kr/home/brain,-spinal-cord,-and-nerve-disorders/brain-dysfunction/brain-dysfunction-by-location

2. 신경계

1) 중추신경과 말초신경

신경계는 신체의 정보 처리 및 의사소통 체계이며, 메시지를 받아들이고, 정보를 처리하며, 신체 나머지 부분에 신호를 전달하여 무엇을 해야 하는지 지시하는 기능을 한다. 신경계는 중추신경계와 말초신경계로 구분한다. 중추신경계는 뇌와 척수를 말하며, 말초신경계는 중추신경계를 제외한 신경을 말한다.

뇌는 컴퓨터의 중앙처리장치 같은 역할을 한다. 뇌는 눈, 귀, 코 및 다른 감각기관으로부터 정보를 받아서 처리하고, 생각과 관념을 일으키며, 이후 신체로 메시지를 전달한다. 즉, 걷고 말하고 행동하고, 호흡, 심박수, 혈압 등을 조절한다.

척수는 두꺼운 전기케이블과 같은 길다란 신경관으로 뇌에서부터 등 아래쪽까지 척추 중앙의 빈 공간을 통해 이어진다. 뇌의 신경은 척수를 통해 메시지를 전달하고, 척수의 다른 신경이 이 메시지를 신체로 전달한다. 반대로 척수를 통하여 신체에서 뇌로 메시지를 전달한다.

신경은 신호 와이어와 같고, 각 신경에는 여러 신경세포로부터 이어진 섬유가 한데 단단히 묶여 있어 외부 손상으로부터 보호한다.

2) 뉴런

뉴런(neuron)은 신경계에서 신호를 전달하는 역할을 담당하며, 모양과 크기가 종류에 따라 다양하지만, 기본적인 구조는 비슷하다. 뉴런은 기능에 따라 감각뉴런, 중간뉴런, 운동뉴런의 세 종류로 나눌 수 있다.[11]

뉴런은 신경세포체와 가지 돌기, 축삭(축색) 돌기로 구성되어 있다.

신경세포(뉴런)는 큰 세포체와 신경섬유, 즉 충격을 전송하기 위해 길게 뻗어 나온 연장선(축삭) 1개와 충격 수신을 위한 많은 가지(수상돌기)로 구성되어 있다. 축삭에서의 자극은 시냅스(두 신경세포 사이의 접합부)를 가로질러 다른 세포의 수상돌기로 전달된다.

뉴런의 구조

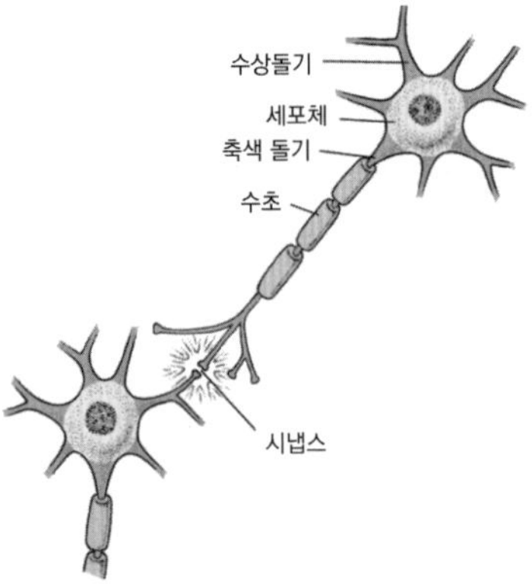

자료:MSD, the-brain, 2022.[12]

11 교육부 공식 블로그: 티스토리, 뉴런의 종류와 기능, https://if-blog.tistory.com/5436/

3) 시냅스와 신경전달물질

시냅스(synapse)란 뉴런이라는 신경세포의 부분 중 자극을 세포 밖으로 전도시키는 돌기인 축삭의 끝부분과 신경전달물질(neurotransmitter)이 오가는 다음 뉴런 사이의 틈을 말한다.[13] 시냅스는 뉴런이 있는 뇌와 척수의 회백질, 신경절에 분포한다. 1억개의 뉴런에 수천억 개 이상의 시냅스가 붙어 있으며, 모두 수백조 이상이 있다.

뉴런은 시냅스전 뉴런과 시냅스후 뉴런으로 구분한다. 시냅스전 뉴런은 뉴런이나 세포들과 접촉하여 정보가 오고가는 부분으로 신호를 주는 뉴런을 말하며, 신호를 받는 부분을 시냅스후 뉴런이라고 한다.

시냅스에서의 신호전달은 뉴런에서 표적세포의 방향인 단일방향으로만 흐르며, 이는 신경계의 정보능력을 의미한다. 즉, 인체가 정보를 처리하고 통합하여 외부감각에의 자극, 반응, 기억 등의 과정들을 연결시켜 주는 기능을 한다.

신경전달물질은 뇌세포가 서로 교류하는 데 사용하는 화학물질이다.[14] 신경전달물질은 세포를 더욱 활성화시키는 흥분성도 있고, 반대로 뇌세포의 활동을 차단하거나 약화시키는 억제성도 있다. 또한 흥분성과 억제성을 조절하는 조절성도 있다. 알려진 것은 100여 가지 종류이다.[15]

---

12 MSD, the-brain, 2022, https://www.msdmanuals.com/home/quick-facts-brain,-spinal-cord,-and-nerve-disorders/biology-of-the-nervous-system/the-brain/

13 서울아산병원, 시냅스, https://www.amc.seoul.kr/asan/mobile/healthinfo/body/bodyDetail.do?bodyId=76&partId=B000020

14 백자현, 신경전달물질, 그리고 우리의 행동, 2015, 경암바이오 제11회 청소년캠프 자료집, 54-60.

15 https://www.ninds.nih.gov/health-information/public-education/brain-basics/brain-basics-know-your-brain

시냅스와 신경전달물질의 활동

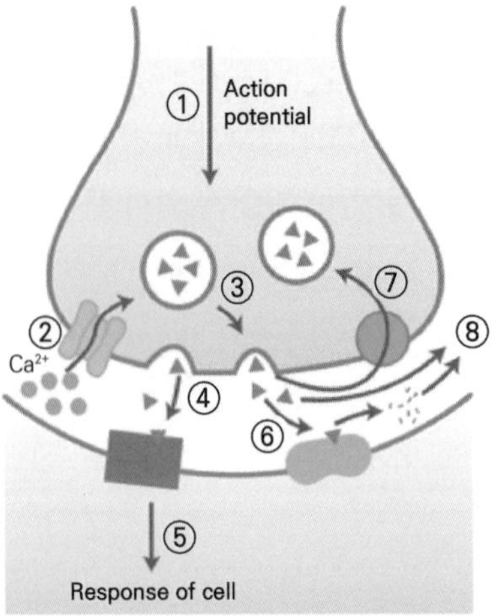

자료: 신용문, 신경계약료(2), https://www.health.kr/Menu.PharmReview/_uploadfiles/5(2).pdf/

신경전달물질에 의한 뇌세포 활성화 조절은 인간의 행동을 조절하는 것으로 신경전달물질의 유전자 혹은 신경전달물질을 만들어내는 효소나, 신경전달물질 수용체의 유전자 돌연변이, 양, 수용체를 통한 신호전달을 조절하는 약물들은 인간의 행동을 조절할 수 있는 것으로 밝혀지고 있다.

대표적인 신경전달물질은 아미노산계, 모노아민계, 펩티드계, 아세틸콜린계 등이다.[16]

아미노산계에는 글루타메이트, 감마아미노부티르산, 글리신 등이 있다. 글루타메이트는 흥분성 신경전달물질로 너무 많으면 뉴런이 죽거나 손상될 수 있으며 파킨슨병, 뇌졸중, 발작, 극심한 통증 등에 영향을 준다. 감마아미노부티르산은 억제성 신경전달물질로 시각시

16 cleveland clinic, Neurotransmitters, https://my.clevelandclinic.org/health/articles/22513-neurotransmitters/

스템에 영향을 준다. 글리신은 억제성 신경전달물질로 청력처리, 통증전달 및 신진대사를 조절하는 기능이 있다.

모노아민계 신경전달물질은 특히 뇌에서 다양한 역할을 수행하며, 의식, 인지, 주의력 및 감정을 조절하는 기능을 한다. 신경계의 많은 장애는 모노아민 신경전달물질의 이상과 관련이 있으며, 약물은 이러한 신경전달물질에 영향을 미친다. 세로토닌, 히스타민, 도파민, 에피네프린(아드레날린), 노르에피네프린 등이 이에 속한다.

세로토닌은 억제성 및 각성제 역할을 모두 하며, 수면, 체온조절, 학습, 기억, 고통, 사회적 행동, 성관계, 수유, 동작활동, 바이오리듬 등 뇌의 모든 영역에서 가장 광범위한 영향을 미친다. 히스타민은 각성, 수유행동 및 동기부여를 포함한 신체기능을 조절한다.

도파민은 즐거움을 느끼고 각성 및 학습을 향상시키는 등 신체의 보상시스템에서 중요한 역할을 한다. 도파민은 집중력, 기억력, 수면, 기분 및 동기 부여를 촉진하며, 장애시 파킨슨병, 정신분열증, 양극성장애, 주의력결핍과잉행동장애(ADHD)에 영향을 주는 것으로 알려져 있다. 코카인, 메스암페타민, 암페타민 등 중독성 물질은 도파민시스템에 직접적으로 작용하는 것으로 밝혀졌다. 에피네프린은 아드레날린이라고도 하는데 두려움과 스트레스에 대한 신체적 반응에 영향을 주며, 노르에피네프린(노르아드레날린)은 주의력, 각성, 의사결정, 집중력에 영향을 미친다.

펩티드계 신경전달물질로 엔돌핀이 있다. 엔돌핀은 인체의 진통제 역할을 하여 엔돌핀의 분비는 통증감소와 좋은 기분을 느끼게 한다.

아세틸콜린계의 아세틸콜린은 흥분성은 심박수, 혈압 및 장 운동성을 조절하는 자율신경계의 대부분의 뉴런에서 방출되며, 근육수축, 기억, 동기부여, 성적 욕망, 수면 및 학습에 영향을 준다. 아세틸콜린의 불균형은 알츠하이머병, 발작, 근육경련 등의 문제를 불러오는 것으로 알려져 있다.

IV. 생래적 범죄인설

생래적 범죄인설(born criminal theory)을 주장한 학자는 케사르 롬브로소(Cesare Lombroso, 1835-1909)이지만 이미 유럽 사회에서는 관상학, 골상학, 그리고 진화론 등을 통하여 사람의 도덕성과 외모, 범죄적 성향 등의 유전성이 주장되어 왔다.

1. 관상학, 골상학 및 진화론

관상학(Physiognomy)[17]은 고대 그리스 아리스토텔레스부터 시작되어 갈의 골상학(Phrenology)[18]에게까지 영향을 미쳤다.

관상학(觀相學, Physiognomy)은 개인의 외모(얼굴)를 보고 그 사람의 성격적 특징을 평가하는 유사과학을 말한다. 관상학은 physis와 gnomon의 합성어로 physis은 본성(nature)을 gnomon은 판단(judge) 또는 해석자, 통역자(interpreter)의 의미이다. 관상학을 연구한 고대 그리스의 철학자 아리스토텔레스(Aristotle, BC 384-322)는 외모와 성격의 관계에 대하여 그의 저서 「이전 분석」(prior analytics)에서 "만약 자연적 영향에 의해 육체와 영혼이 함께 변화한다면, 외모로부터 본성을 추론하는 것이 가능하다(It is possible to infer character from fea-tures, if it is granted the body and the soul are changed together by the natural affections...)고 주장하였다.

17 wikipedia, https://en.wikipedia.org/wiki/Physiognomy/

18 wikipedia, Franz Joseph Gall, https://en.wikipedia.org/wiki/Franz_Joseph_Gall/

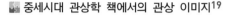

중세시대 관상학 책에서의 관상 이미지[19]

자료: Johann Caspar Lavater(1741-1801), 1797, Essays on physiognomy; calculated to extend the knowledge and the love of mankind.

골상학(骨相學, phrenology)은 두개골의 형상으로 사람의 본성과 심리적 특성 및 운명 등을 추정하는 유사과학으로 독일의 해부학자, 의사 및 생리학자인 프란츠 요제프 갈(Franz Joseph Gall, 1758-1828)에 의해 창시되었다. 성상학(性相學)이라고도 한다. 골상학은 두개골의 크기와 형태로 사람의 심리적 특성을 알 수 있다고 주장하였다. 갈은 인간의 마음을 35가지로 분류하고, 대뇌 표면의 각 부위에 대응시켜 설명하였다.

---

19 Johann Caspar Lavater(1741-1801), 1797, Essays on physiognomy; calculated to extend the knowledge and the love of mankind.

골상학구조도[20]

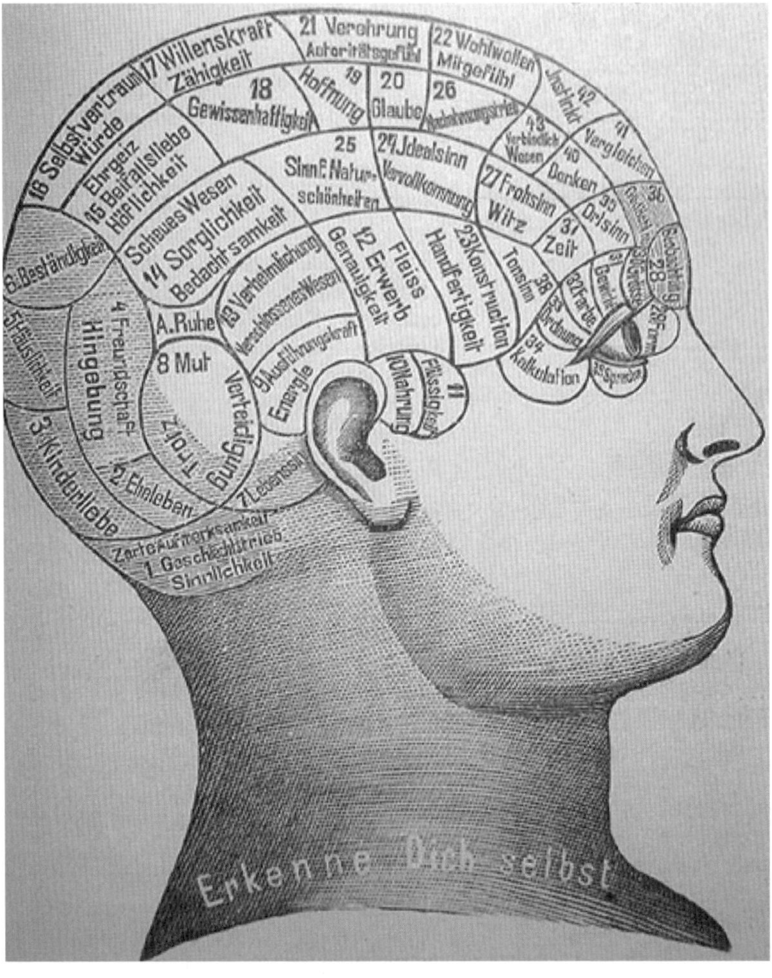

자료: https://ko.wikipedia.org/

한편 찰스 로버트 다윈(Charles Robert Darwin, 1809-1882)의 진화론은 1859년 11월 24일에 출간된 「종의 기원에 대하여: On the

20 1894년 독일의 프리드리히 에두아르트 빌츠(Friedrich Eduard Bilz, 1842-1922)가 그린 골상학 차트.

Origin of Species, On the Origin of Species by Means of Natural Selection, the Preservation of Favoured Races in the Struggle for Life」에서부터 시작된다. 진화생물학의 출발인 이 책에서 다윈은 지구의 모든 종은 자연선택을 통하여 진화한다며 자연선택설(natural selection theory)을 주장하였다.

그는 자연선택설을 다음과 같이 묘사하였다.

> "...생존을 위한 경쟁에 의해 변이는 아무리 작은 것이라도, 또 어떤 원인에서 생기는 것이라도, 어떤 종이든 그 한 개체에 조금이라도 이익이 되는 것이라면, 다른 생물 및 생존의 물리적 조건에 대한 무한하게

인류의 진화과정[21]

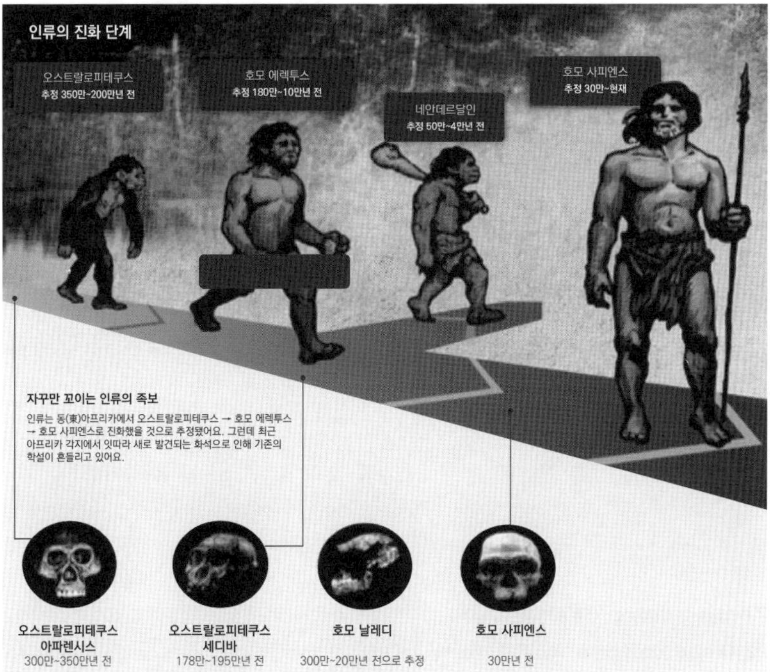

자료: https://han.gl/G6Y1S

복잡한 관계 속에서 그 개체를 보존하도록 작용할 것이고, 그것은 또 일반적으로 자손에게 전해져 내려갈 것이다. 그 자손도 이와 마찬가지로 생존의 기회를 더 많이 얻게 된다..... 이 원리를, 인간의 선택능력과 구별하기 위해 나는 '자연선택(natural selection)'이라는 용어로 부르기로 했다."

2. 롬브로소의 격세유전설과 형벌

케사르 롬브로소(Cesare Lombroso)는 외과의사로 교도소와 병원 등에서 공공의사로 근무하였고, 이후 파비아대학교 교수로 봉직하였다. 1870년에 롬브로소는 교도소 재소자들과 병원의 환자, 그리고 군인, 일반인 등의 두개골을 연구하여 정상인의 두개골과 재소자나 정신장애자의 두개골 모습이 다르다는 것을 발견하였다. 롬브로소는 관련 연구결과를 1876년에 「범죄인」(The Criminal Man)을 통하여 발표하였다.[22] 그는 이 저서에서 특히 범죄인 격세유전설(criminal atavism theory)을 주장하였다. 범죄인 격세유전설이란 범죄인은 정상적인 진화과정대로 진화되지 못하고, 이전 세대의 유전형질, 즉 퇴화된 신체로 태어난 사람, 즉 생래적 범죄인(born criminal)이라고 주장하였다. 롬브로소는 관상학, 골상학, 진화론 등의 개념을 사용하여 생래적 범죄인의 신체적(생래적) 결함은 야만적이거나 우악스러운 모습으로 식별된다고 주장하였다.[23]

21 https://han.gl/G6Y1S.

22 Cesare Lombroso, William Ferrero, Criminal man, (NJ: Patterson Smith, 1911/1972), 24.

23 Lombroso, C. (1880). Criminal Man. Duke University Press.

롬브로소가 프로파일한 여성 범죄인 모습[24]

자료: For the Love of Science, Is it Possible For Individuals to be Born Criminal?, https://ftloscience.com/is-it-possible-to-be-born-criminal/

롬브로소는 범죄인의 격세유전적 특성을 다음과 같이 정리하였다.

첫째, 범죄인들은 두개골의 이상(abnormal)을 보이는데 대체로 돌출된 입술, 편편한 이마, 앞면 각도의 예각, 좌우 이마 불균형, 돌출된 눈주변, 턱뼈와 광대뼈의 지나친 발달, 대머리이거나 머리숱이 과다하거나, 불균형한 치열, 수염이나 구레나룻이 없고, 뾰족한 머리 등의 특징이 있다. 둘째, 생리학적으로 범죄인들은 대뇌 회전이 느리고, 심장질환이 있거나 통각 상실, 예민한 미각, 혈관운동신경의 비정상 등의 특징을 보인다. 셋째, 정신적으로는 도덕적 무감각, 감정

24 For the Love of Science, Is it Possible For Individuals to be Born Criminal?, https://ftloscience.com/is-it-possible-to-be-born-criminal/

폭발성, 자제력 결여, 현시욕 과다, 지능저열, 게으름, 권태감 등의 현상을 보인다. 넷째, 사회적으로는 문신을 많이 새기고, 잔인한 놀이를 즐기고, 주색이나 도박에 잘 빠지며, 그들만의 은어를 사용하는 특징이 있다.

한편 롬브로소는 말년에는 범죄자의 환경적 요인과 심리적 요인에도 관심을 보였고, 범죄자에 따라서 교정처우의 개별화를 주장하였다.[25]

이는 그의 저서 「범죄의 원인 및 교정」(Crime: Its Causes and Remedies)에 나타나 있다. 롬브르소는 범죄인을 생래적 범죄인(born criminals)과 잠재적 범죄인(ciminaloid criminlals), 정신이상 범죄인(insane criminal), 격정 범죄인(criminals by passion), 우발 범죄인(occasional criminals) 등으로 구분하였다. 그리고 가장 전형적인 범죄인인 생래적 범죄인은 비록 초범일지라도 무기한 구금하여 사회로부터 격리시켜야 한다고 주장하였다. 격정범이나 우발적 범죄인 등은 범죄성이 본래 있는 것은 아니므로 수감보다는 집행유예를 강조하였다. 잠재적 범죄인(ciminaloid criminlals)은 정신적 문제나 범죄적 유전성은 없지만 후천적으로 범죄에 빠지거나 도박, 약물 등으로 뇌에 이상이 생겨 범죄적 행동을 하는 경우이므로 처벌이 필요하며, 정신이상 범죄인은 후천적인 뇌 이상으로 도덕성이 무뎌진 경우로 알코올 중독자, 성격이상자, 히스테리 범죄자를 포함하였다.

형법 제9조(형사미성년자) 14세 되지 아니한 자의 행위는 벌하지 아니한다.
제10조(심신장애인) ① 심신장애로 인하여 사물을 변별할 능력이 없거나 의사를 결정할 능력이 없는 자의 행위는 벌하지 아니한다.

25 britannica, Cesare Lombroso, https://www.britannica.com/biography/Cesare-Lombroso/

② 심신장애로 인하여 전항의 능력이 미약한 자의 행위는 형을 감경할 수 있다.
③ 위험의 발생을 예견하고 자의로 심신장애를 야기한 자의 행위에는 전2항의 규정을 적용하지 아니한다.
제11조(청각 및 언어 장애인) 듣거나 말하는 데 모두 장애가 있는 사람의 행위에 대해서는 형을 감경한다.
제12조(강요된 행위) 저항할 수 없는 폭력이나 자기 또는 친족의 생명, 신체에 대한 위해를 방어할 방법이 없는 협박에 의하여 강요된 행위는 벌하지 아니한다.
제13조(고의) 죄의 성립요소인 사실을 인식하지 못한 행위는 벌하지 아니한다. 다만, 법률에 특별한 규정이 있는 경우에는 예외로 한다

V. 생래성과 형벌의 딜레마

뇌기능의 유전성과 롬브로소의 생래적 범죄인설을 전제로 할 때 다음과 같은 딜레마에 빠질 수 있다.

- 도덕성과 범죄성은 타고나는 것인가?
- 유전성이 범죄에 영향을 끼친다면 범죄자에게 어떻게 책임을 지워야 할까?
- 상습적 소년범에 대해 보호자의 동의 없이 사법적 관점의 의학적 치료가 가능한 것인가?
- 범죄자의 도덕성을 양형의 판단 기준으로 삼아야 하는가?

참고문헌

1 Mendez, M. F. (2023). The Implications of Moral Neuroscience for Brain Disease: Review and Update. Cognitive and Behavioral Neurology, 36(3), 133-144.

2 Greely, H. T., Grady, C., Ramos, K. M., Chiong, W., Eberwine, J., Farahany, N. A., ... & Serrano, E. E. (2018). Neuroethics guiding principles for the NIH BRAIN initiative. The Journal of Neuroscience, 38(50), 10586.

3 신경도덕뇌와 관련된 구조를 보여주는 개략도(왼쪽 시상면, 중앙 관상면, 오른쪽 측면면). AI=전방 인슐라. ACC=전방대상피질. 개미 임시엽(Ant Temp Lobe)=전측두엽. DLPFC=등측 전전두엽 피질. DMPFC=배내측 전전두엽 피질. IFG=하전두회. OFC=안와전두엽 피질. pSTS=후방 상부 측두엽 고랑. TPJ=측두정엽 접합부. VMPFC=복내측 전두엽 피질.

4 Leo Pascual, Paulo Rodrigues, and David Gallardo-Pujol. "How does morality work in the brain? A functional and structural perspective of moral behavior," Frontiers in Integrative Neuroscience, Vol. 7 Iss. 65, (September) 2013. 1-8.

5 https://www.ncbi.nlm.nih.gov/pmc/articles/PMC3770908/

6 Strikwerda-Brown, C., Ramanan, S., Goldberg, Z. L., Mothakunnel, A., Hodges, J. R., Ahmed, R. M., ... & Irish, M. (2021). The interplay of emotional and social conceptual processes during moral reasoning in frontotemporal dementia. Brain, 144(3), 938-952.

7 Ochabski, D., Moral Reasoning in the Brain | The Science of Morality, https://www.moralapologetics.com/wordpress/moralityscience/moralreasoningbrain/

8 교육부 공식 블로그: 티스토리, 뉴런의 종류와 기능, https://if-blog.tistory.com/5436

9 National Institute of Neurological Disorders and Stroke, Brain Basics: Genes At Work In The Brain, https://www.ninds.nih.gov/health-information/patient-caregiver-education/brain-basics-genes-work-brain

10 Mental Health America, The Human Brain 101, https://mhanational.org/human-brain-101

11 교육부 공식 블로그: 티스토리, 뉴런의 종류와 기능, https://if-blog.tistory.com/

5436/
12 MSD, the-brain, 2022, https://www.msdmanuals.com/home/quick-facts-brain,-spinal-cord,-and-nerve-disorders/biology-of-the-nervous-system/the-brain/
13 서울아산병원, 시냅스, https://www.amc.seoul.kr/asan/mobile/healthinfo/body/bodyDetail.do?bodyId=76&partId=B000020
14 백자현, 신경전달물질, 그리고 우리의 행동, 2015, 경암바이오 제11회 청소년캠프 자료집, 54-60.
15 https://www.ninds.nih.gov/health-information/public-education/brain-basics/brain-basics-know-your-brain
16 cleveland clinic, Neurotransmitters, https://my.clevelandclinic.org/health/articles/22513-neurotransmitters/
17 wikipedia, https://en.wikipedia.org/wiki/Physiognomy/
18 wikipedia, Franz Joseph Gall, https://en.wikipedia.org/wiki/Franz_Joseph_Gall/
19 Johann Caspar Lavater(1741-1801), 1797, Essays on physiognomy; calculated to extend the knowledge and the love of mankind.
20 1894년 독일의 프리드리히 에두아르트 빌츠(Friedrich Eduard Bilz, 1842-1922)가 그린 골상학 차트.
21 https://han.gl/G6Y1S.
22 Cesare Lombroso, William Ferrero, Criminal man, (NJ: Patterson Smith, 1911/ 1972), 24.
23 Lombroso, C. (1880). Criminal Man. Duke University Press.
24 For the Love of Science, Is it Possible For Individuals to be Born Criminal?, https://ftloscience.com/is-it-possible-to-be-born-criminal/
25 britannica, Cesare Lombroso, https://www.britannica.com/biography/Cesare-Lombroso/

CHAPTER

06

도덕성과 범죄성의 발달과 학습

범죄와 도덕적 가치

Crime and Moral Values

Ⅰ. 심리학적 관점의 도덕성의 발달

심리학적 관점에서 이해되는 도덕성 발달은 개인이 도덕적 가치, 신념, 추론 능력을 획득하고 내면화하는 과정을 의미한다. 가장 영향력 있는 이론 중 하나는 피아제의 도덕성 발달이론과 콜버그의 도덕성 발달이론 및 반두라의 사회학습이론을 들 수 있다.

피아제(Jean Piaget, 1896-1980)는 아동의 도덕성 발달은 아동이 사회적, 문화적 규범과 법률을 바탕으로 사회 내에서 옳고 그름에 대한 기준을 발전시키는 과정을 의미한다고 주장하였다. 피아제는 주로 아이들이 무엇을 하는지(즉, 규칙을 어겼는지 여부)가 아니라 아이들이 왜 그렇게 생각하는지, 즉 도덕적 추론을 중요시하였다. 그는 도덕적 문제에 대한 아이들의 이해를 세 가지 관점에서 분석하였다.[1] 즉, 규칙에 대한 이해, 도덕적 책임에 대한 이해 그리고 정의에 대한 이해(나쁜 일을 한 사람에 대한 처벌) 등이 아이들이 성장, 즉 나이가 들어가면서 변화하는 것을 발견하였다. 따라서 피아제는 어린이의 인지능력 발달에 단계가 있는 것처럼 도덕성 발달도 보편적인 단계가 있다고 주장하였다. 피아제의 이러한 주장을 보다 발전시킨 도덕성 발달학자가 콜버그와 반두라이다.

Ⅱ. 콜버그의 발달이론적 관점의 도덕성

콜버그(Lawrence Kohlberg, 1927-1987)는 도덕성(moral)은 그 발달단계(moral development stage)가 있으며, 개인의 도덕성 발달은 정의(justice)가 무엇인가, 즉 도덕적 판단에 대한 것이며, 평생 동안 지속된다고 주장하였다.[2]

1 Tsou, J. Y. (2006). Genetic epistemology and Piaget's philosophy of science: Piaget vs. Kuhn on scientific progress. Theory & Psychology, 16(2), 203-224.

콜버그는 하인즈 딜레마(heinz dilemma)와 같은 사례를 들어 비슷한 도덕적 딜레마에 처할 경우 개인이 자신의 행동을 어떻게 정당화하는지를 살펴보려고 하였다. 콜버그는 10~16세의 시카고 청소년 72명을 표본으로 정하였고, 이 가운데 58명에 대해 3년 주기로 20년 동안 추적관찰하였다.[3]

각 소년은 2시간 동안 구조화된 질문을 받았다. 콜버그는 소년들의 답변에서 하인즈의 행동이 옳고, 그른지를 판단하는 것이 아니라 소년이 그와 같이 결정하는 이유를 주목하였다. 콜버그는 소년들의 성장에 따라 이유가 변하는 것을 발견했다.

하인즈 딜레마(heinz's dilemma)

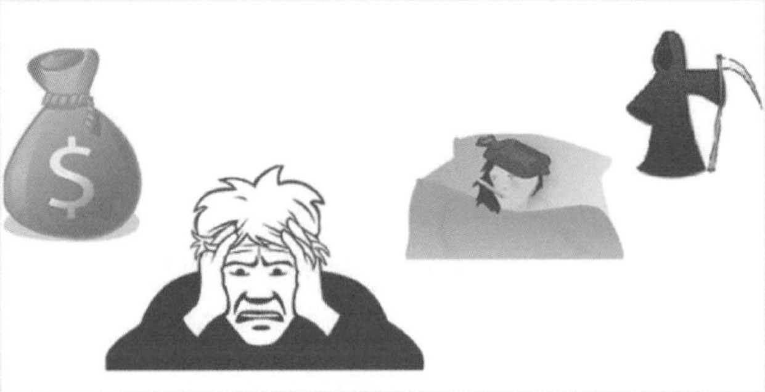

하인즈의 아내는 암으로 죽어가고 있다. 의사들은 새로운 약이 그녀를 구할 수도 있다고 말했다. 그 약은 도시의 한 제약사가 가지고 있다. 하인즈는 약사에게 약을 구하려 필사적으로 노력했지만 제약사는 약을 만드는 데 드

2 Kohlberg, Lawrence; Hersh, Richard H. (1977). "Moral development: A review of the theory". Theory Into Practice. 16 (2): 53-59. doi:10.1080/00405847709542675.

3 Kohlberg, Lawrence (1981). Essays on Moral Development, Vol l. I: The Philosophy of Moral Development. San Francisco, CA: Harper & Row. ISBN 0-06-064760-4.

는 비용의 10배를 요구했다. 하인즈가 감당할 수없는 금액이었다.

하인즈는 백방으로 노력했지만 제약사가 요구하는 절반밖에 구하지 못하였다. 그는 제약사에게 그의 아내가 지금 죽어가고 있고, 약이 꼭 필요하니 약을 더 싸게 살 수 있는지 아니면 부족한 약값을 나중에 지불하게 해달라고 사정하였다.

그러나 약사는 자신도 힘들게 약을 개발했고, 그것으로 돈을 벌 생각이라고 하면서 거절했다. 그날 밤 하인즈는 약국 창고에 침입하여 약을 훔쳤다. 약을 먹은 아내는 죽은 채로 발견되었다.

자료: tutorialspoint, Engineering Ethics-Heinz's Dilemma, https://han.gl/F9NQT/

하인즈 사례에 대한 콜버그의 질문[4]

하인즈가 약을 훔쳤어야 했나요?

만약 하인즈가 아내를 사랑하지 않는다면 어떤 변화가 있을까요?

죽어가는 사람이 낯선 사람이라면 어떤 차이가 있을까요?

여성이 사망하면 경찰은 약사를 살인 혐의로 체포해야 합니까?

콜버그는 이 연구를 토대로 도덕성 발달의 과정을 6단계로 구분하였다.[5]

관습적 수준 이전 단계(preconventional level)는 3~7세 정도에서 10세 정도의 아이들이 보이는 도덕성의 정도이다. 어떤 갈등이 생겼을 때 제1단계는 처벌을 피하거나, 제2단계는 자신의 이익을 극대화하는 방향으로 생각하며, 즉 법을 잘 지켜야 보상을 받을 것이라는

4 tutorialspoint, Engineering Ethics-Heinz's Dilemma, https://han.gl/F9NQT/

5 Kohlberg, Lawrence (1981). Essays on Moral Development, Vol l. I: The Philosophy of Moral Development. San Francisco, CA: Harper & Row. ISBN 0-06-064760-4.

판단으로 기존에 만들어진 법 및 규칙에 따라 행동한다.

관습적 단계(conventional level)는 8~13세 정도까지에 해당하는 도덕성 발달 수준이다. 이 시기는 사회적인 규범이나 규칙을 더 많이 내면화하게 된다. 따라서 이 단계의 아이들은 옳은 행동이란 타인을 기쁘게 하거나 타인으로부터 인정받는 행동이라고 생각하기 때문에 주위의 기대에 부합하려는 동기(제3단계), 자신의 의무를 다하고 법과 질서를 준수하는 것이 옳다고 생각하게 된다(제4단계). 대부분의 청년기와 성인기의 사람들이 이러한 인습적 단계의 도덕성을 가지고 있다.

관습적 수준 이상 단계(postconventional level)는 13세 이후 성인 전기에 와서 발달되는 단계이다. 그러나 사람에 따라서는 이 수준에 도달하지 못하는 경우도 있다. 이 수준은 자율적인 도덕의 원리(autonomous moral principles)에 따라 행동하는 단계라고 할 수 있다. 이 수준에서는 옳은 행동이란 사회전체가 합의한 기준에 따르는 것이며, 개개인의 권리를 존중한다. 그리고 사회적 기준에 따라 사회적 규범이 변화할 수 있음을 깨닫는다(제5단계). 또한 도덕성이란 양심에 따라 이루어지는 결정이라고 생각하고, 타인들의 생각이나 법의 제한과는 상관없이 양심을 토대로 사회보편적인 원칙에 따라 옳은 행동이라고 인식한다(제6단계). 이 단계는 지나치게 추상적이어서 개인이 도달하기 어렵다고 하며, 콜버그 스스로도 이 단계에 대한 주장은 철회하였다.

콜버그의 이러한 주장에 따르면 대부분의 성인들은 3, 4단계 정도의 도덕성 수준이 발달하기 때문에 사회의 규범을 준수하고 범죄를 하지 않지만, 1, 2단계의 도덕성 수준을 가진 사람들은 일탈과 범죄를 행한다. 도덕성 인식수준이 정상적인 성장단계에 이르지 못한 경우 일탈과 범죄의 가능성이 상대적으로 높다는 것이다.[6]

6 허경미, 범죄학 제8판, 2023, 박영사. 74.

콜버그의 도덕성 발달단계

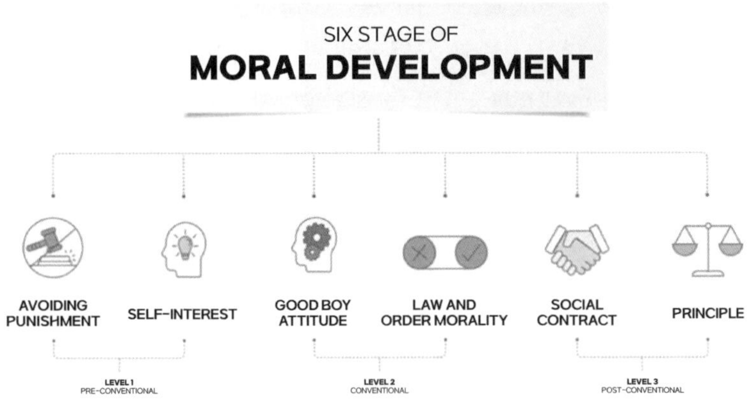

자료: simplypsychology, Kohlberg's Stages of Moral Development, https://www.simplypsychology.org/kohlberg.html/

그러나 콜버그의 도덕성 발달단계론은 그가 제시한 하인즈 사례의 적절성 여부, 미국의 중상류층 남성만을 표본으로 삼았다는 점에서 일반화하기 어렵다는 비판을 받는다. 또한 제5단계와 제6단계의 도덕성 발달단계는 대부분의 문화권에서 발견되지 않는다는 점도 현실성이 부족하다는 비판을 받는다.

Ⅲ. 반두라의 사회학습이론 관점의 도덕성

반두라(Albert Bandura)는 사람들은 다른 사람들의 행동, 태도 및 그 행동의 결과를 관찰하면서 학습한다고 주장한다. 반두라는 대부분의 인간 행동은 모델링을 통해 관찰을 통하여 배우며, 다른 사람을 관찰할 때 새로운 행동이 어떻게 수행되는지에 대한 아이디어를 형성하고, 나중에 이 입력된 정보를 행동지침으로 활용한다고 주장한다.[7]

---

7 Albert Bandura, "The Social Learning Perspective: Mechanism of Aggression,"

즉, 사람의 행동은 다른 사람들의 행동을 관찰(observation), 모방(copying) 및 모델링(role modeling)을 통해 배운 결과이며, 따라서 도덕성과 범죄성 역시 모방과 모델링의 결과물이라고 가정한다. 이 이론을 모델이론(model theory) 또는 사회학습이론(social learning theory) 또는 사회인지이론(social cognitive theory)이라고도 한다.

반두라는 3회에 걸친 보보돌 실험(Bobo doll experiment)을 통하여 아이들의 행동이 어떻게 변화하는지를 관찰하고 그 결과를 분석하여 사회학습이론을 제시하였다.

최초의 실험은 스탠포드 대학교 보육원에 다니는 37개월부터 69개월 사이의 어린이 72명을 대상으로 하였다. 이들 중 3분의 1을 공격적인 모델, 3분의 1은 비공격적이지 않은 모델, 나머지는 통제 그룹으로 분류하였다. 관찰결과, 공격적인 모델에 노출된 아이들은 신체적, 언어적으로 공격적인 행동을 추구할 가능성이 더 높았고, 동성 모델이 어린이에게 더 많은 영향을 미쳤으며, 남자아이들이 훨씬 더 공격적인 모방행동을 하는 것으로 나타났다.[8]

두 번째 1963년의 실험은 스탠포드 대학교 보육원의 어린이 96명, 여자아이 48명, 남자아이 48명을 세 그룹으로 나누어 진행하였다. 첫 번째 그룹은 실제 모델이 보보돌을 때리는 등 공격적 행동을 하는 것을, 두 번째 그룹은 보보돌을 공격하는 인간 모델의 영화를 보도록 하였고, 세 번째 그룹은 보보돌을 향해 공격적으로 변하는 고양이 만화를 보도록 하였다. 관찰결과 세 그룹 모두 공격적인 행동이 비슷한 수준으로 증가한 것으로 나타났다. 즉, 어린이들은 모델이 누

in Hans Toch, (ed.), Psychology of Crime and Criminal Justice, (IL: waveland, 1979), p. 198.

8 Bandura, A.; Ross, D.; Ross, S. A. (1961). "Transmission of aggression through the imitation of aggressive models". Journal of Abnormal and Social Psychology. 63 (3): 575-582. doi:10.1037/h0045925. PMID 13864605. S2CID 18361226.

구인지 또는 어떤 매체에 의한 것이든 상관없이 공격적인 행동에 노출될 경우 목격한 행동을 그대로 모방한다는 것을 알 수 있었다.[9]

세 번째 1965년 실험은 어린이의 학습된 행동이 대리 강화(보상)에 의해 영향을 받는지를 증명해보고자 하였다. 표본은 스탠포드 대학교 보육원의 남아 33명, 여아 33명을 세 그룹으로 나누었다. 첫 번째 그룹은 모델이 보보돌에 대해 공격적인 행동을 보이는 것을 보게 했고, 그 다음에는 연구원이 모델의 행동을 칭찬하고 사탕으로 보상했다. 두 번째 그룹은 공격적인 행동을 한 모델에 대해 질책을 하고 골프채로 맞는 것을 보게 하였다. 세 번째 그룹은 통제그룹으로 공격적인 행동을 한 모델은 아무런 보상이나 처벌을 받지 않았다. 각 어린이는 10분 동안 그들이 본 것과 유사한 구조의 방에 개별적으로 배치되었다. 아이들이 자신이 방금 본 행동을 흉내낼 경우 사탕, 주스

반두라의 보보돌 실험(Bobo doll experiment)

자료: https://han.gl/BUZ9I

9 Bandura, Albert (1965). "Vicarious Processes: A Case of No-Trial Learning". Department of Psychology Stanford University Stanford, California. Advances in Experimental Social Psychology. 2: 1-55.

등의 보상을 주었다. 실험 결과 세 그룹 모두에서 개인적 보상을 한 경우 남녀 모두 공격적 행동이 증가하였다.

이와 같은 연구를 통하여 반두라는 아동의 도덕성 및 범죄성의 발달을 다음과 같이 설명하였다.

① 사람은 다른 사람의 행동을 관찰하면서 학습한다(observational learning). 즉, 반두라는 사람은 역할모델이나 권위자가 하는 행동을 관찰함으로써 학습하며, 특히 일상의 가족, 동료, 언론인 또는 사회 저명인사 등의 행동을 모델로 삼을 수 있다는 것이다. ② 모델링과 모방(modeling and imitation)으로 사람은 역할모델의 행동 등을 모델링하고 그것을 모방한다는 것이다. 역할모델이 정직한 사람을 모델링할 경우 도덕직 가치를 소중하게 여기는 역할모델의 행동을 모방하지만, 범죄자를 모델링할 경우 범죄자의 범죄행동을 모방할 수 있다는 것이다. ③ 강화와 처벌(reinforcement and punishment)의 목격으로 다른 사람이 어떤 행동으로 비난, 처벌을 받거나 보상을 받는 것을 관찰한 사람은 유사한 행동을 할 때 자신이 처벌 혹은 비난을 받는 사실을 인지하기 때문에 자신의 행동결정에 영향을 받는다는 것이다. 즉, 비도덕적 행동이나 범죄로 비난과 처벌을 받는 것을 목격한 경우 그러한 행동을 하지 않으려 한다는 것이다.

그런데 반두라는 사람들은 누구나 자기효능감을 가지고 있고, 이 효능감을 기초로 도덕적 선택과 결정을 하며, 그러한 사람을 역할 모델로 삼으려 한다고 주장하였다. 그런데 자기 효능감이 낮은 사람은 비도덕적이고 범죄성이 강한 사람을 역할모델로 삼고 스스로도 유사한 결정과 행동을 하며, 자신의 비도덕성을 억제하지 못하며, 점차 더 부정적인 자기효능감을 갖게 되며, 반복적인 비도덕적 행동을 억제하지 못한다고 주장하였다.[10]

---

10 Bandura, A. (2006). Toward a psychology of human agency. Perspectives on psychological science, 1(2), 164-180.

Ⅳ. 사회학적 관점의 도덕성

사회학적 관점에서는 사회화, 문화, 사회통제, 사회제도, 사회구조와 불평등, 사회운동과 변화 등이 개인의 도덕성 발달에 영향을 주는 요인으로 본다. 즉, 개인의 인지과정을 강조하는 심리학적 관점

자료: https://www.shutterstock.com

과 달리, 사회학적 관점은 더 넓은 사회 구조와 상호 작용이 도덕성 발달에 미치는 영향을 강조한다.[11] 그리고 이러한 사회적 도덕성이 제대로 형성되지 않을 때 범죄로 이어질 수 있다는 관점이다.

사회화란 한 사람이 그가 속한 사회의 규범, 가치 및 행동을 배우는 과정을 말한다. 그가 속한 사회란 가족, 학교, 또래집단, 종교기관, 매스미디어 등 다양하며, 이러한 것들은 사회화의 매우 중요한 수단으로 작용한다. 문화란 개인이 속한 사회 속에서 보편적으로 용인되며, 전통으로 이어지는 관습이나 전통으로 이러한 문화에는 그 사회가 추구하는 도덕성이 반영되어 있다. 그리고 문화에 따라 관습과 전통에 차이가 있고 따라서 도덕성 역시 차이가 있다. 개인은 이러한 문화적 도덕성을 이해함으로써 사회화가 되고 도덕성을 동시에 체화하게 된다. 도덕적 규범을 시행토록 하는 다양한 사회적 기능으로 규범과 법률의 제정, 경찰의 처벌, 조직규칙, 또래집단의 압력, 도덕적 비난, 망신주기 등 다양한 방식으로 이루어진다.[12]

사회제도는 개인의 도덕성 발전을 형성하는데 매우 강력한 영향을 끼친다. 특히 가족제도, 종교제도, 교육제도, 정부제도 등은 고유한 가치와 이념을 추구하고, 사회화 경험을 통해 도덕적 관념과 가치를 체화시키는 역할을 한다.

한편 권력, 부의 분배, 사회적 계층의 분류 등의 사회구조와 불평등은 개인의 사회적 자본형성에 영향을 미치며, 아울러 사회의 도덕적 원칙과 개인의 도덕성이 충돌함으로써 범죄로 이어질 수 있다.

사회운동, 즉 인권, 성평등, 환경보호운동, 인종차별 반대, 난민거부 반대 등 사회적 변화를 이끌어내는 집단운동은 기존의 보편적 가

---

11 Hitlin, S. (2023). Sociological perspectives on moral motivation. In M. K. Berg & E. C. Chang (Eds.), Motivation and morality: A multidisciplinary approach (pp. 17-44). American Psychological Association.

12 Stanford Encyclopedia of Philosophy, Moral Motivation, https://plato.stanford.edu/entries/moral-motivation/

치, 즉 도덕성을 무너뜨리고 새로운 도덕성을 창출하며, 나아가 현재 상태를 유지해 나가려는 기존 주류사회의 도덕성을 공격함으로써 갈등을 유발하며, 범죄로 이어지기도 한다.

일례로 그린피스(greenpeace)의 운동을 들 수 있다. 그린피스는 1970년에 결성된 대표적인 반핵(反核) 단체이다. 이들은 환경오염을 방지하기 위해 지구상 모든 핵과 원자력발전소를 해체해야 한다는 주장을 편다. 환경오염방지와 생태계보호가 이들의 활동을 도덕적이라고 지지할 수 있는 모토이다. 그런데 이들의 주장은 다음과 같은 비난에 직면하기도 한다.[13]

클린 에너지에 대한 그린피스의 비열한 공격-한국의 사례 (Greenpeace's Dirty War on Clean Energy)

...중략...

국제 그린피스의 연간 예산이 대략 4억 달러, 천연자원보호협회와 시에라클럽이 1억 달러가 넘고, 이들 단체가 예금이나 주식투자에 투자한 돈도 수억달러나 된다.......

탈원전이 추진되면 전기요금도 올라가고 실업률도 증가한다는 사실, 그리고 환경오염도 더 심해지고 그로 인해 조기 사망자수도 증가한다는 사실을 보여주는데 반드시 경제 모델이나 환경 모델이 필요한 것은 아니다. 원자력을 천연가스로 대체하면 그에 따른 상승비용이 연간 최소 110억 달러나 된다. 물론 신재생에너지로 대체하게 되면 그 상승폭은 더욱 커지게 된다. ...중략... 지금 우리에게 필요한 것은 원자력 휴머니즘, 즉 원자력 에너지가 가지고 있는 훌륭한 도덕적 목적을 다시 한 번 상기시키면서 우리 인류가 가지고 있는 가장 중요한 환경기술을 반인륜적 집단으로부터 구해내기 위한 풀뿌리 시민단체의 가열찬 노력이라고 할 수 있다...중략...

13 Shellenberger, M. (2017). Greenpeace's Dirty War on Clean Energy: South Korean Version. Nuclear industry, 37(8), 24-33.

즉, 그린피스가 환경보호단체이지만 왜곡된 정보를 대중에게 전달한다며 비도덕적이라는 비난을 동시에 받는 것이다.

이와 같은 사례처럼 A라는 도덕적 가치를 위해서 B라는 도덕적 가치는 희생될 수 있는 것인지, A라는 가치가 선하다면 그 선을 실천하기 위한 방식이 일탈적이거나 때로는 범죄행위라도 A라는 선을 추구하는 행위가 가치있다고 평가할 수 있는 것인지 앞으로 우리는 이 책을 통하여 끊임없이 질문하게 될 것이다.

그린피스의 원전반대 시위[14]

자료: green peace, https://www.greenpeace.org/korea/project-nuke/

---

14 green peace, https://www.greenpeace.org/korea/project-nuke/

참고문헌

1 Tsou, J. Y. (2006). Genetic epistemology and Piaget's philosophy of science: Piaget vs. Kuhn on scientific progress. Theory & Psychology, 16(2), 203-224.

2 Kohlberg, Lawrence; Hersh, Richard H. (1977). "Moral development: A review of the theory". Theory Into Practice. 16 (2): 53-59. doi:10.1080/00405847709542675.

3 Kohlberg, Lawrence (1981). Essays on Moral Development, Vol l. I: The Philosophy of Moral Development. San Francisco, CA: Harper & Row. ISBN 0-06-064760-4.

4 tutorialspoint, Engineering Ethics-Heinz's Dilemma, https://han.gl/F9NQT/

5 Kohlberg, Lawrence (1981). Essays on Moral Development, Vol l. I: The Philosophy of Moral Development. San Francisco, CA: Harper & Row. ISBN 0-06-064760-4.

6 허경미, 범죄학 제8판, 2023, 박영사. 74.

7 Albert Bandura, "The Social Learning Perspective: Mechanism of Aggression," in Hans Toch, (ed.), Psychology of Crime and Criminal Justice, (IL: waveland, 1979), p. 198.

8 Bandura, A.; Ross, D.; Ross, S. A. (1961). "Transmission of aggression through the imitation of aggressive models". Journal of Abnormal and Social Psychology. 63 (3): 575-582. doi:10.1037/h0045925. PMID 13864605. S2CID 18361226.

9 Bandura, Albert (1965). "Vicarious Processes: A Case of No-Trial Learning". Department of Psychology Stanford University Stanford, California. Advances in Experimental Social Psychology. 2: 1-55.

10 Bandura, A. (2006). Toward a psychology of human agency. Perspectives on psychological science, 1(2), 164-180.

11 Hitlin, S. (2023). Sociological perspectives on moral motivation. In M. K. Berg & E. C. Chang (Eds.), Motivation and morality: A multidisciplinary approach (pp. 17-44). American Psychological Association.

12 Stanford Encyclopedia of Philosophy, Moral Motivation, https://plato.stanford. edu/entries/moral-motivation/

13 Shellenberger, M. (2017). Greenpeace's Dirty War on Clean Energy: South Korean Version. Nuclear industry, 37(8), 24-33.

14 green peace, https://www.greenpeace.org/korea/project-nuke/

CHAPTER

07

사이코패스:
질병과 형벌의 성긴 울타리

DILEMMA BETWEEN PUNISHMENT AND SOCIAL ACCEPTABILITY

범죄와 도덕적 가치

Crime and Moral Values

Ⅰ. 사이코패스: 장벽 너머 그들

사이코패스의 도덕성과 범죄성은 심리학, 정신의학, 범죄학 분야에서 치열한 논쟁과 연구의 주제이다. 사이코패스는 교활함, 공감부족, 피상적인 매력, 충동성, 반사회적 행동경향 등을 특징으로 하는 복잡한 성격장애를 말한다.[1] 정신장애로 인정하는 국가와 그렇지 않은 국가의 형사사법적 태도가 다르다. 사이코패스의 도덕성과 범죄성과 관련된 쟁점에 대하여 살펴본다.

Ⅱ. 정신장애로서의 사이코패스

사이코패스라는 용어는 1879년에 독일의 신경의학자인 에빙(R. v. Krafft-Ebing, 1840-1902)의 저서인 『정신이상 교재』(Textbook of Insanity)에서 처음으로 등장한다. 미국의 심리학자인 귤릭(B. C. Glueck, 1883-1972)은 1916년에 발표한 그의 저서 『법의학적 정신병학 연구』(Studies in Forensic Psychiatry)에서 사이코패스에 대하여 설명하였다.

사이코패스(psychopath)는 고대 그리스어로 영혼, 정신을 의미하는 psyche와 질병, 고통을 의미하는 pathos의 합성어에서 유래한다. 에빙과 귤릭 모두 사이코패스를 "피해자에 대한 동정심이 없는 극도의 잔인성을 가진 범죄자"로 설명한다.

한편 사이코패스에 대한 좀 더 정교한 정신장애적 정의는 미국정신의학회(American Psychiatric Association: APA)의 『정신장애의 진단 및 통계 편람(The Diagnostic and Statistical Manual of Mental Disorders: DSM)』에서 확인할 수 있다. 이것은 초판이 1952년에 발간되었고, 심리사회적 스트레스, 사회적 적응능력, 임상증후군을 바탕으로 정신장애의 분류체계와 진단기준을 제시한 것이다. 2013년에 DSM-Ⅴ가

1 merriam-webster, https://www.merriam-webster.com/dictionary/psychopath/

발간되었다. 2022년에 개정판 DSM-Ⅴ-TR이 발간되었다.[2]

DSM-Ⅴ-TR은 정신장애(mental disorder)란 정신기능에 이상을 보여 오랫동안 일상생활이나 사회생활에 적응하지 못하고 지장을 초래하는 장애라고 정의한다. 그리고 정신장애를 22개로 대분류하고, 300여 개의 유형으로 세밀하게 분류하였다.

DSM-V-TR이 분류한 정신장애 유형

- 신경발달장애(Neurodevelopmental Disorders)
- 정신분열 스펙트럼 및 기타 정신증적 장애(Schizophrenia Spectrum and Other Psychotic Disorders)
- 양극성 및 관련 장애(Bipolar and Related Disorders)
- 우울장애(Depressive Disorders)
- 불안장애(Anxiety Disorders)
- 강박 및 관련 장애(Obsessive-Compulsive and Related Disorders)
- 외상 및 스트레스 관련 장애(Trauma-and Stressor-Related Disorders)
- 해리장애(Dissociative Disorders)
- 신체증상 및 관련 장애(Somatic Symptom and Related Disorders)
- 섭식장애(Feeding and Eating Disorders)
- 배설장애(Elimination Disorders)
- 수면장애(Sleep-Wake Disorders)
- 성기능장애(Sexual Dysfunctions)
- 성별불쾌감장애(Gender Dysfunctions)
- 충동조절장애(Disruptive Impulse Control and Conduct Disorders)
- 약물중독장애(Substance-Related and Addictive Disorders)

2 Cleveland Clinic, DSM-5, https://my.clevelandclinic.org/health/articles/24291-diagnostic-and-statistical-manual-dsm-5/

- 신경인지장애(Neurocognitive Disorders)
- 성격장애(Personality Disorders)
- 성도착장애(Paraphilic Disorders)
- 기타 미분류 정신장애(Other Mental Disorders)
- 약물치료의 기타부작용(Medication-Induced Movement Disorders and Other Adverse Effects of Medication)
- 임상적 관심대상의 기타장애(Other Conditions That May Be a Focus of Clinical Attention)

따라서 DSM-Ⅴ-TR에 따르면 사이코패스는 성격장애의 하위정신장애인 반사회적 성격장애(Anti Social Personality Disorder: ASPD)이다. 성격장애는 모두 10여 가지가 되고, 일반적으로 청소년기 후반이나 성인기 초기에 나타나기 시작하지만 때로는 징후가 더 일찍(어린 시절) 나타나기도 한다. 정신의학에서는 정신과 환자 중 일반 인구의 약 9%, 정신과 치료 중 절반 정도가 성격장애를 앓고 있는 것으로 추정한다.[3] 성별, 사회경제적 계층, 인종에 따른 뚜렷한 구분은 없다. 다만, 반사회적 성격장애의 경우 남성이 여성보다 세 배정도 더 많은 것으로 나타났다.

반사회적 성격장애(ASPD)의 임상적 진단은 생활전반에 걸쳐서 타인의 권리를 무시하거나 침해하는 것으로 소아기 또는 사춘기 초기에 시작되어 성인기까지 지속되는 것으로 분석한다. 또한 사이코패스는 타인과의 공감능력이 부족하고, 냉담하며, 냉소적이고, 타인의 감정이나 권리, 고통을 무시하는 경향이 있다.[4] 이들은 자신을 과대

3 American Psychiatric Association: Diagnostic and Statistical Manual of Mental Disorders, 5th ed, Text Revision (DSM-5-TR). Washington, DC, American Psychiatric Association, 2022, 733-737.

4 허경미, 범죄인프로파일링, 2022, 박영사. 47-50.

평가하여 현재 일을 자기능력에 걸맞지 않는 시시한 일로 여기며, 지나치게 자신의 주장만 한다. 이들은 그럴 듯한 겉치레를 하며, 언변이 유창하다. 대단한 전문가인 것처럼 행동하며, 평소 존경받는 인격자인 것처럼 보여져서 "가면을 쓴 인격자(mask of sanity)"라고 불린다. 대체로 이들은 무책임하고 난잡한 성관계를 유지하며, 학대적인 성향을 보인다. 양육자로서의 책임감도 부족하며, 생활비를 제대로 통제하지 못하고, 비규칙적, 비규범적인 일상생활을 지속한다. 따라서 보통 사람들에 비하여 상대적으로 자살, 타살, 사고사 등 비정상적인 죽음을 맞을 가능성이 높다.

DSM-Ⅴ-TR은 18세 이상으로서 타인의 권리에 대한 지속적인 무시가 3개 이상 존재하는 것이 확인될 때 반사회적 성격장애자, 즉 사이코패스로 진단한다.[5]

DSM-V-TR의 반사회적 성격장애(ASPD) 진단기준

1. 15세 이후 다른 사람의 권리를 무시하고 침해하는 광범위한 패턴이 지속될 것, 아래 사항 중 최소한 3가지 이상의 증세를 보일 것
   - 체포 사유가 되는 행위를 반복적으로 저지르는 등 법을 무시하는 행위
   - 개인적 이익이나 즐거움을 위해 반복적으로 거짓말을 하거나, 가명을 사용하거나, 다른 사람을 속이는 등의 사기 행위
   - 충동적으로 행동하거나 미리 계획하지 않음
   - 끊임없이 신체적 싸움을 벌이거나 다른 사람을 폭행하는 등 쉽게 화를 내거나 공격적임
   - 자신의 안전이나 타인의 안전을 무모하게 무시하는 행위

5 American Psychiatric Association: Diagnostic and Statistical Manual of Mental Disorders, 5th ed, Text Revision (DSM-5-TR). Washington, DC, American Psychiatric Association, 2022, 748-752.

- 다른 일을 할 계획도 없이 직장을 그만두거나 돈을 갚지 않는 등 지속적으로 무책임하게 행동
- 다른 사람에게 상처를 주거나 학대하는 것에 대해 무관심하거나 합리화하며 양심의 가책을 느끼지 않음

2. 진단 시점에 18세 이상일 것
3. 15세 이전에 품행장애 진단 경력
4. 약물사용장애, 품행장애, 자기애적 성격장애, 경계성 성격장애의 증세로 반사회적 성격장애가 나타나는 것이 아닐 것

자료: American Psychiatric Association: Diagnostic and Statistical Manual of Mental Disorders, 5th ed, Text Revision (DSM-5-TR). 2022.

Ⅲ. 사이코패스의 원인과 진단

1. 사이코패스의 원인

사이코패스에 대한 연구의 출발은 정신의학이었지만, 사이코패스의 반사회성에 대한 연구는 범죄학계에서 더욱 발전하였다고 볼 수 있다. 이는 일반인들이 이해하기 어려운 잔인하고, 극악한 범죄의 증가가 영향을 끼쳤다. 사이코패스에 대한 연구를 거듭하면서, 누가 왜 사이코패스 인격체가 되는지에 대한 의문을 가졌다. 그리고 이에 대한 과학적인 실증적 답은 행동신경과학계에서 나왔다.

모노아민효소(Mono Amine Oxidase A, MAOA)는 행동신경과학에서 가장 면밀히 조사된 분자 표적 중 하나이며, MAO-A 구조 및 기능의 이상은 반사회적 성격장애(ASPD)와 상관성이 있다는 많은 연구결과가 제시되었다.[6]

---

6 Kolla, N. J., & Vinette, S. A. (2017). Monoamine oxidase a in antisocial personality disorder and borderline personality disorder. Current behavioral

특히 네덜란드의 로퍼스(H. H. Ropers) 및 부루너(H. Brunner)를 비롯한 많은 학자들이 다양한 연구와 실험을 통하여 뇌 속에 모노아민효소A(MAOA)가 부족할 경우, 공격성, 감정, 인지능력에 영향을 주는 세로토닌, 도파민, 노르에피네프린 같은 신경전달물질을 제대로 생산해내거나 전달해주지 못하여 결국 반사회적인 행동을 한다는 일명 부루너증후군(Brunner syndrome), 즉 모노아민이론(monoamine theory)을 제시하였다.[7]

모노아민 산화효소A 결핍증이 있는 대부분의 남아는 또래에 비해 충동 조절 능력이 부족하여 공격적이거나 폭력적인 폭발을 일으키며, 성인은 자폐 스펙트럼 장애 및 주의력 결핍/과잉 행동 장애(ADHD)를 포함한 다른 신경 발달 장애의 특징을 가질 수 있다. 또한 강박적인 행동, 우정 형성의 어려움, 주의 집중의 문제 등이 나타날 수 있다. 여성에게는 이 질환의 다른 징후나 증상이 나타나지 않는다.[8]

저활성 MAO-A는 폭력적이고 심각한 폭력 범죄자의 대규모 샘플과 강력한 연관성을 보여 주었으며 그중 다수는 반사회적 성격장애(ASPD)를 보였다. ASPD에 대한 최근 양전자방출단층촬영(PET) 연구에서도 뇌 영역의 MAO-A 밀도가 낮은 것으로 밝혀졌다.[9]

neuroscience reports, 4, 41-48.

7 Brunner, H. G., Nelen, M., Breakefield, X. O., Ropers, H. H., & Van Oost, B. A. (1993). Abnormal behavior associated with a point mutation in the structural gene for monoamine oxidase A. Science, 262(5133), 578-580.

8 National Library of Medicine, Brunner syndrome(BRNRS), https://www.ncbi.nlm.nih.gov/medgen/208683/

9 Kolla, N.J., Vinette, S.A. Monoamine Oxidase A in Antisocial Personality Disorder and Borderline Personality Disorder. Curr Behav Neurosci Rep 4, 41-48 (2017). https://doi.org/10.1007/s40473-017-0102-0

사이코패스라고 스스로 밝힌 신경과학자 제임스 팰런의 뇌 단층 사진[10]

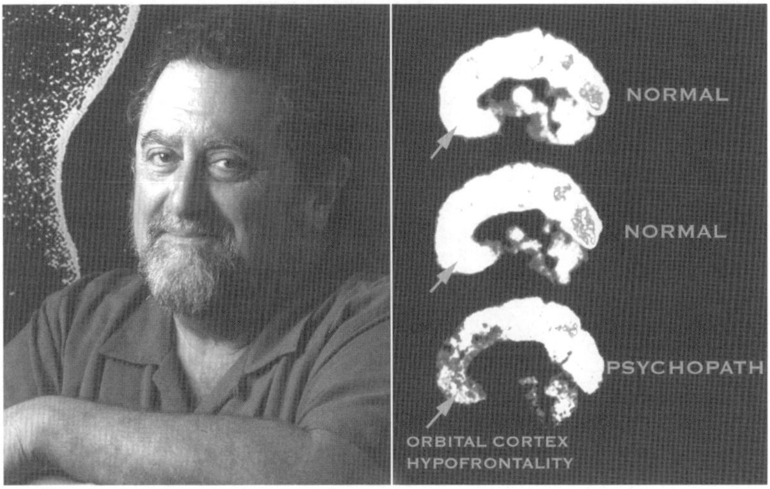

자료: dailymail, Neuroscientist-specializes-psychopaths-discovered-psychopath, https://han.gl/mNtou/

특히 캐나다의 퀘벡 유치원 아동에 대한 종단연구는 DSM-Ⅴ의 반사회적 성격장애(ASPD)의 진단기준에 따라 진행되었다는 면에서 더 의의가 있다. 아동 327명을 대상으로 부모의 학대, 성적 학대, 신체적 학대의 경험 여부, 부모와 아동의 모노아민효소 부족 정도 등이 대상자의 품행장애, 반사회적 성격장애, 폭력적 성향 등과 상관성을 밝힌 것이다. 조사대상은 5세, 12세, 15세, 18세, 21세가 된 시점에 반구조화된 인터뷰 및 자기보고식 조사, 유전자분석 등을 통하여 진행되었다.

그 결과 MAOA 유전자와 폭력 사이의 상호작용이 발견되었으며, 이는 특정 수준의 폭력이 경험되면 유전적 조절이 이루어질 수 있음을 말해주는 것이다.[11] 이러한 연구들은 MAOA가 부족한 상태로 태

10 dailymail, Neuroscientist-specializes-psychopaths-discovered-psychopath, https://han.gl/mNtou/

11 Ouellet-Morin I, Côté SM, Vitaro F, et al. Effects of the MAOA gene and levels of exposure to violence on antisocial outcomes. British Journal of

어난다고 해서 모두가 살인이나 강간 등을 상습적으로 행하는 범죄인이 되는 것은 아니지만, 어린 시절 부모 등의 통제, 학대, 유대감 결여 등으로 인한 불안정한 정서 및 왜곡된 사회화는 상습 범죄의 가능성을 매우 높이는 것으로 이해할 수 있다.

2. 진단

특정 범죄인이 사이코패스인지 여부를 진단하는 도구의 개발이 활발하게 진행되었는데 특히 브리티시 컬럼비아대학의 로버트 헤어(R. D. Hare) 교수의 PCL-R(Psychopathy Checklist-Revised)이 가장 보편적으로 사용된다.[12]

헤어 교수는 사이코패스 체크리스트(PCL-R)섬수가 30점 이상이면 반사회적 성격장애자라고 진단한다. 그러나 진단기준은 국가마다 차이를 보여 미국은 30점, 영국은 25점, 한국은 24점이다. 헤어 교수는 전 인구의 1%가 사이코패스이며, 사이코패스인 강력범에 대한 교도소의 구금처우는 시간과 예산의 낭비일 뿐이라고 일축하였다.

사이코패스 체크리스트(PCL-R)

구분	질문	아니다 (0)	약간 (1)	그렇다 (2)
1	유쾌함/피상적매력(Glibness/superficial charm)			
2	과도한 자존감(Grandiose sense of self worth)			
3	자극추구/늘 지루함(Need for stimulation/proneness to boredom)			
4	병적인 거짓말(Pathological lying)			
5	사기/조작(Conning/manipulative)			

Psychiatry. 2016;208(1):42-48. doi:10.1192/bjp.bp.114.162081

12 Hare, R. D. (2016). Psychopathy, the PCL-R, and criminal justice: Some new findings and current issues. Canadian Psychology/psychologie canadienne, 57(1), 21-34.

6	후회나 죄책감이 없음(Lack of remorse or guilt)
7	얕은 감정(Shallow affect)
8	냉담/공감부족(Callous/lack of empathy)
9	기생적인 생활 방식(Parasitic lifestyle)
10	행동 통제력 부족(Poor behavioral controls)
11	난잡한 성행위(Promiscuous sexual behavior)
12	아동기 일탈성향(Early behavior problems)
13	현실적인 장기목표 부재(Lack of realistic long-term goals)
14	충동성(Impulsivity)
15	무책임(Irresponsibility)
16	자신행동 책임 부인(Failure to accept responsibility for own actions)
17	반복적인 단기 결혼(Many short-term marital relationships)
18	청소년 비행(Juvenile delinquency)
19	조건부석방 취소(Revocation of conditional release)
20	다양한 범죄경력(Criminal versatility
계	

헤어 교수의 이 사이코패스 체크리스트를 활용한 다양한 자가진단도구들도 개발되었다.[13]

IV. 사이코패스 범죄자 형벌과 도덕적 딜레마

모노아민효소이론은 사이코패스 범죄자에 대한 국가형벌권 행사의 한계라는 사회적 고민을 낳게 한다.[14]

먼저, 사이코패스를 뇌기능에 이상을 가진 정신질환자로 규정할

13 https://www.idrlabs.com/kr/psychopathy/test.php/

14 Oliva, A., Grassi, S., Zedda, M., Molinari, M., & Ferracuti, S. (2021). Forensic value of genetic variants associated with anti-social behavior. Diagnostics, 11(12), 2386.

경우 그의 형벌 책임능력은 제한을 받게 되어 연쇄살인범이나 연쇄강간범이라고 해도 교도소에 수감하는 등의 형벌권을 행사하기 보다는 오히려 보호 및 치료의 대상이 되며, 반대로 사회에 적응을 하지 못하는 이상성격자로 규정할 경우 사형집행 등 법에 따른 형벌권을 적정하게 행사할 수 있게 된다.

또 한편 사이코패스를 정신장애자로 규정한 경우에도 범죄자인 사이코패스를 국가가 감호시설에 수감 후 약물치료 등을 강제로 할 수 있는지에 대한 논쟁도 있다.

미국의 경우 20여 개 주가 주법에 사이코패스, 즉 반사회적 성격장애를 정신장애로 규정하지 않음으로써 사이코패스 범죄자에 대한 형벌권을 행사하고 있다. 그러나 이에 대해 미국의 수정헌법이 보장하는 개인의 기본권을 침해하는 것이라는 지적이 강력하게 제기되는 형편이다.

한편 미국의 사법절차에서 형사소송 또는 민사소송에서 소송 당사자가 성격장애자임을 주장하여 법원이 이를 인정한 경우는 다음과 같다.[15]

미국 법원의 성격장애 당사자의 정신장애 인정 현황(1980–2016)

구분	계		인정		거부	
	건수	비중	건수	비중(%)	건수	비중(%)
반사회적	718	100	194	27.0	524	73.0
경계성	527	100	209	39.7	318	60.3
자기애적	102	100	19	18.6	83	81.4
히스테릭	52	100	20	38.5	32	61.5
총	1,399	100	442	31.6	957	68.4

자료: Young, C., Habarth, J., Bongar, B., & Packman, W. (2018). Disorder in the court: cluster B personality disorders in United States case law. Psychiatry, Psychology and Law, 25(5), 706-723.

15 Young, C., Habarth, J., Bongar, B., & Packman, W. (2018). Disorder in the court: cluster B personality disorders in United States case law. Psychiatry, Psychology and Law, 25(5), 706-723.

위 표에서 보는 것처럼 미국 법원에서 사이코패스를 정신장애로 인정한 경우는 27%이다. 그런데 법원에서 사이코패스를 정신장애로 인정하였다고 모든 법적 책임이 자동으로 면제되는 것은 아니다. 법원이 사이코패스임을 인정한 경우 법원은 당사자가 재판을 받을 수 있는 능력을 가졌는지 여부를 전문의료진의 진단에 따라 결정한다.[16] 이는 그들이 자신에 대한 혐의에 대해 합리적으로 이해하고 자신의 변호를 할 수 있어야 함을 의미한다. 만약 반사회적 성격장애로 법적 절차를 이해하거나 변호를 지원하는 능력이 저하되는 경우 법원에서 역량평가를 명령할 수 있다. 무능력자로 판명되면 당사자는 재판을 받을 수 있는 능력을 회복하기 위한 치료명령을 받을 수 있다.

반사회적 성격장애(ASPD)를 가진 개인은 범죄 당시 개인이 자신의 행동의 성격과 의미를 인식할 수 없었다는 것을 입증해야 한다. 이는 실제로 입증하기 매우 어려워 법원의 동의를 받기 어렵다. 만약 피고인이 범죄로 유죄판결을 받을 경우 ASPD 진단은 법원의 형량 결정시 형의 감경요소로 간주될 수 있다.

Matter of State of New York v Donald DD. 2014 NY Slip Op 07295[17]

(2014. 10. 28)

그는 18세 때 12세 청소년과 성관계를 맺은 혐의로 2급 강간 혐의로 6개월의 징역형과 10년의 집행유예를 선고받았다. 교도소에서 석방된 직후 아내의 친구와 합의 없이 성관계를 맺은 혐의로 체포됐다. 그는 2급 성적 학대에 대해 유죄를 인정하고 6개월의 징역형을 선고 받았다. 그는 뉴욕주

16 Walsh, K. (2017). Antisocial personality disorder and Donald DD: distinguishing the sex offender from the typical recidivist in the civil commitment of sex offenders. Fordham Urb. LJ, 44, 867.

정신위생법(Mental Hygiene Law) 제10조에 따라 민사관리 평가를 받았고, ASPD가 있는 것으로 밝혀졌지만, 다른 정신장애는 없는 것으로 확인됐다.

그는 조건부로 가석방된 후 자녀를 추행하였고, 아내와 합의 없이 성관계를 가진 혐의로 조사를 받았다. 가석방이 취소되었고, 정신위생법 제10조에 따라 소송이 시작되었다.

주의 정신과 의사는 그가 ASPD 때문에 성범죄를 저지를 가능성이 있다고 주장했다. 1심법원은 피고인이 성범죄에 해당하는 행위를 저지르기 쉬운 상태, 질병 또는 장애를 갖고 있다고 판단했고 뉴욕주 항소법원도 이를 인정했다.

그러나 연방항소법원은 정신위생법 제10조에 따른 민사 약속은 "성범죄의 증거와 함께 ASPD 진단에만 근거할 수 없다"고 판결을 뒤집었다. 연방법원은 "심각한 정신 질환과 전형적인 성범죄자를 구별해야 한다"고 판시하였다.... 그리고 교도소 인구의 80%가 ASPD를 앓고 있다는 다른 재판의 법정 증언을 언급했다.

항소법원은 "ASPD는 범죄에 대한 일반적인 경향을 확립할 뿐이며, ASPD가 성적 행동 통제를 할 수 없다는 것을 의미하는 것은 아니다"라고 판시하였다.

자료: https://law.justia.com/cases/new-york/court-of-appeals/2014/172.html

뇌 전문가 "'팔달산 토막 살인 사건' 박춘풍, 사이코패스 아니야"[18]

(2015. 12. 22)

.....

수원 팔달산 토막 살인 사건의 범인 조선족 박춘풍(56)의 뇌 영상을 촬영해 검증한 결과, '뇌가 손상됐지만 사이코패스는 아니다'는 결론이 나왔다.

17 https://law.justia.com/cases/new-york/court-of-appeals/2014/172.html

22일 서울고법 형사5부(재판장 김상준) 심리로 열린 박의 항소심 4차 공판에서 김지은 이화연대 뇌인지과학연구소 교수는 "사이코패스 기준 중 충동성과 죄책감 결여, 우울성 등의 증상은 있다"면서도 "사이코패스나 반사회성 인격장애로는 진단되지 않는다"고 밝혔다. 김 교수는 또 "뇌 손상이 인지 행동 및 정신장애에 영향을 줬을 가능성은 25~50% 정도로 보인다"며 "의학적 소견으로 범행 당시 사물을 변별할 능력은 정상이었을 것으로 판단된다"고 말했다. 김 교수는 이날 박의 뇌 자기 공명 영상을 3차원(3D) 영상으로 보여주며, 전두엽 앞쪽과 이마 부분인 전전두엽에 손상이 있다고 설명했다.

박의 항소심을 심리하고 있는 서울고법 형사5부는 지난달 국내 법원으로서는 최초로 살인법의 뇌(腦)를 촬영해 형사재판의 양형(量刑·처벌 형량을 정하는 일)에 참고 자료로 활용하기로 결정하면서 관심을 모았다. 박은 작년 11월 26일 경기도 수원시에서 동거녀를 목 졸라 숨지게 한 뒤 시신을 훼손하고 유기(遺棄)한 혐의로 기소돼, 1심에서 무기징역을 선고받았다. 박의 국선 변호인은 "박은 PCL-R(사이코패스 심리검사) 기준치를 넘어서지 않았는데도 사이코패스라는 판정을 받아 1심에서 가중처벌을 받았다", "박은 어릴 때 사고로 오른쪽 눈을 다쳐 현재 의안(義眼)을 하고 있으며, 이것이 뇌에 영향을 미쳤다"고 주장했고, 2심 재판부는 박의 뇌 영상 촬영을 통해 이를 확인하기로 한 것이다....중략...

자료: 조선일보, 2015.12.22. https://www.chosun.com/site/data/html_dir/2015/12/22/2015122201814.html/

18 조선일보, 2015.12.22. https://www.chosun.com/site/data/html_dir/2015/12/22/2015122201814.html/

참고문헌

1 merriam-webster, https://www.merriam-webster.com/dictionary/psychopath/

2 Cleveland Clinic, DSM-5, https://my.clevelandclinic.org/health/articles/24291-diagnostic-and-statistical-manual-dsm-5/

3 American Psychiatric Association: Diagnostic and Statistical Manual of Mental Disorders, 5th ed, Text Revision (DSM-5-TR). Washington, DC, American Psychiatric Association, 2022, 733-737.

4 허경미, 범죄인프로파일링, 2022, 박영사. 47-50.

5 American Psychiatric Association: Diagnostic and Statistical Manual of Mental Disorders, 5th ed, Text Revision (DSM-5-TR). Washington, DC, American Psychiatric Association, 2022, 748-752.

6 Kolla, N. J., & Vinette, S. A. (2017). Monoamine oxidase a in antisocial personality disorder and borderline personality disorder. Current behavioral neuroscience reports, 4, 41-48.

7 Brunner, H. G., Nelen, M., Breakefield, X. O., Ropers, H. H., & Van Oost, B. A. (1993). Abnormal behavior associated with a point mutation in the structural gene for monoamine oxidase A. Science, 262(5133), 578-580.

8 National Library of Medicine, Brunner syndrome(BRNRS), https://www.ncbi.nlm.nih.gov/medgen/208683/

9 Kolla, N.J., Vinette, S.A. Monoamine Oxidase A in Antisocial Personality Disorder and Borderline Personality Disorder. Curr Behav Neurosci Rep 4, 41-48 (2017). https://doi.org/10.1007/s40473-017-0102-0

10 dailymail, Neuroscientist-specializes-psychopaths-discovered-psychopath, https://han.gl/mNtou/

11 Ouellet-Morin I, Côté SM, Vitaro F, et al. Effects of the MAOA gene and levels of exposure to violence on antisocial outcomes. British Journal of Psychiatry. 2016;208(1):42-48. doi:10.1192/bjp.bp.114.162081

12 Hare, R. D. (2016). Psychopathy, the PCL-R, and criminal justice: Some new findings and current issues. Canadian Psychology/psychologie canadienne, 57(1), 21-34.

13 https://www.idrlabs.com/kr/psychopathy/test.php/

14 Oliva, A., Grassi, S., Zedda, M., Molinari, M., & Ferracuti, S. (2021). Forensic value of genetic variants associated with anti-social behavior. Diagnostics, 11(12), 2386.

15 Young, C., Habarth, J., Bongar, B., & Packman, W. (2018). Disorder in the court: cluster B personality disorders in United States case law. Psychiatry, Psychology and Law, 25(5), 706-723.

16 Walsh, K. (2017). Antisocial personality disorder and Donald DD: distinguishing the sex offender from the typical recidivist in the civil commitment of sex offenders. Fordham Urb. LJ, 44, 867.

17 https://law.justia.com/cases/new-york/court-of-appeals/2014/172.html

18 조선일보, 2015.12.22. https://www.chosun.com/site/data/html_dir/2015/12/22/2015122201814.html/

CRIME AND MORAL VALUES

PART

04

도덕성과 범죄성의 경계와 해체, 새로운 정의의 출현

DILEMMA BETWEEN PUNISHMENT AND SOCIAL ACCEPTABILITY

CHAPTER

08

시민불복종운동,
정의와 범죄 그 사이

DILEMMA BETWEEN PUNISHMENT AND SOCIAL ACCEPTABILITY

범죄와 도덕적 가치

Crime and Moral Values

Ⅰ. 시민불복종운동이란

시민불복종(civil disobedience)이란 개인이 자신의 도덕적 신념에 따라 행동하는 것으로 정부의 정책이나 법률, 사회적 규범 또는 종교적 규범을 거부하는 것을 말한다. 시민불복종은 단순히 개개인이 하는 차원에서 벗어나 집단을 이루기도 하며, 경우에 따라서는 사회 구성원 다수가 조직적 또는 비조직적으로 동참하며 집단적 형태를 이뤄 시민불복종운동으로 이어진다. 따라서 사회적 불복종운동은 개인, 단체, 집단, 사회구성원 다수와 정부, 종교 등과의 갈등으로 이어지고 경우에 따라서는 정권퇴진이나 종교개혁, 테러 등 상당한 파장을 일으킬 수 있고, 전쟁을 불러오는 경우도 있다.[1]

시민불복종이라는 용어는 헨리 데이비드 소로(Henry David Thoreau, 1817-1862)의 저서 『시민불복종』(Resistance to Civil Goverment, 1849)에서 유래한다. 소로는 시민불복종은 폭력을 거부하며 폭력을 초월하는 영향력을 만들어 낸다고 주장하였다. 그는 미국의 멕시코전쟁과 노예제에 저항하기 위하여 납세를 거부하였다.

헨리 데이비드 소로(Henry David Thoreau)[2]

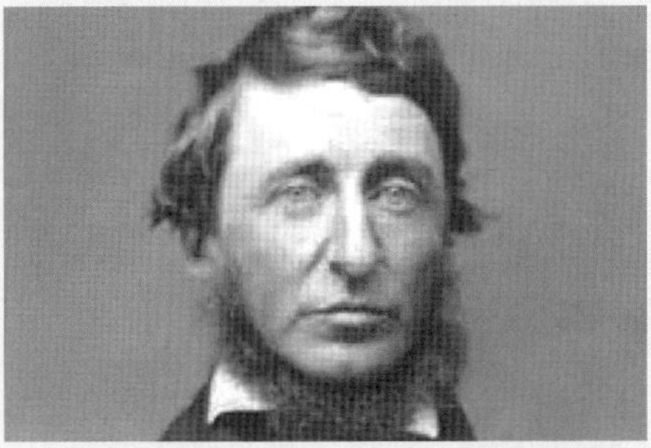

1 김민혁 & 이종원. (2023). 시민 불복종과 시민성-시민적 저항과 시민성의 더 넓은 지평-. 개념과 소통, 32, 323-359.

나는 "가장 적게 다스리는 정부가 최선이다."라는 모토를 진심으로 받아들인다.

그것이 더 신속하고 체계적으로 실행되는 것을 보고 싶다... 나는 다음과 같이 믿는다. "아무것도 통치하지 않는 정부가 가장 좋다. ... 정부는 기껏해야 편의에 불과하다. 대부분의 정부는 일반적으로 비효율적이다...."

자료: britannica. Civil Disobedience, https://www.britannica.com/topic/Civil-Disobedience-essay-by-Thoreau

대표적인 시민불복종운동은 인도 마하트마 간디의 비폭력 저항운동[3], 남아프리카공화국 넬슨 만델라의 반아파르트헤이트운동, 즉 백인정권의 인종차별에 맞선 투쟁[4], 미국의 노예제 폐지 투쟁, 홍콩의 2014년 민주화운동[5], 2019년 범죄혐의자 중국본토송환법 반대운동[6], 유럽인의 난민거부운동, 한국의 방송시청료거부운동 등이 대표적이다.

한편 시민불복종은 일반적으로 개개인의 내면적인 도덕적 신념에서 발생한다. 시민은 보편적인 도덕원칙의 사회규범인 법이나 정부정책을 준수해야 하나, 그것들이 자신이 생각하는 정의, 평등 또는 인권의 기본원칙을 위반한다고 믿을 때 시민불복종운동에 동참하게 된다. 그런데 시민불복종은 현행법을 위반한다는 측면에서 범죄성

2 britannica. Civil Disobedience, https://www.britannica.com/topic/Civil-Disobedience-essay-by-Thoreau

3 이정호. (2005). 마하트마 간디의 시민 불복종 운동: 소금법 반대행진을 중심으로. 남아시아연구, 10(2), 119-136.

4 CTVNews, 2023.12.5.,Nelson Mandela: South Africa loses its 'greatest son' at age 95,

5 서울신문, 2023.9.29., '우산 혁명' 9주년… 다시 보는 2019 홍콩 민주화 운동, https://www.seoul.co.kr/news/international/2023/09/29/20230929500070/

6 BBC 뉴스 코리아, 2024. 3.24., 홍콩, 새로운 강력한 국가보안법 통과 … 그 내용은?, https://www.bbc.com/korean/articles/cxwzpenk1p8o/

을 띠게 된다는 문제점이 있다. 즉 보편적 시민의식에 반한다는 모순이 발생한다.

Ⅱ. 시민불복종운동의 특징

시민불복종운동은 일정한 특징을 가진다. 첫 번째는 도덕적 원칙 혹은 보편적 원칙을 추구하는 것이다. 즉 사회는 단순한 합법성을 넘어서는 도덕적 원칙, 즉 인간 존엄성, 공정성 또는 개인의 고유한 권리 존중 등을 지키기 위해 이를 침해하는 법이나 규범을 기꺼이 위반한다는 것이다.

헨리 데이비드 소로는 노예제와 멕시코전쟁에 반대하며 인두세 납부를 거부하면서 다음과 같이 주장한다.[7]

> ....나는 잠시라도 나의 정부를 '노예의 정부'라는 정치조직으로 이해할 수 없다....... 자유의 피난처임을 스스로 인정해 오던 미국이 그 국민 6분의 1이 노예이며, 그리고 멕시코의 전 국토가 외국 군대에게 짓밟히고 점령되어 군법의 지배하에 놓였을 때, 정직한 사람들이 일어나 저항하고 혁명을 일으키는 것은 그 어느 때라도 결코 이르다고 말할 수 없다. 그렇게 행하여야 할 의무가 더욱 시급한 것은 이 짓밟힌 나라가 우리나라가 아니라 오히려 침입한 군대가 우리나라 군대라는 사실 때문이다....

두 번째는 시민불복종운동은 일반적으로 비폭력과 평화적 시위 방법을 지지한다. 비폭력과 평화적 시위를 통해 대화와 설득의 의지를 보이며, 정부 혹은 상대방의 폭력을 거부한다는 메시지를 보인다.

---

7 이진희. (2007). 시민불복종과 그 도덕교육적 함의에 대한 연구. 도덕윤리과교육, (24), 237-254.

또한 대중으로부터 동정과 지지를 끌어내는 수단이기도 하며, 동시에 도덕적 정당성을 확보한다.[8]

세 번째는 시민불복종운동은 법을 위반하여도 더 높은 가치와 도덕을 실천하기 위한 행위라는 더 높은 도덕적 정당성을 주장한다. 특히 현행법과 정부정책 등을 거부함으로써 궁극적으로 사회적 변화와 도덕성을 회복하는 것이라는 확신을 갖는다.

네 번째는 처벌에 대한 수용성이다. 시민불복종운동은 현행 법률 시스템이나 체제, 정부정책을 위반함으로써 그에 대한 처벌을 받게 된다. 시민불복종운동의 참여자들은 이에 대해 기꺼이 수용하며, 관련 법적 제재와 처벌을 대중에게 보임으로써 처벌의 부당함을 동시에 드러내고 대중을 설득하는 도구로 활용한다.

다섯 번째는 다수의결은 항상 선이다라는 명제를 거부한다. 즉, 다수결의 원칙이라는 명분으로 사회의 근본적인 도덕원칙에 반하는 법률이나 정책을 강요할 수는 없다는 것이다. 이는 정부권력, 종교권력 나아가 민주주의 사회의 다수결이라는 권력보다는 근본적으로 개인의 양심과 도덕성의 원칙을 강조하는 것이다.[9]

Ⅲ. 시민불복종운동의 사례

1. 영국의 노예폐지운동

노예폐지운동은 영국에서 먼저 시작되었다. 흑인인 노예 제임스 서머셋은 매사추세츠주 보스톤에서 일하다가 주인을 따라 1769년 영국으로 돌아왔다. 서머셋은 도망치다가 잡혀 자메이카로 가는 퀸 메

8 이재봉. (2018). 촛불 시위를 통해 본 비폭력 저항의 이론과 실천. 한국동북아논총, 23(2), 133-151.

9 장동진 & 김범석. (2016). 입헌민주주의와 시민불복종: 존 롤즈와 한나 아렌트를 중심으로. 21 세기정치학회보, 26(4), 97-124.

리 호에 감금되었다. 당시 노예폐지론자인 그랜빌 샤프(Granville Sharp, 1735-1813) 등은 법원에 그를 석방해달라고 청원하였다. 그랜빌 샤프는 "노예제도는 인권에 위배될 뿐만 아니라, 자연법에도 위배된다고 주장했다. 노예제도가 합법이라고 규정한 곳에서나 합법이지, 그렇지 않은 곳은 불법이다. 즉 매사추세츠주 의회는 평생 주인에게 봉사해야 하는 노예제도를 인정했기 때문에 그 곳에서는 합법이지만 영국 의회는 노예에 대한 권리 주장을 법으로 인정한 적이 없으므로 불법이며, 따라서 서머셋은 영국에서 노예가 될 수 없다."고 주장하였다.

결국 1772년 6월 22일 재판관 윌리엄 머리(William Murray)는 영국은 노예제의 실정법적 근거가 없다면서 흑인들은 석방되어야 한다고 판결하였다.[10] 이후 영국은 1833년 노예폐지법을 제정하였다.

그랜빌 샤프의 노예폐지운동[11]

자료: National Gallery, London, https://www.nationalgallery.org.uk/people/granville-sharp/

10 westminster-abbey, william-murray-lord-mansfield, https://www.westminster-abbey.org/abbey-commemorations/commemorations/ https://www.westminster-abbey.org/abbey-commemorations/commemorations/william-murray-lord-mansfield

11 National Gallery, London, https://www.nationalgallery.org.uk/people/granville-sharp/

1772년 6월 22일 윌리엄 머리 경의 판결문 중 일부

.... state of slavery is so odious, that nothing can be suffered to support it, but positive law. Whatever inconveniences, therefore, may follow from the decision, I cannot say this case is allowed or approved by the law of England; and therefore the black must be discharged.

... 노예제는 너무 끔찍해서, 실정법 외에는 어떤 것도 그것을 지지하는 근거가 있을 수 없다. 그러므로, 그 결정에서 어떤 불편함이 뒤따를지 모르지만, 나는 이 사건이 영국 법에 의해 허용되거나 승인되었다고 말할 수 없다; 따라서 흑인들은 석방되어야 한다.

2. 미국의 노예폐지운동

1816년에 설립된 미국식민지협회(American Colonization Society)는 노예를 해방시켜 아프리카로 돌려보내자는 아이디어를 제안하였다. 이에 따라 1860년까지 12,000여 명의 흑인들이 아프리카로 돌아갈 수 있었다.

1850년에 의회는 도망노예법(fugitive slave act)을 통과시켰는데 이는 탈출한 모든 노예를 포획하여 주인에게 돌려주도록 하는 것이 골자였다. 또한 1857년에 연방대법원이 드레드 스콧(Dred Scott) 판결에서 자유인이든 노예이든 흑인은 법적 시민권이 없다고 판결하면서 노예 주인은 노예를 서부로 데려가 일꾼으로 사용할 수 있게 되었다. 이러한 조치는 노예폐지론자들을 매우 급진적으로 만들었다.[12]

12 History, Abolitionist Movement, https://www.history.com/topics/black-history/abolitionist-movement/

대표적 노예폐지론자의 활동

대표적 운동가	주요 활동
윌리엄 로이드 개리슨 (William Lloyd Garrison)	초기 노예제도 폐지론자. 노예가 된 모든 남성과 여성의 즉각적인 해방을 지지
프레드릭 더글라스 (Frederick Douglass):	노예였던 자신의 회고록 프레드릭 더글러스의 삶에 대한 이야기(Narrative of the Life of Frederick Douglass, an American Slave) 출판
해리엇 비처 스토우 (Harriet Beecher Stowe)	소설 『톰 아저씨의 오두막』 출판
수잔 B. 앤서니 (Susan B. Anthony):	노예제도 폐지운동 작가, 여성의 투표권 주장
존 브라운 (John Brown)	현장활동가로 급진적인 폐지론자
해리엇 터브먼 (Harriet Tubman)	탈출한 노예이자 노예제도 폐지론자. 탈출노예들을 철도 네트워크를 통해 북부로 이주 활동

자료: History, Abolitionist Movement, https://www.history.com/topics/black-history/ abolitionist-movement/

1860년에 공화당의 에이브러햄 링컨(Abraham Lincoln)이 대통령으로 당선되었다. 링컨은 노예제가 즉시 폐지되는 것을 지지하지는 않았지만, 그 확대에는 반대 입장을 보였다. 그러자 노예제를 둘러싼 각 주정부의 갈등은 더욱 심해졌고, 급기야 남부지역의 11개 주는 남부연합(confederate states)을 구성해 미합중국에서 탈퇴를 선언했다.[13] 북부와 남부는 건국 이래 노예제뿐 아니라 보호무역과 자유무역, 연방주의와 분권주의 등 정치적 그리고 경제적 이해관계가 달라 잦은 충돌을 보였다. 링컨 대통령은 남부연합을 와해시키고 연방을 보존하려면 노예제 폐지가 중요하다고 인식하였다.

1861년 4월 남부연합군이 먼저 공격했고, 1863년에 링컨은 노예

13 남부연합의 11개 주는 사우스캐롤라이나, 미시시피, 플로리다, 앨라배마, 조지아, 루이지애나, 텍사스, 버지니아, 아칸소, 테네시, 노스캐롤라이나 등이다.

해방선언문을 발표하면서 이후 남부연합 지역의 모든 노예의 자유를 선포하였다.[14] 전쟁은 1865년까지 이어졌다.

한편 노예폐지론자들은 전쟁 내내 흑인들을 연방군에 징집하는 것을 지지하고, 미국 전역에서 노예제도를 폐지한 수정헌법 제13조의 통과를 촉구하는 등 매우 활발하게 활동을 벌였다. 결국 남부연합이 패배하였고, 1865년 수정헌법 제13조가 비준되면서 미국의 노예제도는 종식되었고, 수정헌법 제14조에 따라 시민권이 부여되었다.

노예제도 폐지운동은 남북전쟁을 촉발한 정치적, 사회적 지형을 형성하는 데 도움을 주었고, 전쟁 중 수정헌법을 개정하는 운동을 전개하면서 전쟁 후 마침내 미국의 노예제도를 폐지하는데 기여한 것이다.

남부연합기(2021)

자료; national geographic, 2021.1.13., https://www.national, geographic.com/history/ article/how-confederate-battle-flag-became-symbol-racism

14 The U.S. National Archives and Records Administration, Transcript of the Proclamation, https://www.archives.gov/exhibits/featured-documents/emancipation-proclamation/transcript.html/

Transcript of the Proclamation January 1, 1863

A Proclamation.

Whereas, on the twenty-second day of September, in the year of our Lord one thousand eight hundred and sixty-two, a proclamation was issued by the President of the United States, containing, among other things, the following, to wit:

"That on the first day of January, in the year of our Lord one thousand eight hundred and sixty-three, all persons held as slaves within any State or designated part of a State, the people whereof shall then be in rebellion against the United States, shall be then, thenceforward, and forever free; and the Executive Government of the United States, including the military and naval authority thereof, will recognize and maintain the freedom of such persons, and will do no act or acts to repress such persons, or any of them, in any efforts they may make for their actual freedom....

And by virtue of the power, and for the purpose aforesaid, I do order and declare that all persons held as slaves within said designated States, and parts of States, are, and henceforward shall be free; and that the Executive government of the United States, including the military and naval authorities thereof, will recognize and maintain the freedom of said persons."

By the President: ABRAHAM LINCOLN

WILLIAM H. SEWARD, Secretary of State.

1863년 1월 1일 선언문의 사본

선언문.

1862년 9월 22일에 미국 대통령은 다음과 같은 내용을 담은 포고문을 발표했다.

"현재 미합중국에 대하여 반란상태에 있는 주 또는 주 일부에 예속된 모든 노예들은 1863년 1월 1일부터 영원히 자유로워질 것이며, 미합중국의 육군 및 해군 당국을 포함한 정부는 그러한 사람들의 자유를 인정하고 보호할 것이며 그러한 사람들을 억압하기 위한 어떤 행위나 조치도 취하지 않을 것이다. 그들 중 누구라도 실제 자유를 위해 어떤 노력을 하든....

그리고 위에 언급한 권한과 목적에 따라, 나는 상기 지정된 주와 주의 일부 지역에서 노예로 잡혀 있는 모든 사람은 자유이며 앞으로도 자유로울 것임을 명령하고 선언한다. 그리고 미국의 육군 및 해군 당국을 포함한 미국 정부는 상기 개인의 자유를 인정하고 보호할 것이다."

대통령: 에이브러햄 링컨
윌리엄 H. 시워드(WILLIAM H. SEWARD) 국무장관.

미국 수정헌법 제13조[15]

Section 1. Neither slavery nor involuntary servitude, except as a punishment for crime where of the party shall have been duly convicted, shall exist within the United States, or any place subject to their jurisdiction.

---

15 1865년 2월 1일 발의, 1865년 12월 18일 비준.

Section 2. Congress shall have power to enforce this article by appropriate legislation.

제1항

노예제도 또는 강제노역제도는 당사자가 정당하게 유죄판결을 받은 범죄에 대한 처벌이 아니면 미합중국 또는 그 관할에 속하는 어느 장소에서도 인정되지 않는다.

제2항

연방의회는 적절한 입법에 의하여 본 조의 규정을 시행할 권한을 가진다.

제14조 1866년 6월 16일 발의, 1868년 7월 28일 비준

Section 1. All persons born or naturalized in the United States and subject to the jurisdiction thereof, are citizens of the United States and of the State wherein they reside. No State shall make or enforce any law which shall abridge the privileges or immunities of citizens of the United States; nor shall any State deprive any person of life, liberty, or property, without due process of law; nor deny to any person within its jurisdiction the equal protection of the laws.

수정헌법 제14조 (공민권)

제1항

미합중국에서 출생하거나 귀화한 미합중국의 관할권에 속하는 모든 사람은 미합중국 및 거주하는 주의 시민이다. 어떠한 주도 미합중국 시민의 특권과 면책권을 박탈하는 법률을 제정하거나 시행할 수 없다. 어떠한 주도 정당한 법의 절차에 의하지 아니하고는 어떠한 사람으로부터도 생명, 자유 또는 재산을 박탈할 수 없으며, 그 관할권 내에 있는 어떠한 사람에 대하여도 법률에 의한 평등한 보호를 거부하지 못한다.

3. 홍콩의 민주화운동: 노란우산운동

2014년 9월의 제1차 노란우산운동은 같은 해 8월 31일 중국정부가 홍콩 행정장관 선거의 후보자를 사전심사하는 방식으로 전환한다고 결정하면서 촉발되었다. 9월 26일에 열린 시위에서 홍콩경찰의 최루탄을 막기 위해 시위대가 노란우산을 활용하였고 언론에서 이를 노란우산운동(yellow umbrella movement)이라고 칭하면서 홍콩민주화 운동의 아이콘은 노란우산으로 상징되었다.

이 시위는 최대 10만 명의 시위대를 모으는 등 세계인의 주목을 이끌었고, 전 세계 64개 도시에서 지지시위가 일어났다. 그러나 노란우산 운동은 중심세력이 없었고, 시민들의 피로감이 누적되면서 동력을 잃었다. 처음 시위가 시작된지 74일 만인 12월 11일 홍콩경찰 7,000여 명이 시위대의 근거지인 애드미럴티 지역에서 강제해산 작업에 들어갔고, 시위는 종결되었다.

이 시위는 민주주의의 가치가 무엇인가라는 물음을 홍콩 시민들에게 갖게 하였고, 그동안 정치적 이슈에 둔감했던 젊은 세대들이 미래의 주역으로서의 역할을 자각하게 하는 계기가 되었다는 평가이다.[16] 또한 '하나의 중국(一個中國)'을 관철하려는 중국에 대항하여 그들과는 다른 '민주시민'으로서 '홍콩인'이라는 정체성을 강화하는 데 중요한 역할을 했다는 평가이다.[17]

2019년 6월에 제2차 노란우산운동이 홍콩에서 벌어졌다. 홍콩 시민들은 중국정부가 홍콩 범죄인을 중국 본토로 인도하는 범죄인 인도법(실제 법명은 국가보안법)을 추진하자, 이에 반발하며, 다시 거리에 나왔다. 시민들은 이 법안을 중국 공산당이 홍콩인을 강압적으로 통

16 BBC 뉴스 코리아, 2024년 3월 20일, 홍콩, 새로운 강력한 국가보안법 통과 … 그 내용은?, https://www.bbc.com/korean/articles/cxwzpenk1p8o/

17 이해수. (2020). 기억의 초국가적 이동과 다방향적 접합: 홍콩 시민들의 투쟁이 부른 민주화 운동의 기억들. 한국언론정보학보, 102, 189-216.

제하는 수단으로 인식하였다.[18]

초기에 시위대는 노란우산을 쓰고 평화적으로 거리행진을 하였지만, 시간이 지나면서 화염병과 최루탄이 난무하는 시위와 진압으로 이어졌다. 2019년 11월 8일 시위 현장에서 한 대학생이 경찰과 시위대의 대립 속에 끼여 주차장에서 떨어져 사망했다. 11일에는 경찰이 시위대에게 총기를 발사해 한 시민이 맞는 등 폭력적 양상이 거듭되었다.

같은 해 겨울 코로나가 발병하면서 시위가 금지되었고, 중국 정부는 결국 2020년 홍콩범죄인인도법을 제정하였다. 홍콩경찰은 시위를 이끈 주요 인사들을 체포하기 시작하였으며, 상당수의 민주활동가들이 해외로 망명하기에 이르렀다.

자료: 연합뉴스, 2017년 6월 25일, [홍콩반환 20주년] ① '우산혁명·어묵혁명'... 분리 움직임 '꿈틀', https://www.yna.co.kr/view/AKR20170623165200074/

18 서울신문, 2023년 9월 29일, '우산 혁명' 9주년… 다시 보는 2019 홍콩 민주화 운동, https://www.seoul.co.kr/news/international/2023/09/29/20230929500070/

이어 2023년 중국정부는 반역죄 등에 대하여 최대 사형까지 처할 수 있는 이른바 신국가보안법을 제정하였다. 신국가보안법의 주요 내용은 반역, 내란 및 중국 군인들을 상대로 한 반란선동, 공공인프라를 저해하거나 손상하고자 외부세력과 결탁하는 행위 등으로 유죄 판결을 받을 경우 최대 종신형을 선고받을 수 있다. 이 법을 위반한 경우 법원은 비공개 재판을 할 수 있고, 경찰은 영장없이 용의자를 최대 16일간 구속할 수 있는 권한이 있다. 홍콩 행정장관은 외국 세력을 위해 일하는 조직과 기업의 홍콩 내 활동을 금지할 수 있는 권한을 갖게 되었다.[19]

Ⅳ. 경찰권 거부운동

1. 흑인의 생명도 중요하다

2020년 5월 25일 발생한 조지 플로이드(George Perry Floyd) 사건은 경찰권 거부 운동의 중요한 모멘텀이다.[20] 이 사건은 미네소타주 미니애폴리스 경찰관 4명이 위조 화폐를 사용한 혐의로 흑인인 조지 플로이드를 체포하는 과정에서 일어났다. 당시 주범 경찰관인 데릭 쇼번(Derek Chauvin)이 9분 46초 정도 플로이드의 목을 짓눌렀고, 함께 현장에 있던 동료 경찰관 알렉산더 쿠엥(Alexander Kueng), 토마스 레인(Thomas Lane) 및 투 타오(Tou Thao)는 플로이드가 숨을 쉴 수 없다며 놓아달라고 애원했지만 쇼번의 행동을 제지하지 않았다. 결국 플로이드는 병원으로 이송되기 전에 사망하였다.

19 BBC 뉴스 코리아, 2024년 3월 20일, 홍콩, 새로운 강력한 국가보안법 통과 … 그 내용은?, https://www.bbc.com/korean/articles/cxwzpenk1p8o/

20 U.S. Department of Justice, PRESS RELEASE, 2022.2.24., https://www.justice.gov/opa/pr/three-former-minneapolis-police-officers-convicted-federal-civil-rights-violations-death/

미네소타주 대법원은 주범인 쇼번에게 의도하지 않은 살인 2급 살인, 3급 살인, 2급 과실치사 혐의로 2021년 6월 25일 22년 구금형을 선고했다.[21] 2022년 12월 9일 Alexander Kueng에게 3년 6개월 구금형을, 토마스 레인에게 3년 구금형을 각각 선고했다.[22] 투 타오는 사건 이후 혐의를 부인하였으나, 2023년 5월 2일 미네소타주 대법원은 그에게 2급 과실치사 방조혐의를 인정하였다.[23] 2023년 8월 7일에 미네소타주 대법원은 그에게 4년 9개월의 구금형을 선고하였다.[24] 결국 조지 플로이드 사건 관련 모든 부패경찰관에게 살인죄 및 살인방조죄가 적용되지 않은 것이다.

한편 연방대법원은 2021년 12월 15일 데릭 쇼번에게 불합리한 물리력을 사용하고 플로이드의 심각한 의료적 필요를 무시함으로써 플로이드의 시민권을 침해한 혐의에 대해 유죄를 인정, 18 USC § 242에 따라 21년 구금형을 확정했다.[25] 2022년 7월 21일에는 토마스 레인에게 2년 6개월 구금형을, 7월 27일에는 알렉산더 쿠엥에게 3년 구금형을, 투 타오에게 3년 6개월 구금형을 선고했다.[26]

---

21 State vs. Derek Chauvin–Minnesota Judicial Branch, https://mn.gov/ law-library-stat/archive/ctappub/ 2023/OPa211228-041723.pdf/

22 BBC NEWS, George Floyd: Ex-officer J Alexander Kueng sentenced for manslaughter, 2022.12.9., https://www.bbc.com/news/world-us-canada-63923234/

23 CNN, Officer who held back crowd during George Floyd's murder convicted of aiding and abetting manslaughter Eric Levenson Brad Parks By Eric Levenson and Brad Parks, 2023.5.2., https://url.kr/nv6hzl/

24 AP News, Ex-Minneapolis officer unrepentant as he gets nearly 5 years in George Floyd killing, 2023.8.7., https://url.kr/rukx5b/

25 United States of America, Plaintiff, v. Derek Michael Chauvin (1), Tou Thao (2), J. Alexander Kueng (3), and Thomas Kiernan Lane (4), Defendants.

26 U.S. Department of Justice, PRESS RELEASE, 2022.7.27., https://url.kr/fzxin9/

경찰관이 조지 플로이드를 짓누르는 장면

자료: baptistnews, 2021.4.5., George Floyd's murder: Knowing what cannot be unseen, https://baptistnews.com/article/george-floyds-murder-knowing-what-cannot-be-unseen/

그런데 미네소타주 대법원 및 연방대법원은 모두 조지 플로이드 사건을 심리하면서 원고측 변호사에게 법정에서 피고 경찰관들의 인종차별적 태도를 언급하지 못하도록 명령하여 언론과 시민들의 비난을 받기도 했다.[27]

조지 플로이드 사건은 당시 목격자들에 의해 영상으로 포착되어 전 세계에 퍼져나갔고 언론이 대대적으로 보도하면서 미국인 특히 유색인종의 분노와 비난을 불러일으켰다. 오랫동안 지속되어 온 흑인에 대한 경찰의 과도한 무력 사용에 대한 대중의 불만이 폭발한

27 AP News, For world, Floyd's death was about race. Why not the trials?, 2022.2.25., https://apnews.com/article/death-of-george-floyd-ahmaud-arbery-george-floyd-race-and-ethnicity-04ad7633c49f94475d5c9f5c5a381c24/

것이다. 결국 흑인의 생명도 중요하다(Black Lives Matter)는 구호 아래 대규모 시위가 연일 벌어져 경찰의 만행과 조직적인 인종차별을 종식시킬 것을 요구했다. 한편으로는 그동안 누적되어 온 미 경찰의 과도한 총기사용과 인종차별적 태도 등으로 시민들로부터 상당한 불신을 초래하면서 경찰폐지론이 등장하였고, 시민들은 경찰권을 거부하자는 운동을 벌이고 있다.[28]

2. 경찰무용론: 인천 층간소음 흉기난동 사건

인천경찰청 경찰관 A 경위와 B 순경은 2021년 11월 15일 인천 남동구 한 빌라에서 층간소음 피해 112 신고를 접수해 출동했다가 흉기난동이 벌어지자 현장을 이탈한 혐의로 재판에 넘겨졌다.[29]

이들은 당시 빌라 4층에 살던 C(남·50)씨가 3층 주민 40대 여성 D씨를 찾아가 흉기를 휘두를 때 범행을 제지하지 않거나 피해자를 보호하지 않고 현장을 벗어나 D씨와 그 가족들이 크고 작은 상처를 입었다. A 경위와 B 순경은 당시 삼단봉, 테이저건, 방범장갑을 소지하고 있었음에도 적절한 조치를 하지 않은 것으로 밝혀졌다.

제1심 법원인 인천지법 형사17단독은 2023년 9월 21일 선고공판에서 A씨는 사건 당시 38구경 권총, 3단봉을 소지하고 있었고, B씨로부터 사람이 칼에 찔렸다는 말을 듣고도 특별한 이유 없이 현장을 벗어난 점을 종합해 공소사실 모두 유죄로 판단했다. B씨 역시 사건 현장에서 이탈하고 피해자를 현장에서 제대로 구조하지 않은 혐의를 모두 인정했다. 법원은 A씨 등에게 징역 1년에 집행유예 2년을 선고

28 Vox, The “abolish the police” movement, explained by 7 scholars and activists, 2020.6.12., https://url.kr/93tgjs/

29 이들은 인천경찰청에서 해임되었고, 인천경찰청장을 상대로 제기한 해임처분 취소소송에서 원고패소 당했다. 2023.7.6., ‘인천 흉기난동’ 현장 이탈한 전직 경찰 2명, 해임 취소소송 패소, https://www.seoul.co.kr/news/society/2023/07/06/20230706500183/

했다. 또 이 판사는 이들에게 120시간의 사회봉사도 명했다. 이에 대해 B씨가 항소하면서 2심 재판은 인천지법 항소심 재판부에서 진행될 예정이다.[30]

한편 가해자인 윗층 주민 C씨는 1심 재판에서 살인미수 혐의로 징역 22년을 선고받았다. 40대 여성과 가족들은 사건 당시 현장에 출동한 경찰관들의 부실한 대응 탓에 피해를 봤다며, 국가를 상대로 18억 3,650여 만원의 손해배상 청구 소송을 2024년 7월 현재 진행 중이다.

인천 층간소음 흉기난동 사건 당시 출동 경찰관들 모습

자료: 머니투데이, 2022.4.6., https://news.mt.co.kr/mtview.php?no=2022040611260795418/

이 사건으로 현장 경찰관들이 직무를 제대로 수행하지 않는다는 비난이 공론화 되었다. 나아가 위험한 상황에서 경찰이 적극적으로 시민을 보호하지 않는다면 경찰이 스스로 경찰 존재의 필요성 자체

30 조선일보, 2023.9.21., 인천 층간소음 흉기난동 부실대응 해임 경찰 2명 '유죄', https://www.chosun.com/national/regional/2023/09/21/GTZCKWU64ZD6NKP7X3VNFKN5LI/

를 부정하는 것이라는 여론이 비등하였다.

특히 당시 경찰의 신상정보가 다양한 매체에 의하여 공개되는 등 "3단봉과 테이저건을 소지한 경찰이 범인 1명을 보고도 제압하지 못하고 피해자를 둔 채 현장을 도망치듯 빠져나가는 게 제대로 된 경찰이 맞느냐"는 취지의 비난 여론이 쇄도하며, 경찰혐오적인 양상으로 이어졌다. 이 사건은 미국의 조지 플로이드 사건과는 반대로 지나치게 소극적인 경찰작용 역시 시민불복종운동의 단초가 될 수 있다는 점을 일깨워 주었다.[31]

31 서울신문, 2022.1.7.7., '층간소음 살인미수' 현장 이탈 경찰 2명 해임 불복… "신상공개·파면하라", https://www.seoul.co.kr/news/society/2022/01/07/20220107500169/

참고문헌

1 김민혁 & 이종원. (2023). 시민 불복종과 시민성-시민적 저항과 시민성의 더 넓은 지평-. 개념과 소통, 32, 323-359.

2 britannica. Civil Disobedience, https://www.britannica.com/topic/Civil- Disobedience-essay-by-Thoreau

3 이정호. (2005). 마하트마 간디의 시민 불복종 운동: 소금법 반대행진을 중심으로. 남아시아연구, 10(2), 119-136.

4 CTVNews, 2023.12.5.,Nelson Mandela: South Africa loses its 'greatest son' at age 95,

5 서울신문, 2023.9.29., '우산 혁명' 9주년… 다시 보는 2019 홍콩 민주화 운동, https://www.seoul.co.kr/news/international/2023/09/29/20230929500070/

6 BBC 뉴스 코리아, 2024. 3.24., 홍콩, 새로운 강력한 국가보안법 통과 … 그 내용은?, https://www.bbc.com/korean/articles/cxwzpenk1p8o/

7 이진희. (2007). 시민불복종과 그 도덕교육적 함의에 대한 연구. 도덕윤리과교육, (24), 237-254.

8 이재봉. (2018). 촛불 시위를 통해 본 비폭력 저항의 이론과 실천. 한국동북아논총, 23(2), 133-151.

9 장동진 & 김범석. (2016). 입헌민주주의와 시민불복종: 존 롤즈와 한나 아렌트를 중심으로. 21 세기정치학회보, 26(4), 97-124.

10 westminster-abbey, william-murray-lord-mansfield, https://www.west minster-abbey.org/abbey-commemorations/commemorations/https://www.westminster-abbey.org/abbey-commemorations/commemorations/william-murray-lord-mansfield

11 National Gallery, London, hhttps://www.nationalgallery.org.uk/people/granville-sharp/

12 History, Abolitionist Movement, https://www.history.com/topics/black-history/abolitionist-movement/

13 남부연합의 11개 주는 사우스캐롤라이나, 미시시피, 플로리다, 앨라배마, 조지아, 루이지애나, 텍사스, 버지니아, 아칸소, 테네시, 노스캐롤라이나 등이다.

14 The U. S. National Archives and Records Administration, Transcript of the Proclamation, https://www.archives.gov/exhibits/featured-documents/emancipation

-proclamation/transcript.html/

15 1865년 2월 1일 발의, 1865년 12월 18일 비준.

16 BBC 뉴스 코리아, 2024년 3월 20일, 홍콩, 새로운 강력한 국가보안법 통과 … 그 내용은?, https://www.bbc.com/korean/articles/cxwzpenk1p8o/

17 이해수. (2020). 기억의 초국가적 이동과 다방향적 접합: 홍콩 시민들의 투쟁이 부른 민주화 운동의 기억들. 한국언론정보학보, 102, 189-216.

18 서울신문, 2023년 9월 29일, '우산 혁명' 9주년… 다시 보는 2019 홍콩 민주화 운동, https://www.seoul.co.kr/news/international/2023/09/29/20230929500070/

19 BBC 뉴스 코리아, 2024년 3월 20일, 홍콩, 새로운 강력한 국가보안법 통과 … 그 내용은?, https://www.bbc.com/korean/articles/cxwzpenk1p8o/

20 U. S. Department of Justice, PRESS RELEASE, 2022.2.24., https://www.justice.gov/opa/pr/three-former-minneapolis-police-officers-convicted-federal-civil-rights-violations-death/

21 State vs. Derek Chauvin-Minnesota Judicial Branch, https://mn.gov/ law-library-stat/archive/ctappub/ 2023/OPa211228-041723.pdf/

22 BBC NEWS, George Floyd: Ex-officer J Alexander Kueng sentenced for manslaughter, 2022.12.9., https://www.bbc.com/news/world-us-canada-63923234/

23 CNN, Officer who held back crowd during George Floyd's murder convicted of aiding and abetting manslaughter Eric Levenson Brad Parks By Eric Levenson and Brad Parks, 2023.5.2., https://url.kr/nv6hzl/

24 AP News, Ex-Minneapolis officer unrepentant as he gets nearly 5 years in George Floyd killing, 2023.8.7., https://url.kr/rukx5b/

25 United States of America, Plaintiff, v. Derek Michael Chauvin (1), Tou Thao (2), J. Alexander Kueng (3), and Thomas Kiernan Lane (4), Defendants.

26 U. S. Department of Justice, PRESS RELEASE, 2022.7.27., https://url.kr/fzxin9/

27 AP News, For world, Floyd's death was about race. Why not the trials?, 2022.2.25., https://apnews.com/article/death-of-george-floyd-ahmaud-arbery-george-floyd-race-and-ethnicity-04ad7633c49f94475d5c9f5c5a381c24/

28 Vox, The "abolish the police" movement, explained by 7 scholars and activists, 2020.6.12., https://url.kr/93tgjs/

29 이들은 인천경찰청에서 해임되었고, 인천경찰청장을 상대로 제기한 해임처분 취소소송에서 원고패소 당했다. 2023.7.6., '인천 흉기난동' 현장 이탈한 전직 경찰 2명, 해임 취소소송 패소, https://www.seoul.co.kr/news/society/2023/07/06/20230706500183/

30 조선일보, 2023.9.21., 인천 층간소음 흉기난동 부실대응 해임 경찰 2명 '유죄', https://www.chosun.com/national/regional/2023/09/21/GTZCKWU64ZD6NKP7X3VNFKN5LI/

31 서울신문, 2022.1.7.7., '층간소음 살인미수' 현장 이탈 경찰 2명 해임 불복… "신상공개 · 파면하라", https://www.seoul.co.kr/news/society/2022/01/07/20220107500169/

CHAPTER

09

마약: 쾌락과 질병 그리고 범죄론의 변주

범죄와 도덕적 가치

Crime and Moral Values

Ⅰ. 마약위원회: 처벌에서 치료로

약물(drug)은 그 효과, 법적 지위, 의학적 용도에 따라 다양한 유형으로 분류될 수 있다. 약리학적으로는 약물은 신체 내 생화학적 과정을 변화시키는 모든 화학적 화합물을 말한다. 여기에는 처방약, 일반의약품, 기분전환용 약물, 불법 물질을 포함한 광범위한 물질이 포함된다.

그런데 이 가운데 기분전환용 약물, 규제 물질 등은 법적으로 금지되거나, 의사의 처방없이는 구할 수 없게 하는 방식으로 접근이 제한된다. 통상 마약(narcotics)이라고 불린다. 마약은 중독이나 의존성을 유발하여 강박적인 약물추구행동 및 사용중단 시 금단증상을 유발할 가능성이 높아 대부분의 국가에서 사용을 제한한다. 이에는 아편유사제, 각성제, 진정제 등이 포함된다.

일부 국가나 사회에서는 아편유사제 등의 약물사용 금지에 대해서 개인의 자율성 침해라는 측면에서 비도덕적이라는 비난도 제기된다. 즉, 이 관점은 개인이 자신의 신체와 소비하는 물질에 대해 선택할 권리가 있다는 것이며, 그 자체가 프라이버시권이라는 주장이다. 이들은 약물사용은 타인에게 해를 끼치지 않는 한 개인의 자유와 자율의 문제로 보아야 한다는 입장이다.[1] 반대로 약물사용을 범죄로 처벌해야 한다는 관점은 개인의 심신을 해치고 나아가 사회의 안전을 해치며, 약물로 인한 다양한 범죄를 유발함으로써 궁극적으로 사회를 파괴시키는 비도덕적 행위라고 주장한다.

유엔인권최고사무소(The Office of the High Commissioner for Human Rights)의 유엔마약위원회(The United Nations Commission on Narcotic Drugs)는 2020년 10월 19일 제63차 UN 마약위원회 회의 성명서를 통하여 유엔의 마약정책은 범죄화에서 비범죄화, 처벌에서 치료로

---

1 Borysowski, J., & Górski, A. (2019). Compassionate use of unauthorized drugs: legal regulations and ethical challenges. European Journal of Internal Medicine, 65, 12-16.

전환한다고 발표하였다.[2]

United Nations | UNITED NATIONS HUMAN RIGHTS OFFICE OF THE HIGH COMMISSIONER

... 4년 전인 2016년에 열린 세계마약문제에 관한 13차 유엔총회특별총회(UNGASS 2016)에서 모든 국가는 마약사용 장애치료, 재활, 회복 및 사회 재통합에 관한 몇 가지 고귀한 권고 사항을 이행하기로 약속했습니다.

안타깝게도 그러한 약속에도 불구하고, 마약을 사용하는 사람이나 불법 마약 거래에 가담하는 사람을 단속해야 한다는 잘못된 생각에 근거하여 "마약과의 전쟁"과 같은 억압적인 마약 정책이 세계 여러 지역에서 계속되고 있습니다.... 그러나 우리는 이것이 사실이 아니라는 것을 경험을 통해 알고 있습니다. 이 접근 방식은 실패했습니다.

지나치게 징벌적인 접근 방식과 약물사용의 범죄화, 낙인찍는 태도와 차별 등은 마약을 사용하는 사람들의 건강권 실현에 심각한 장애가 됩니다.

범죄화는 마약을 사용하는 사람들을 체포, 투옥 또는 합의되지 않은 치료에 대한 두려움 때문에 필요한 의료 서비스에서 멀어지게 만듭니다.

여러 다른 조치의 정점에 있는 비범죄화는 약물사용과 관련된 사망률 및 기타 유해한 결과를 줄이는 데 기여합니다.

바늘교환프로그램, 수준 높은 치료, 교육, 상담, 메타돈과 같은 약물 대체제 등 피해감소 조치가 중독, 과다복용 및 HIV와 C형 간염 확산을 줄이는 데 효과적이라는 증거가 계속 늘어나고 있습니다.....

자료: https://www.ohchr.org/en/special-procedures/sr-health/drug-policy-and-drug-use/

---

2 The Office of the High Commissioner for Human Rights, https://www.unodc.org/documents/hlr/follow-up-process/2020-thematic-discussions/19th_Oct/Panel/UNOHCHR_Draft_CND_Statement-_SR_Health_final.pdf/

Ⅱ. 마약류: 기분전환용과 메디컬의 경계

마약류(narcotics)란 현행 마약류 관리에 관한 법률과 같은 법 시행령에서 마약, 향정신성의약품, 대마를 합쳐 부르는 통칭이다.[3] 마약류는 그 오용 또는 남용으로 인한 보건상의 위해를 방지하기 위하여 소지·소유·사용·관리·수출입·제조·매매 등이 엄격히 관리되고 있다.[4]

마약류의 종류는 아편계, 코카계, 향정신성의약품, 대마 등으로 구분할 수 있다.

양귀비와 아편계 마약[5]

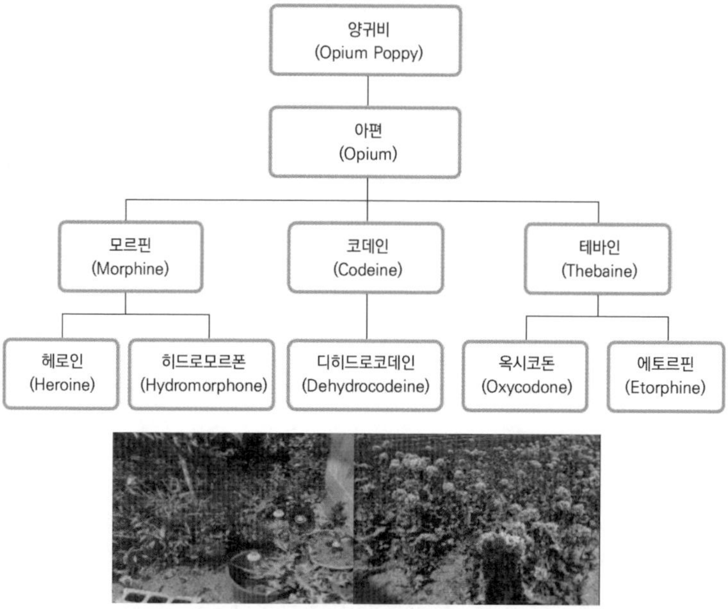

3 마약류 관리에 관한 법률 제2조.

4 식품의약품안전처, 마약류정보, https://www.mfds.go.kr/wpge/m_736/de0101141001.do/

5 경찰청, 5~7월 양귀비·대마 몰래 재배하는 행위 단속 활동 강화, 2024. 5.8. 보도자료.

코카나무와 코카계 마약[6]

- 코카엽 (Coca Leaf)
  - 코카인 (Cocaine)
  - 크랙 (Crack)

향정신성의약품[7]

- 향정신성의약품
  - 환각제 (Hallucinogens)
    - LSD
    - 페이요티
    - 에스칼린
    - 실로싸이빈
    - PCP
    - MDMA
    - 케타민
  - 각성제 (Stimulants)
    - 암페타민
    - 메트암페타민
  - 진정제 (Depressants)
    - 바르비탈류
    - GHB
    - 메타콰론
    - 벤조디아제핀
    - 메프로바메이트

MDMA

메트암페타민

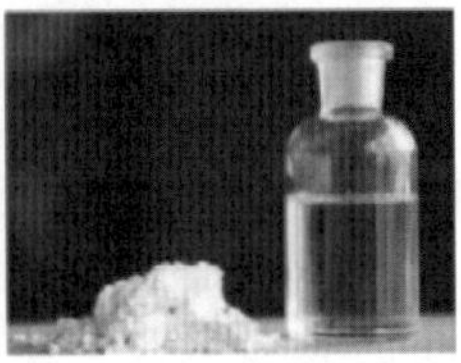

GHB

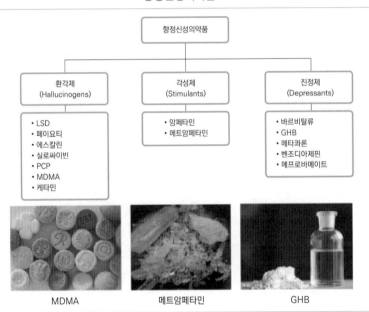

6 교보문고, 지식콘텐츠, 커피, 코카 & 코카콜라-금지된 식물 이야기, https://casting.kyobobook.co.kr/post/detail/3201

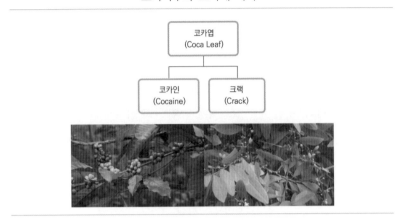

7 관세청, 마약류의 종류, https://www.customs.go.kr/download/drug/drug_file2.pdf/

대마[8]

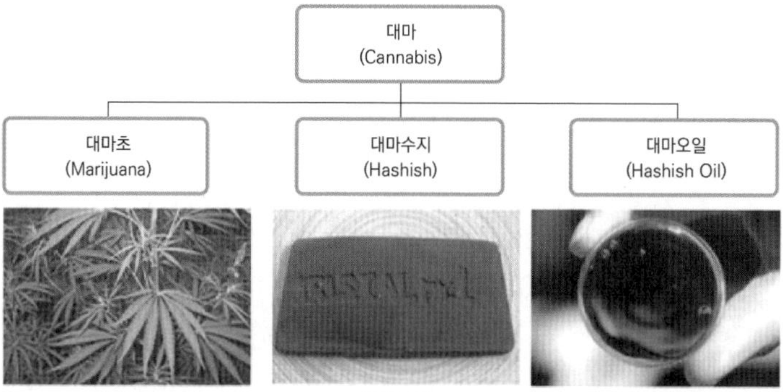

대마초 대마수지 대마오일

다음은 대검찰청이 발표한 2022년도 말 기준 마약류 범죄 현황이다.[9]

마약류 범죄(2022)

유형별 / 마약류	밀조	밀수	밀매	밀경	투약	소지	기타	합계
합계	4	1,392	3,492	1,714	8,489	1,032	2,272	18,395
(점유율)	(0.0)	(7.6)	(19.0)	(9.3)	(46.1)	(5.6)	(12.4)	(100)
마약	0	51	162	1,613	293	63	369	2,551
향정	4	924	2,735	0	6,208	787	1,377	12,035
대마	0	417	595	101	1,988	182	526	3,809

자료: 대검찰청, 2022 마약류범죄백서, 2023, 98.

8 관세청, 마약류의 종류, https://www.customs.go.kr/download/drug/drug_file2.pdf/

9 대검찰청, 2022 마약류범죄백서, 98.

연령대별 마약류 범죄자(2022)

마약류 \ 연령별	19세 이하	20~29	30~39	40~49	50~59	60세 이상	연령 미상	합계
합계 (점유율)	481	5,804	4,703	2,815	1,976	2,166	450	18,395
	(2.6)	(31.6)	(25.6)	(15.3)	(10.7)	(11.8)	(2.4)	(100)
마약	108	231	122	128	218	1,550	194	2,551
	(4.2)	(9.1)	(4.8)	(5.0)	(8.5)	(60.8)	(7.6)	(100)
향정	332	3,945	3,259	2,285	1,569	463	182	12,035
	(2.7)	(32.8)	(27.1)	(19.0)	(13.0)	(3.8)	(1.5)	(100)
대마	41	1,628	1,322	402	189	153	74	3,809
	(1.1)	(42.7)	(34.7)	(10.6)	(5.0)	(4.0)	(1.9)	(100)

자료: 대검찰청, 2022 마약류범죄백서, 2023, 172.

대검찰청에 따르면 2017년 이후 줄곧 1만 명대를 유지하던 마약사범은 2023년에는 2만 7,611명으로 집계됐다. 2024년도 1월 말까지 적발된 마약사범은 2017명으로 전년 동기 대비 53.6% 증가한 것으로 나타났다. 미성년자 마약류사범도 폭발적인 증가를 보여 2013년 58명에 불과했으나 2019년 239명, 2022년 481명, 2023년 1,477명으로 나타났다. 이에 따라 전체 마약사범 중 미성년자 비중은 2013년 0.6%, 2022년 2.6%, 2023년 5.4%로 늘었다.

이와 같은 마약사범의 증가는 마약류 범죄자라는 낙인이 찍힌 마약전과자의 증가와 함께 이들에 대한 치료와 처벌 등에 소요되는 사회적 비용의 증가라는 딜레마에 빠지게 한다.

한편으로 마약류 중 일부 약물은 이미 다른 국가에서는 의약품용이나 레저용으로 시민들이 합법적으로 이용할 수 있도록 이른바, 마약류 사용 합법화 혹은 마약류 사용 비범죄화 정책으로 전환한다는 점에서 한국의 관련 정책의 한계도 있다.

Ⅲ. 마약류 합법화로의 여정: 캐나다

1. 대마초 사용 실태

캐나다는 1908년 「아편법」(Apium Act), 1911년 「아편및마약법」(The Opium and Narcotic Drug Act), 1996년 「규제약물및물질법」(Controlled Drugs and Substances Act) 등을 통하여 약물을 규제하였다. 특히 대마초는 흡연은 1923년, 재배는 1938년부터 금지하였다.

대마초 합법화는 전면적인 사용실태의 파악에서부터 출발하였다.

캐나다의 대마초 사용실태는 「캐나다담배, 알콜, 약물조사」(Canadian Tobacco, Alcohol and Drugs Survey: CTADS)를 통하여 알 수 있다.[10] 이 조사는 캐나다 통계청이 15세 이상 캐나다인들을 대상으로 담배, 술 및 마약 사용에 관하여 2년마다 시행한다.

캐나다가 2018년 대마초를 합법화하기 전 2017년의 CTADS에 따르면, 캐나다인 7명 중 1명이 담배를 피운 사람과 같은 비율로 대마초를 사용하는 것으로 나타났다. 15세 이상 캐나다 인구 중 15%, 즉 460만명 정도가 현재 담배를 피우며, 지난 12개월 동안 대마초를 피운 것으로 응답한 경우는 15%, 즉 440만 명 정도로 나타났다. 또 캐나다인의 3%, 990,000명 정도는 지난 12개월 동안 대마초 이외의 불법 마약을 한 가지 이상 사용하였다.

CTADS에 따르면, 캐나다인이 처음 물질을 사용하는 연령대는 담배의 경우 16.4세, 알콜은 18.3세, 대마초 18.6세, 대마초 이외 금지약물 19.2세로 나타났다. 대마초는 음주와 거의 비슷한 연령대부터 최초 시작하는 것을 알 수 있다.

캐나다 대마초 소비자의 약 3분의 2는 기호용으로 대마초를 사용

10 Statistics Canada, Canadian Tobacco, Alcohol and Drugs Survey (CTADS), https://www23.statcan.gc.ca/imdb/p2SV.pl?Function=getSurvey&SDDS=4440/

하는 것으로 나타났다. 즉, 2017년에는 지난 12개월 동안 대마초를 사용한 사람들의 63%가 기호용으로 사용하였고, 사용한 사람의 37%가 의료용으로 사용한 것으로 조사되었다.

이러한 통계는 대마초를 의료용으로 사용하는 인구 비중이 상당하고, 대마초가 기호용으로 이미 자리잡았다는 것을 보여준다.

캐나다의 대마초 사용 인구(2008-2019)

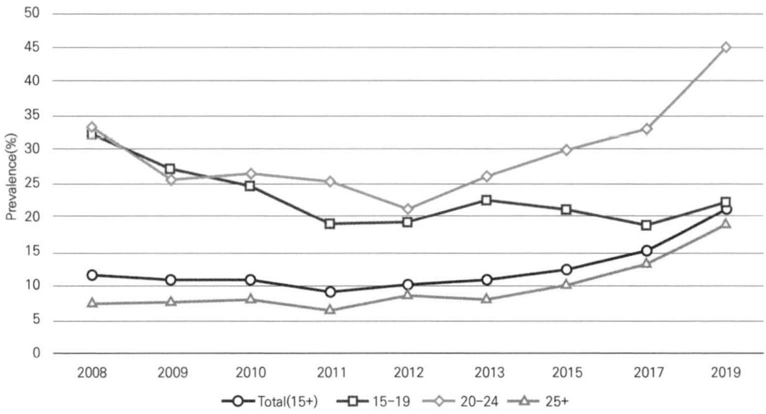

자료: https://www.canada.ca/en/health-canada/services/canadian-alcohol-drugs-survey/2019-summary.html

2. 개인의 건강권과 안전권 vs 대마초 금지

1) 마리화나 금지의 효용성에 의문을 가진 캐나다 의회

캐나다 의회는 마리화나의 법적 규제의 효과에 대한 의문을 가지고 특별위원회를 구성하여 관련 문제점을 지속적으로 연구했다.

이에 따라 1972년의 르댕위원회(LeDain Commission), 2002년의 상원불법약물특별위원회(the Senate Special Committee on Illegal Drugs), 2002년의 비의학적약물사용위원회(Committee of Non-Medical Use of

Drugs) 등의 활동 보고서들이 제출되었다.

이 보고서들은 공통적으로 대마초 범죄화 정책은 합법적인 공급과 시장형성을 차단시켜 결과적으로 지하시장을 만들고 불법자금을 축적시키는 통로역할을 하였으며, 대마초 사용자들을 구속시킴으로써 이들에 대한 공중보건적 차원의 치료기회가 제대로 주어지지 못하며, 대마초 금지정책을 유지하기 위한 사회적·형사사법적 비용 증가, 교도소 과밀화 등의 문제점이 있다는 의견을 제출하였다.

2) 의료용 대마초 금지는 위헌: 캐나다 법원

① R. v. Parker 판결과 의료용 대마초의 합법화

온타리오고등법원은 2000년 7월 31일 자 R. v. Parker 판결에서 시민은 의료용 대마초를 소지할 권리가 있다고 판결하였다.[11] 즉, 의료용 대마초를 소지하지 못하도록 한 규제약물및물질법(CDSA)이 위헌이라는 것이다.

이 판결은 테렌스 파커(Terrance Parker)가 1996년 7월 18일 경찰에 체포되어 규제약물및물질법(CDSA)위반(대마초 재배죄)으로 처벌을 받고, 이어 1997년 9월 18일 다시 대마초 3주를 압수당하고 체포되면서 대마초 소지죄로 법원에 기소된 사건에서 시작되었다.

간질병 환자였던 파커는 외과수술 등 다양한 치료에도 불구하고 간질병이 완쾌되지 않았다. 그는 우연히 대마초가 안정적인 생태를 유지하는 데 도움이 된다는 사실을 알았다. 그는 금지약물인 대마초를 구하기 어려워 직접 대마초를 재배하기 시작했고, 규제약물및물질법(CDSA)위반으로 체포된 것이다.

이 판결 후 캐나다 정부는 2001년에 「대마초의료접근규정」(Marihuana

11 Court of Appeal for Ontario, Regina v. Parker, (2000). Retrieved 25 February 2017, from http://www.ontariocourts.ca/decisions/2000/july/parker.htm/

Medical Access Regulations: MMAR)을 제정했다(SOR/2001-227). 이는 의료용 대마초가 필요하다는 의사의 처방전을 소지한 사람에 한해 보건부로부터 라이센스를 받은 생산업자가 제공하는 건조 대마초를 구입할 수 있도록 허용한 것이다.

또한 캐나다 정부는 2013년에 「의료용대마초규정」(Marihuana for Medical Purposes Regulations: MMPR)을 제정했다(SOR/2013-119). 이 규정은 의료용 대마초의 생산 및 유통산업의 가이드라인을 제시하여 안전하고 위생적인 조건에서 대마초를 재배하고 품질을 관리토록 한 것이다.

② R. v. Smith 판결과 Allard v. Canada 판결: 대마초 신택권과 재배권

캐나다 연방대법원은 2015년 6월 11일자 R. v. Smith 판결에서 의료용으로 비 건조 대마초를 금지하는 규정은 캐나다헌법 제7조상 개인의 권리 및 기본권에 포함되는 인간의 안전을 침해한다는 판결을 하였다.[12]

연방대법원은 의료용대마초규정(MMPR)이 첫째, 부적절한 치료인 합법적인 방법과 적절한 치료인 불법적인 방법 사이에서 개인이 선택하도록 압력을 주고 있고, 둘째, 비 건조 의료용 대마초 금지는 합법적으로 의료용 대마초를 구하려는 환자의 건강 및 안전을 고려하지 않는 것이라고 지적하였다.

또한 캐나다 연방대법원은 2016년 2월 24일자 Allard v. Canada 판결에서 환자가 허가를 받은 생산업자에게서만 대마초를 구하도록 하는 규정은 대마초를 필요로 하는 사람이 원하는 품질, 양(quantity) 등을 스스로 선택할 수 없도록 하는 것으로 이는 캐나다헌법 제7조상 개인의 권리 및 기본권에 포함되는 인간의 안전을 침해한다고 판

---

12 Supreme Court of Canada, R. v. Smith, 2015 SCC 34, [2015] 2 S.C.R. 602, https://scc-csc.lexum.com/scc-csc/scc-csc/en/item/15403/index.do/

결하였다.[13]

캐나다 정부는 연방대법원의 이 두 판결의 내용을 수용하여 2016년 8월 24일에 「의료용대마초접근규정」(Access to Cannabis for Medical Purposes Regulations: ACMPR)을 제정하였다(SOR/2016-230).

개정법에 따라 환자는 원하는 형태로 대마초를 구할 수 있게 되었다. 즉 의료용으로 마리화나를 필요로 하는 사람은 의사로부터 처방전을 받고, 원하는 대로 건조, 비 건조, 오일을 선택하여 공급받을 수 있다.

그리고 의료용 대마초 사용자는 캐나다 보건부에 등록 후 직접 의료용 대마초를 재배할 수 있게 되었다. 또는 다른 사람을 지정하여 등록하게 할 수도 있고, 허가된 생산업자에게 등록하여 대마초를 계속 공급받을 수도 있다. 즉, 직접 재배권이 허용된 것이다.

의료용 대마초는 필요량의 30일 분량 또는 건조 대마초 150g 미만 또는 다른 형태의 경우도 그와 같은 분량 정도를 소지할 수 있다

3. 의료용 및 기호용 대마초의 전면적 합법화

2013년 4월 자유당 총수로 선출된 저스틴 트뤼도(Justin Trudeau)는 대마초 합법화를 선거 공약으로 내세웠다. 트뤼도는 2015년 12월 4일 수상 취임 의회연설에서 대마초 합법화 방침을 공식 선언하였다. 이어 캐나다 정부는 2016년 4월 20일 유엔총회특별세션(United Nations General Assembly Special Session: UNGASS 2016)에서 대마초 합법화를 추진할 것이라고 선언하였다.[14]

그리고 2016년 6월 30일 대마초합법화및규제태스크포스(Task Force on Cannabis Legalization and Regulation)를 발족하고, 같은 해 12월 13

13 Federal Court, 2016 FC 236, https://cannabislaw.report/wp-content/uploads/2016/08/T-2030-13-reasons-24-02-2016-ENG.pdf/

14 허경미, 사회병리학, 2019, 박영사. 202.

일 그 결과보고서를 발표하였다. 이 보고서는 대마초 정책개혁과 관련하여 연방정부에게 모두 80개항의 권고안을 제시하였다. 이를 바탕으로 캐나다는 대마초 합법화 정책을 추진하게 된다.

한편 캐나다 정부는 태스크포스의 권고에 따라 2017년 말까지 대마초 합법화와 관련한 법령정비 및 제도개선, 라이센스제 개선 등 일련의 작업을 추진하였다. 이어서 캐나다는 OECD국가 중 가장 먼저 2018년 10월 17일부터 국가 전역에서 대마초 사용을 합법화하였다.

4. 캐나다 BC주 희망을 향한 길(A Pathway to Hope): 규제약물의 비범죄화

캐나다 연방정부는 브리티시 컬럼비아주에게 규제약물및물질법에 따라 특정 규제 약물 소지에 대한 비범죄화 권한을 부여하였다.[15] 이는 2023년 1월 31일부터 2026년 1월 31일까지 유효하다. 이에 따라 BC주 성인(18세 이상)은 개인 용도로 소량의 특정 규제 약물을 소지한 혐의로 체포되거나 기소되지 않게 되었다. 18세 미만 및 캐나다 군인은 면제대상에서 제외된다.

즉, 총 2.5그램 이하의 면제 대상 규제 약물 등을 개인적으로 소지한 성인은 체포 또는 형사 고발 대상이 아니며 해당 약물은 압수되지 않는다. 대신 건강 및 사회적 지원에 관한 정보가 제공된다. 동의시 의학적 치료 및 회복 서비스를 지원한다.[16]

---

15 Government of Canada, Exemption from Controlled Drugs and Substances Act: Personal possession of small amounts of certain illegal drugs in British Columbia (January 31, 2023 to January 31, 2026), https://www.canada.ca/en/health-canada/services/health-concerns/controlled-substances-precursor-chemicals/policy-regulations/policy-documents/exemption-personal-possession-small-amounts-certain-illegal-drugs-british-columbia.html/

16 Government of British Columbia, Decriminalizing people who use drugs in B.C., https://www2.gov.bc.ca/gov/content/overdose/decriminalization/

캐나다 BC주의 특정 규제 약물의 비범죄화 홍보 리플렛17

자료: Government of British Columbia, B.C. receives exemption to decriminalize possession of some illegal drugs for personal use, https://news.gov.bc.ca/releases/2022MMHA0029-000850/

1) 규제 약물이지만, 소지가 합법화된 약물

규제 약물인 아편유사제(헤로인, 모르핀, 펜타닐 등), 크랙 및 분말 코카인, 메스암페타민(메트), MDMA(엑스터시) 등이다. 면제된 규제 약물의 합계가 2.5g을 초과하는 경우 및 2.5g 내에 면제 대상에 포함되지 않은 기타 규제 약물이 섞여 있는 경우 등은 처벌된다.

규제 약물(위에 나열된 약물 포함)은 합법화 되지 않으며 매장에서 판매되지 않는다. CDSA에 따라 달리 승인되지 않는 한, 마약 생산, 밀매, 수입 및 수출은 보유하고 있는 마약의 유형이나 양에 관계없이 여전히 불법이다.

17 Government of British Columbia, B.C. receives exemption to decriminalize possession of some illegal drugs for personal use, https://news.gov.bc.ca/releases/2022MMHA0029-000850/

2) 금지 장소

초등학교 및 중등학교 구내 및 인가된 보육시설, 스플래시 패드, 어린이 수영장, 놀이터 및 스케이트파크라고 불리는 스프레이 풀에서 15m 이내, 공항, 선박 및 헬리콥터, 다중 이용 사유지, 즉 쇼핑몰, 바, 카페와 같은 장소가 포함된다. 또한 경찰은 소유자의 희망에 반하여 공공연한 약물사용이 발생하는 경우 체포권을 행사할 수 있다.

이러한 장소에서 규제 약물을 소지한 경우 누구든지 체포되어 형사 범죄로 기소될 수 있으며 약물을 압수할 수 있다.

3) 규제 면제지역

이 면제는 브리티시 컬럼비아주 내에서만 적용된다. 캐나다의 다른 모든 주 및 준주에서는 규제 약물에 관한 기존 법률이 계속 적용된다. 즉, 면제는 캐나다의 국경 규칙을 바꾸지 않으며 국내 및 국제 국경을 넘어 규제 약물을 소지, 복용하는 것은 개인적인 용도라 할지라도 여전히 범죄이다. 규제 약물을 소지하면 캐나다와 해외 모두에서 심각한 형사 처벌을 받을 수 있다.

4) 개인용 자동차, 선박 및 대중교통 등

개인용 자동차, 선박 및 대중교통 등에서 면제 항목에 나열된 약물을 포함하여 규제 약물을 소지하는 것은 여전히 불법이다. 미성년자(18세 미만)가 운전하는 자동차 또는 선박의 경우, 운행 여부를 불문한다.

5. 정책적 배경

개인 용도로 특정 규제 약물을 소지한 사람들을 비범죄화하는 것은 BC주가 심각해진 규제 약물 확산을 저지하는데 효과적일 것이라는 정책적 판단에서 시작된 것이다. 즉, BC주는 2019년 보건연구보고서를 통하여 BC주에서 마약을 사용하는 사람들의 비범죄화를 통하여 약물사용자들에 대한 사회적 낙인을 줄이고 규제 약물 위기를 해결할 수 있다는 진단을 하였고, 이에 따라 연방정부와 한시적으로 비범죄화를 추진하게 된 것이다.

특히 공중보건 의료진, 캐나다경찰서장협회 및 옹호자들은 다양한 잠재적 이점을 지적하면서 비범죄화를 요구했다.

6. 치료와 모니터링, 회복

브리티시 컬럼비아주 질병통제센터와 캐나다 정부는 규제 약물사용 청소년 및 성인들에 대한 집중적인 치료 시스템을 운영하고, 이용자들의 치료 효과 및 변화 등에 대한 지속적인 모니터링으로 관련 정책사업의 효용성 평가를 위한 데이터베이스를 구축한다.

또한 연방정부와 BC주는 사람들이 더 빨리 진료를 받을 수 있도록 조기에 개입하여 어디서나 진료를 받을 수 있도록 하고, 건강한 삶으로 회복될 수 있도록 하기 위한 다양한 정책개발 방안을 면제기간 중에 마련한다는 방침이다.

IV. 마약류 남용: 범죄자인가? 뇌기능 장애자인가? 부도덕자인가?

1. 범죄자인가?

범죄사회학자인 로버트 머튼(Robert K Merton)은 약물중독자를 피해자없는 범죄자(victimless criminal)이면서 사회적 목표도 없고 단지 약물을 구하기 위해서는 불법적인 일도 서슴지 않는 패배형 인간으로 칭하였다.[18] 피해자 없는 범죄는 일반적으로 식별 가능한 피해자가 없는 범죄행위를 말한다. 일반적으로 가해자만 관여하는 행위 또는 동의한 성인 간의 자발적인 행위(합의 범죄)가 포함된다.

피해자 없는 범죄는 사회 또는 국가에 따라서는 범죄로 규정된다. 대표적으로 자발적 성매매, 조력자살, 무단침입, 기분전환용 약물사용, 마약소지, 도박, 공공음주, 밀수품 소지, 공개 누드, 노숙행위 등이 포함된다.

로버트 머튼의 지적대로 대부분의 약물사용 혹은 약물중독의 경우 자신의 심신을 해치는 정도를 넘어 사회질서를 위반하며, 공중도덕에 반하는 행동과 범죄와 같은 일탈적 행위로 이어진다.

그런데 이러한 행위가 당사자가 원래 가지고 있는 심신의 장애로 인하여 도덕성이 발달하지 않은 결과일 수 있다. 반대로 약물사용이나 중독이 뇌구조를 손상시키거나 일련의 부작용으로 부도덕하거나 반사회적인 행동을 하는 것일 수도 있다.

이러한 경우 결과는 동일하나 그 과정이 상이하므로 이를 구분하여 처벌 혹은 치료의 관점에서 접근하여야 하는지, 그 차이를 두어야 하는지에 대한 딜레마가 있다.

미국의 경우 1999년부터 2021년까지 마약류 과다복용으로 사망하는 인구는 매년 늘어나 이미 커다란 사회문제로 대두되었다.[19]

약물과다복용 사망은 2019년부터 2021년까지 증가했으며 2021년에는 106,000여 명 이상 발생하였다. 특히 펜타닐과 관련된 사망은 2015년부터 폭발적으로 증가하여 2021년에 70,601명에 달하였다. 메스암페타민 사용 역시 계속 증가하여 2021년 과다복용 사망자가 32,537명에 달했다.

---

18 Merton, Robert (1938). “Social Structure and Anomie”. American Sociological Review. 3 (5): 672-682. doi:10.2307/2084686. JSTOR 2084686.

19 National Institute on Drug Abuse, Drug Overdose Death Rates, https://nida.nih.gov/research-topics/trends-statistics/overdose-death-rates/

미국의 마약류 과다복용 사망자(1999-2021)

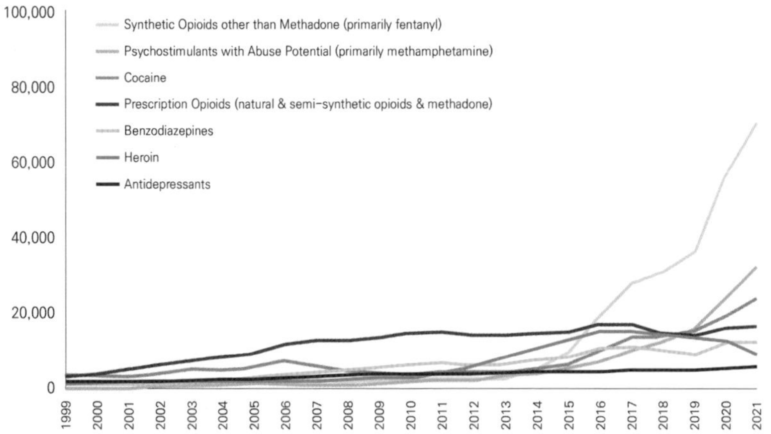

* Includes deaths with underlying causes of unintentional drug poisoning(X40-X44), suicide drug poisoning(X60-X64), homicide drug poisoning(X85), or drug poisoning of undetermined intent(Y10-Y14), as coded in the international Classification of Diseases, 10th Revision.

Sourse: Centers for Disease Control and Prevention, National Center for Health Statistics. Multiple Cause of Death 1999-2021 on CDC WONDER Online Database, relesed 1/2023.

자료: National Institute on Drug Abuse, Drug Overdose Death Rates, https://nida.nih.gov/research-topics/trends-statistics/overdose-death-rates/

범죄적 관점에서라면 이들을 모두 교정시설에 수용하거나 사회와 단절시키는 형사적 제재를 취해야 하나 현실적으로는 어렵다.

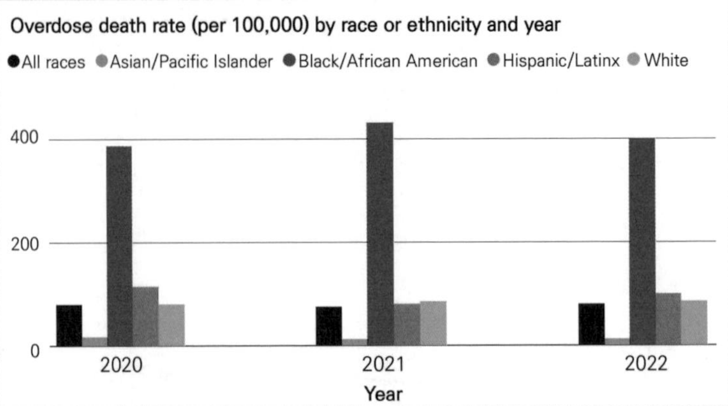

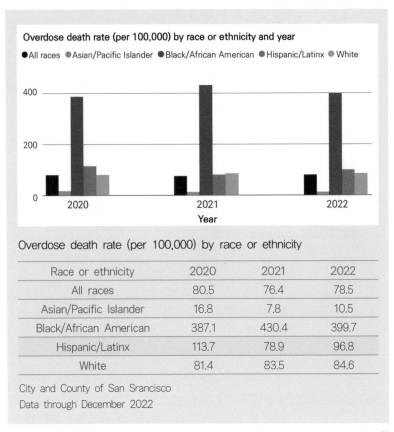

Overdose death rate (per 100,000) by race or ethnicity

Race or ethnicity	2020	2021	2022
All races	80.5	76.4	78.5
Asian/Pacific Islander	16.8	7.8	10.5
Black/African American	387.1	430.4	399.7
Hispanic/Latinx	113.7	78.9	96.8
White	81.4	83.5	84.6

City and County of San Srancisco
Data through December 2022

자료: SF.GOV., Unintentional drug overdose death rate by race or ethnicity, https://www.sf.gov/data/unintentional-drug-overdose-death-rate-race-or-ethnicity/

2. 뇌기능 장애자인가?

미국국립약물남용연구소는 약물중독이 보상, 스트레스, 자제력과 관련된 회로의 변화와 관련된 만성적이지만 치료 가능한 의학적 상태라고 정의한다.[20] 이 연구소의 많은 연구 및 표본들을 대상으로 한

---

20 National Advisory Council on Drug Abuse Archives, What Does It Mean When We Call Addiction a Brain Disorder?, https://archives.nida.nih.gov/

fMRI영상기술을 사용하여 마약 중독이 있는 사람들의 뇌를 관찰한 결과 중독자의 뇌에 신경생물학적 이상이 있다는 사실을 밝혀냈다. 이는 만성적 중독자의 경우 뇌기능 장애가 중독의 원인이 될 수 있고, 따라서 의료시스템을 통하여 치료적 개입이 필요하다는 결론에 도달하게 된다. 중독자에 대한 국가의 의료적 개입은 사회적 낙인으로 인한 부적응을 줄이고 약물로 인한 사회적 비용을 줄여 건강한 사회를 유지하는 데 기여한다.

샌프란시스코의 펜타닐 중독 상태의 노숙자들

자료: SKY NEWS, The million dollar streets strewn with bodies contorted by the effects of fentanyl, https://news.sky.com/story/the-million-dollar-streets-strewn-with-bodies-contorted-by-the-effects-of-fentanyl-12871961/

3. 부도덕자인가?

한편 반대론자들은 대부분의 약물사용자들은 스스로 중독에서 빠

---

news-events/noras-blog/2018/03/what-does-it-mean-when-we-call-addiction-brain-disorder/

져 나오거나 약물사용을 멈추는데 반해 중독자들은 자기 통제력이 부족한 비도덕적인 사람이며 무책임한 인격체라는 입장을 견지한다.[21] 결국 사회가 그들의 치료비용을 부담해서는 안 된다는 입장이다.

그런데 이러한 입장을 견지할 경우 약물사용 장애가 있는 사람들이 처한 환경을 무시한다는 딜레마에 빠진다. 즉, 약물중독자들은 대부분 의료 환경을 포함한 사회로부터 학대, 고정관념, 부정적인 편견에 직면한다. 편견이나 학대에 대한 두려움 때문에 의료환경에서 자신의 약물사용을 숨기는 경우 치료기회를 놓칠 수 있다. 또한 의료 전문가들조차 중독자에 대한 편견으로 제대로 된 진료를 거부하는 경우도 있고, 인종차별이나 빈곤 등의 문제로 적절한 치료를 받지 못해 더욱 심한 중독으로 이어지는 등의 악순환으로 이어진다.

---

21 National Advisory Council on Drug Abuse Archives,, Stigma and Discrimination, https://nida.nih.gov/research-topics/stigma-discrimination# stigma/

참고문헌

1 Borysowski, J., & Górski, A. (2019). Compassionate use of unauthorized drugs: legal regulations and ethical challenges. European Journal of Internal Medicine, 65, 12-16.

2 The Office of the High Commissioner for Human Rights, https://www.unodc.org/documents/hlr/follow-up-process/2020-thematic-discussions/19th_Oct/Panel/UNOHCHR_Draft_CND_Statement-_SR_Health_final.pdf/

3 마약류 관리에 관한 법률 제2조.

4 식품의약품안전처, 마약류정보, https://www.mfds.go.kr/wpge/m_736/de0101141001.do/

5 경찰청, 5~7월 양귀비·대마 몰래 재배하는 행위 단속 활동 강화, 2024. 5.8. 보도자료.

6 교보문고, 지식콘텐츠, 커피, 코카 & 코카콜라-금지된 식물 이야기, https://casting.kyobobook.co.kr/post/detail/3201

7 관세청, 마약류의 종류, https://www.customs.go.kr/download/drug/drug_file2.pdf/

8 관세청, 마약류의 종류, https://www.customs.go.kr/download/drug/drug_file2. pdf/

9 대검찰청, 2022 마약류범죄백서, 98.

10 Statistics Canada, Canadian Tobacco, Alcohol and Drugs Survey (CTADS), https://www23.statcan.gc.ca/imdb/p2SV.pl?Function=getSurvey&SDDS=4440/

11 Court of Appeal for Ontario, Regina v. Parker, (2000). Retrieved 25 February 2017, from http://www.ontariocourts.ca/decisions/2000/july/parker.htm/

12 Supreme Court of Canada, R. v. Smith, 2015 SCC 34, [2015] 2 S.C.R. 602, https://scc-csc.lexum.com/scc-csc/scc-csc/en/item/15403/index.do/

13 Federal Court, 2016 FC 236, https://cannabislaw.report/wp-content/uploads/2016/08/T-2030-13-reasons-24-02-2016-ENG.pdf/

14 허경미, 사회병리학, 2019, 박영사. 202.

15 Government of Canada, Exemption from Controlled Drugs and Substances Act: Personal possession of small amounts of certain illegal drugs in British Columbia (January 31, 2023 to January 31, 2026), https://www.canada.ca/en/health-canada/services/health-concerns/controlled-substances-precursor-chemicals/policy-regulations/policy-documents/exemption-personal-posse

ssion-small-amounts-certain-illegal-drugs-british-columbia.html/

16 Government of British Columbia, Decriminalizing people who use drugs in B.C., https://www2.gov.bc.ca/gov/content/overdose/decriminalization/

17 Government of British Columbia, B.C. receives exemption to decriminalize possession of some illegal drugs for personal use, https://news.gov.bc.ca/releases/2022MMHA0029-000850/

18 Merton, Robert (1938). "Social Structure and Anomie". American Sociological Review. 3 (5): 672-682. doi:10.2307/2084686. JSTOR 2084686.

19 National Institute on Drug Abuse, Drug Overdose Death Rates, https://nida.nih.gov/research-topics/trends-statistics/overdose-death-rates/

20 National Advisory Council on Drug Abuse Archives, What Does It Mean When We Call Addiction a Brain Disorder?, https://archives.nida.nih.gov/news-events/noras-blog/2018/03/what-does-it-mean-when-we-call-addiction-brain-disorder/

21 National Advisory Council on Drug Abuse Archives,, Stigma and Discrimination, https://nida.nih.gov/research-topics/stigma-discrimination# stigma/

CHAPTER

10

안락사, 죽음으로 가는 미끄러운 경사로인가?

범죄와 도덕적 가치

Crime and Moral Values

I. 안락사란

안락사(euthanasia)는 불치병을 앓고 있거나 견딜 수 없는 고통을 겪고 있는 사람의 명시적인 요청에 따라 전문의료진이 약물 등으로 사람의 생명을 마감시키는 것을 말한다. 안락사는 연명치료를 보류하거나 중단하는 소극적 안락사와 생명을 끝내기 위해 약물을 투입하는 등의 적극적 안락사로 구분된다.

안락사는 죽음에 대한 자기결정권에 따라 개인의 존엄한 죽을 권리와 고통을 끝낼 권리를 합법적으로 인정한다는 점에서 지지를 받는다. 그러나 한편으로 신성한 생명을 스스로 마감하거나 의료진의 도움을 받아 생을 마감하는 것이 과연 도덕적인가에 대한 비판도 있다. 나아가 안락사가 비자발적으로 진행되거나 해당 의료진의 의료윤리적 갈등 등을 고려치 않는다는 비판도 제기된다.

적극적인 안락사를 인정하는 국가는 2024년을 기준으로 네덜란드(2002), 벨기에(2002), 룩셈부르크(2009), 콜롬비아(2014), 캐나다(2016), 스페인(2021), 뉴질랜드(2021), 호주(2023), 에콰도르(2024), 포르투갈(2024) 등이다.[1]

2024년 2월에 네덜란드의 총리였던 드리스 반 아그트(Dries van Agt)와 그의 아내가 안락사를 통해 함께 사망하여 세계인의 주목을 받았다.[2] 결혼한 지 70년이 된 아그트와 그의 아내 유제니 크레겔버그(Eugenie van Agt-Krekelberg)는 동갑인 93세로, 둘 다 중병을 앓고 있었다. 네덜란드에서 부부안락사는 2021년에는 32건이, 2022년에는 58건 등 점차 늘어나는 것으로 알려졌다.

---

1 wikipedia, https://en.wikipedia.org/wiki/Legality_of_euthanasia/

2 The Catholic Herald, 2024.2.21., Death of Catholic former Dutch prime minister highlights 'duo euthanasia' trend in Netherlands, https://han.gl/Crnep/

동반 안락사를 선택한 드리스 반 아그트(Dries van Agt) 부부

자료: The Catholic Herald, 2024.2.21., Death of Catholic former Dutch prime minister highlights ‘duo euthanasia’ trend in Netherlands, https://han.gl/Crnep/

Ⅱ. 안락사의 유형

안락사는 당사자의 의지, 실행하는 방식, 의료진의 조력 등 그 기준에 따라 다양하게 구분될 수 있다.[3]

적극적 안락사(active euthanasia)는 환자에게 치사량의 약물을 주사하는 등 적극적 수단으로 환자를 사망에 이르게 하는 것이고, 소극적 안락사(passive euthanasia)는 인공호흡기나 영양공급관 등 인공생명 유지장치를 보류하여 의도적으로 환자를 죽음에 이르게 하는 것이다.

자가 안락사(self-administered euthanasia)는 환자가 죽음의 수단을 스스로 관리하여 사망에 이르는 것이고, 보조 안락사(assisted euthanasia)는 환자가 의사 등 다른 사람의 도움을 받아 사망에 이르는 것을 말한다. 의사조력사는 적극적, 자발적, 보조 안락사라고 할 수 있다.

그런데 안락사는 윤리적 또는 법적으로 자비살해(mercy-killing)의 문제가 야기될 수 있다. 자비살해란 자발적 또는 비자발적으로 타인

3 School of Medicine, EUTHANASIA, https://medicine.missouri.edu/centers-institutes-labs/health-ethics/faq/euthanasia/

에 의해 시행되는 안락사를 의미하며, 일반적으로 누군가가 환자의 고통을 끝내겠다는 의지로 환자의 동의를 받거나, 또는 동의없이 환자를 사망에 이르게 하는 행위이다.

형법 제252조(촉탁, 승낙에 의한 살인 등) ① 사람의 촉탁이나 승낙을 받아 그를 살해한 자는 1년 이상 10년 이하의 징역에 처한다.
② 사람을 교사하거나 방조하여 자살하게 한 자도 제1항의 형에 처한다.
제254조(미수범) 제250조, 제252조 및 제253조의 미수범은 처벌한다.
제256조(자격정지의 병과) 제250조, 제252조 또는 제253조의 경우에 유기징역에 처할 때에는 10년 이하의 자격정지를 병과할 수 있다.

'스위스 조력사망' 동행 가족, 자살방조죄로 처벌할 수 있을까[금기된 죽음, 안락사][4]

.....

스위스 조력자살에 가족이나 지인이 따라간 경우 자살방조죄로 처벌될 가능성은 얼마나 될까.....

스위스 조력자살 동행, 전문가들의 법적 판단은 □:자살방조죄 적용 가능성 ▒:제언

김재련 변호사	신현호 변호사	이승준 연세대 법학전문대학원 교수	승재현 한국형사·법무정책연구원 선임연구위원	남준희 변호사
"'방조' 의미에 적극적·소극적·물질적·정신적 방법 다 포함하므로 적용 가능성 있다"	"가족이 비행기표 대신 끊어 줘도 자살방조의 고의성 없으면 죄 안 된다"	"적극적 정보검색, 비행기표 예매, 통역, 이동 수단 및 자금 제공 등 있다면 인정될 수 있다"	"자살방조의 고의성과 (조력사 시행 의사와) 공동 가공 의사가 관건, 그냥 동행만으로는 어렵다"	"단순 동행만으로 처벌하기 쉽지 않지만 현행법상 적용 가능성은 있다"
"존엄사에 자살방조죄 법리를 검토하는 것은 생명권 주체인 당사자 의사에 반하고 시대 흐름과도 맞지 않는다"	"자살방조죄를 억지로 적용한다 해도 사회 상규에 어긋나지 않는 행위는 위법성 조각 사유에 해당한다"	"검찰에서 불기소나 기소유예하더라도 기판력 없다. 법원이나 헌법재판소의 판단 통해 사회적 논의 필요하다"	"공형벌권의 가장 큰 의미는 정의 실현… 존엄사 동행 가족을 처벌했을 때 국가가 얻을 공공의 선이나 정의가 있는가"	"독일 등 사례 보면 위헌법률심판으로 방조죄 폐기 가능성도… 궁극적으로는 조력 존엄사법 입법으로 해결해야 한다"

자료: 서울신문, https://www.seoul.co.kr/news/society/2023/07/11/20230711500126/

Ⅲ. 네덜란드의 안락사

1. 제정배경

네덜란드가 안락사법을 세계 최초로 제정하게 된 배경에는 안락사 혹은 조력사를 시도한 의사들에 대한 법원의 판결로 안락사에 대한 국민적 관심과 지지 여론이 커다란 영향을 끼쳤다.

1) 에인트호번 사례(eindhoven case, 1952)

극심한 결핵을 앓고 있던 환자는 의사인 형에게 고통을 멈추게 죽여달라고 지속적으로 요구했다. 형은 결국 동생에게 코디노보 알약을 주고 치사량의 모르핀을 투여하여 죽음을 맞게 했다. 형은 형사재판에서 고통을 멈추려는 양심에 따른 행위였다고 주장했다. 그러나 법원은 "개인이 심각한 고통을 겪으면서 자신의 삶을 끝내주기를 명시적으로 요청한다고 해도 다른 사람의 생명을 빼앗을 수 있는 법외적 근거가 존재하지 않는다."고 판결하였다. 형은 징역 1년의 집행유예를 선고받았다.[5]

이 판결은 법원이 형이 의사로서가 아닌 가족관계로서 해당 행위를 하였다고 판단한 것이다.

2) 포스트마 사례(postma case, 1973)

의사인 포스트마(Willem Postma) 박사의 어머니는 86세로 오랜 기간 요양원에서 말기암으로 고통을 받고 있었다. 그녀는 자주 담당 의

4 서울신문, 스위스 조력사망 동행가족, 자살방조죄로 처벌할 수 있을까, [금기된 죽음, 안락사], https://www.seoul.co.kr/news/society/2023/07/11/20230711500126/

5 Rb Utrecht 11 March 1952, NJ 1952, 275; Hof Amsterdam 8 July 1952, rolnr. 524/1952.

사와 가족들에게 자신의 삶을 끝내주도록 요구했다. 죽기 한달 전 폐렴에 걸려 고통은 더욱 심해졌다. 담당 의사는 그녀의 고통이 심각하다고 확신했지만, 생명중단을 금지하는 형법상 환자의 요청대로 적극적으로 생명을 끊을 수는 없다고 생각했다. 결국 포스트마는 치사량의 모르핀을 어머니에게 주입하여 사망에 이르게 하였다.

법원은 이 사건에서 환자의 참을 수 없는 고통이 있었는지 여부를 의사에게 조사토록 하였고, 담당의사는 해당 사실을 증명해 주었다. 지방법원은 이를 바탕으로 포스트마의 행위에 대해 동기의 순수성을 고려하여 형법 293조, 즉 촉탁살인죄를 위반한 의사에게 1주일의 징역형의 유예를 선고했다.[6] 포스트마는 불가항력이었다며 항소했지만, 항소법원은 "환자의 고통을 완화하려는 더 적극적인 행위를 하지 않았다"라는 이유로 기각하였다.

이 판결은 대중에게 큰 논란을 불러일으켜 안락사의 법적 허용범위 및 죽음에 대한 자기선택권이 존중되어야 한다는 여론을 불러일으켰다.[7]

3) 샤보 사례(chabot case, 1994)

정신과 의사인 샤보(Boudewijn Chabot)는 자신의 환자인 50세 여성에게 약물을 처방하여 사망할 수 있도록 하였다. 그녀는 과거의 결혼과 이혼, 두 아들의 죽음으로 매우 고통을 받고 있었고, 여러 차례 자살을 시도했었다. 수년 동안의 상담에도 불구하고 그 여성은 죽기를 원했다. 샤보 박사는 그녀가 지속적으로, 견딜 수 없을 정도로, 절망적으로 고통받고 있음을 발견했다. 샤보는 정신과 의사로서는 치료가 가능하다고 설명하였지만, 환자는 지속적인 모든 추가 치료

6 Rb Leeuwarden 21 February 1973, NJ 1973, 183.

7 Nemtoi, G. (2020). The Right to Life versus the Right to Die. LOGOS, UNIVERSALITY, MENTALITY, EDUCATION, NOVELTY. Section: Law, 8(1), 1-15.

를 거부했다. 샤보는 7명의 전문가(동료 정신과 의사 및 윤리학자)와 서면으로 상의한 후, 더 이상 환자를 치료할 수 없다고 결론을 내렸다. 그는 치사량의 약물을 처방하였다.

1심법원과 2심법원은 샤보 박사의 불가항력이었다는 주장을 인정하였다. 그러나 대법원은 "환자의 견딜 수 없는 고통의 원인이 신체적인지, 정신적인지는 문제되지 않지만, 그 고통이 치료불가능한 정도인지에 대해서는 의사가 환자를 직접 대면해서 판단해야 한다. 샤보가 다른 의사들에게 서면으로 진단을 하도록 한 부분은 유죄"라는 판결을 내렸다. 다만, 처벌은 하지 않는다는 판결을 내렸다.

이 판결은 치료불가능한 고통이 반드시 신체적인 것이 아니라 정신장애로 인한 경우도 안락사를 인정하였다는데 의의가 있다. 그리고 안락사 결정 시 독립적인 다른 의사와의 대면진료를 요구한다는 점도 의의가 있다.

2. 요청에 따른 생명 종료 및 조력 자살(절차 검토)법

1) 환자의 요청

「요청에 따른 생명 종료 및 조력 자살(절차 검토)법」(Termination of Life on Request and Assisted Suicide (Review Procedures) Act)은 특정한 상황과 조건에 한해서 안락사와 의사 조력자살을 인정하는 것을 골자로 한다. 2001년 4월에 통과되어 2002년 4월 1일부터 발효되었다.[8] 이로써 네덜란드는 안락사법을 최초로 인정한 국가가 되었다.[9]

요청에 따른 생명 종료는 두 가지 형태이다. 안락사(euthanasia)는

8 Government of the Netherlands, Euthanasia, https://www.government.nl/topics/euthanasia/euthanasia-assisted-suicide-and-non-resuscitation-on-request/

9 Buijsen, M. (2022). Euthanasia in the Netherlands. History, developments and challenges. Revista Derecho y Religión, 17, 77-100.

의사가 환자에게 치사량의 적절한 약물을 투여하는 것이지만, 조력자살(assisted suicide)은 의사가 치명적인 약을 환자에게 공급하면, 이후 환자가 직접 이를 투여하는 것이다.[10] 이때 의사가 참석해야 하며, 의사나 환자에 의해 의학적으로 적절한 방식으로 이루어져야 한다.

안락사와 조력자살은 환자의 진지하고 완전한 확신을 가진 요청 시 생명 종료 및 조력자살(검토 절차)법에 규정된 기준을 완전히 준수하는 경우에만 합법적이다. 이 경우에만 의사의 형사적 책임이 면제된다. 환자의 요청이 절대적인 것은 아니며, 따라서 의사가 안락사를 수행할 절대적인 의무를 부담하지 않는다. 의사가 안락사를 거부할 경우 환자를 전원할 수 있다.

2) 환자의 조건과 절차

이 법에 따라 안락사 혹은 의사의 조력자살을 요청할 수 있는 환자의 상태는 다음의 조건을 충족하여야 한다.[11]

환자의 고통이 호전될 가능성이 없이 견딜 수 없을 정도이며, 환자의 안락사 요청은 자발적이어야 하며 시간이 지나도 지속되어야 하며(다른 사람, 정신 질환 또는 약물의 영향을 받은 경우 요청이 승인될 수 없음), 환자는 자신의 상태, 전망, 선택 사항을 충분히 알고 있어야 한다. 또한 이 조건을 충족하는지에 대해 최소한 한 명 이상의 다른 독립적인 의사와 상담을 거쳐야 한다.

이와 같은 조건과 절차가 준수되지 않으면 처벌된다. 즉 네덜란드 형법 제294조는 고의로 타인의 자살을 선동하여 자살에 이르게 한 경우에는 3년 이하의 징역 또는 4급 벌금에 처하며, 고의로 타인의 자살을 돕거나 그 수단을 제공하여 자살에 이르게 한 경우 3년 이하

---

10 Termination of Life on Request and Assisted Suicide (Review Procedures) Act Sec.1.

11 Termination of Life on Request and Assisted Suicide (Review Procedures) Act Sec.2. Par.1.

의 징역 또는 4급 벌금으로 처벌한다고 규정하고 있다.[12]

환자는 18세부터 부모의 개입 없이 안락사를 요청할 권리가 있다.[13] 12세 이상부터 스스로 안락사를 요청할 수 있으나, 16세까지는 부모 또는 보호자의 동의가 필수이다. 16~17세는 원칙적으로 부모의 동의가 필요하지 않지만, 안락사 시 부모가 반드시 참여해야 한다.

3) 반의식 환자의 안락사에 대한 지침

반의식 환자의 안락사에 대한 지침(guidelines for euthanasia of semi-conscious patients)에 따라 의사는 예정된 안락사 직전에 환자가 반의식 상태에 빠지고, 여전히 고통의 징후가 있는 경우, 환자의 의식이 저하되어 있음에도 불구하고 안락사를 시행할 수 있다. 이 지침은 안락사 요건에 대한 암묵적인 완화를 의미하는 것이 아니라 의사에게 지침을 제공하기 위해 고안된 것이다.

4) 환자의 사전의향서 및 DNR 메달

지금 당장은 아니지만 만약 향후 또는 치료과정에서 견딜 수 없고 개선될 가능성이 전혀 없는 특정한 상황에 직면하여 안락사를 시행하고 싶은 경우 가정의와 상담 후 사전의향서(advance directives)를 작성하여야 한다. 이 사전의향서는 관련 환자가 안락사가 수행되기를 원하는 정확한 상황을 명확하게 표현하여야 하며, 의사에게 안락사를 요청한다는 의지가 정확하게 표현되어야 한다.

응급환자가 DNR 메달리언(Do not Resuscitate Medallion), 즉 응급상황에서 소생을 원하지 않음을 나타내는 메달을 착용한 경우 응급소생을 하지 않을 수 있다. 이 메달에는 착용자의 이름, 생년월일,

12 Penal Code Sec.293-294.

13 Termination of Life on Request and Assisted Suicide (Review Procedures) Act Sec.2. Par.1-4.

서명 및 사진이 새겨져 있어 사전의향서와 동일한 효력을 갖는다.

5) 안락사 혹은 의사 조력사 이후 절차

매장 및 화장법에 따라 담당의사는 사망진단서를 작성하지 않고, 자치단체 검시관에게 안락사 또는 조력자살에 대하여 정해진 보고서 양식에 따라 통지해야 한다.[14] 지방검시관은 부검 후 생명이 어떻게, 어떤 수단으로 끝났는지 확인한다. 이후 검시결과서와 의사의 보고서를 지역검토위원회(regional review committees)에 통보한다.[15]

6) 지역검토위원회의 결정

지역검토위원회는 위원장을 맡은 변호사와 의사, 윤리학자 등 3인으로 구성되며, 법무부장관 및 보건복지부장관에 의하여 임명되며, 임기는 6년이다.[16] 위원회는 의사의 보고서를 토대로 해당 의사가 법정 주의사항에 따라 행동했는지 여부를 평가한다. 위원회는 보고서를 받은 후 6주 이내에 결정을 내리고 그 결과를 서면으로 의사에게 전달한다. 위원회가 의사가 적절한 주의를 기울여 행동했다고 판단하면 사건은 종료된다. 위원회가 의사가 법적 정당한 진료 요구 사항에 따라 행동하지 않았다고 판단한 경우 담당의사, 지역검시관 및 검찰청에 통보한다.

3. 네덜란드의 안락사 및 의사조력자살 현황

네덜란드 정부가 발표한 안락사 및 의사조력사 현황을 분석하면, 안락사가 대부분이고 의사조력사의 경우 극히 일부이다.[17] 2022년의

14 The Burial and Cremation Act Sec.7.

15 The Burial and Cremation Act Sec.10.

16 Termination of Life on Request and Assisted Suicide (Review Procedures) Act Sec.3-10.

17 Regional Euthanasia Review Committees, Regional Euthanasia Review Committees

경우 안락사는 8,501건, 조력사 186건, 병합사 33건으로 나타났다. 이 중 남자는 4,412명, 여자 4,308명이었다.

네덜란드의 안락사 및 조력사(2000-2022)

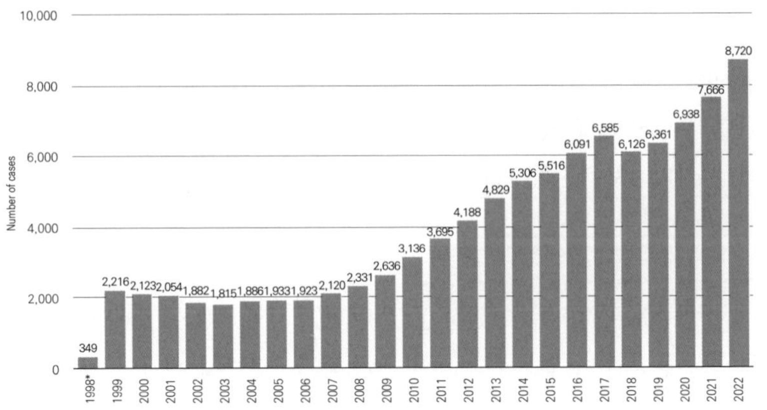

자료: statista, https://www-statista-com.kims.kmu.ac.kr/statistics/1363041/netherlands-euthanasia/

네덜란드의 연령대별 안락사 및 조력사(2022)

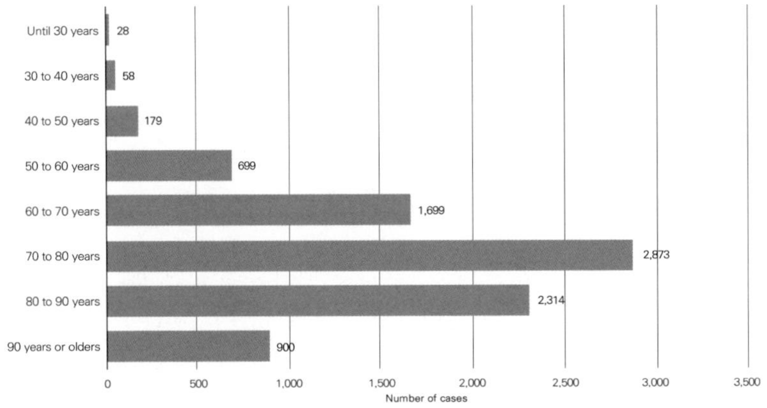

자료: statista, https://www-statista-com.kims.kmu.ac.kr/statistics/1363041/netherlands-euthanasia/

Annual Report 2022, 2023.

네덜란드의 원인별 안락사 및 조력사(2022)

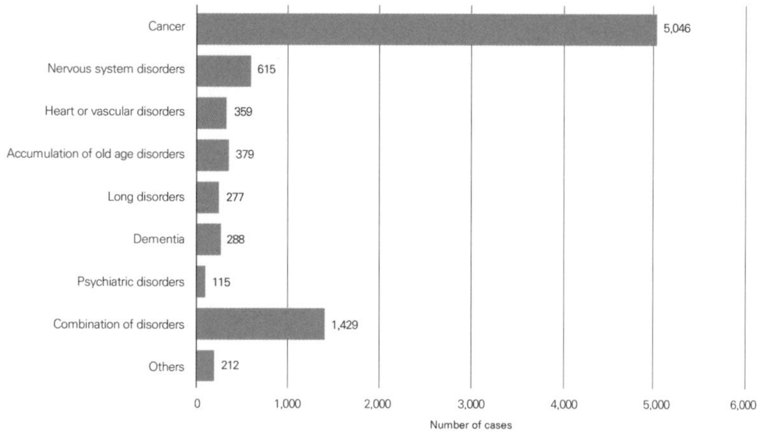

자료: statista, https://www-statista-com.kims.kmu.ac.kr/statistics/1363041/netherlands-euthanasia/

Ⅳ. 한국의 연명의료결정제도

1. 관련법의 제정

호스피스·완화의료 및 임종과정에 있는 환자의 연명의료결정에 관한 법률(이하 연명의료결정법)은 일명 보라매병원사건과 김할머니사건의 영향에서 사회적 이슈가 된 소생가능성 없는 환자에 대한 치료 중단 혹은 안락사 논쟁의 결과물이라고 할 수 있다.

보라매병원사건은 1997년 12월 4일 술에 취해 화장실에 가다 넘어져 머리를 다친 남성을 부인이 퇴원시킨 사건이다.[18] 1심법원에서 피해자의 부인, 담당의사, 담당의사를 보조한 3년차 수련의, 1년차 수련의를 살인죄의 부작위범으로 처벌하였으나, 2심법원은 1년차 수

18 대법원 2004. 6. 24. 선고 2002도995 판결.

련의(인턴)는 무죄로, 나머지 의료진을 살인죄의 방조범(작위에 의한 살인방조범)으로 인정하였다. 다만, 법원은 정상을 참작하여 의료진과 피해자의 부인에게 집행유예를 선고했다. 의료진은 대법원에 상고했으나 기각당했다.

연명의료결정제도 배경[19]

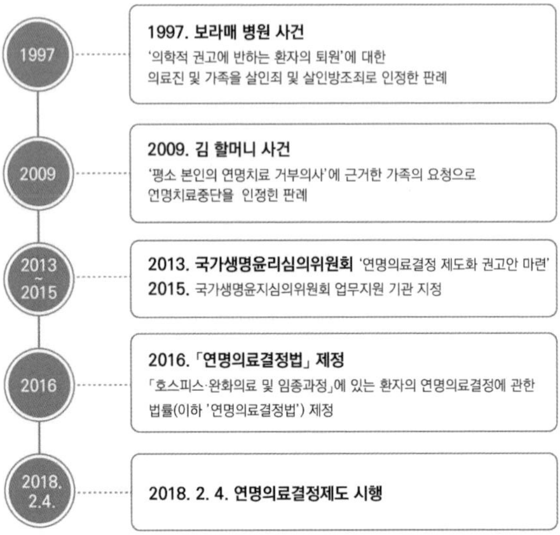
1997
1997. 보라매 병원 사건
'의학적 권고에 반하는 환자의 퇴원'에 대한
의료진 및 가족을 살인죄 및 살인방조죄로 인정한 판례
2009
2009. 김 할머니 사건
'평소 본인의 연명치료 거부의사'에 근거한 가족의 요청으로
연명치료중단을 인정힌 판례
2013 ~ 2015
2013. 국가생명윤리심의위원회 '연명의료결정 제도화 권고안 마련'
2015. 국가생명윤지심의위원회 업무지원 기관 지정
2016
2016. 「연명의료결정법」 제정
「호스피스·완화의료 및 임종과정」에 있는 환자의 연명의료결정에 관한
법률(이하 '연명의료결정법') 제정
2018. 2.4.
2018. 2. 4. 연명의료결정제도 시행

자료: easy law, 연명의료결정제도의 의미와 도입배경, https://easylaw.go.kr/CSP/

김할머니사건은 김할머니가 2008년 2월에 폐암 조직검사를 받다가 과다출혈로 식물인간이 되면서 시작되었다. 자녀들은 병원측에 연명치료의 중단을 요구하였지만 거부당하자 소송을 제기하여 재판을 벌였고 최종적으로 대법원에서 승소하였다.[20] 결국 병원측이 김할머니의 인공호흡기를 떼고 튜브로 영양을 공급하였다. 이후 김할머니

19 easy law, 연명의료결정제도의 의미와 도입배경, https://easylaw.go.kr/CSP/
20 대법원 2009. 5.21. 선고 2009다17417 판결.

는 2010년 1월 10일 사망했다. 이 판결은 무의미한 연명치료를 중단하고, 소극적 안락사를 인정한 판례라는 점에서 의의가 있다.[21]

연명의료결정법 제1조는 연명의료결정제도란 임종과정에 있는 환자의 연명의료와 연명의료 중단 등의 결정을 통해 환자에게 최선의 이익을 보장하고 자기결정을 존중하여 인간으로서의 존엄과 가치를 보호하는 제도라고 규정하고 있다.[22]

연명의료결정법 제3조는 모든 환자는 최선의 치료를 받으며, 자신이 앓고 있는 상병(傷病)의 상태와 예후 및 향후 본인에게 시행될 의료행위에 대하여 분명히 알고 스스로 결정할 권리가 있다고 규정하고 있다.

2. 연명의료대상

연명의료란 임종과정에 있는 환자에게 하는 심폐소생술, 혈액 투석, 항암제 투여, 인공호흡기 착용 및 그 밖에 의학적 시술로서 치료효과 없이 임종과정의 기간만을 연장하는 것을 말한다.[23]

연명의료대상[24]

구분	말기환자	임종과정에 있는 환자
대상질병	질병 제한 없음	질병제한 없음
상태	적극적인 치료에도 불구하고 근원적인 회복의 가능성이 없고 점차 증상이 악화되어 수개월 이내에 사망할 것으로 예상	회생의 가능성이 없고, 치료에도 불구하고 회복되지 아니하며, 급속도로 증상이 악화되어 사망에 임박한 상태

21 최경석. (2014). 김 할머니 사건에 대한 대법원 판결의 논거 분석과 비판. 생명윤리정책연구(제9권 제3호 이전), 8(2), 227-252.

22 연명의료결정법 제1조.

23 연명의료결정법 제2조 제4호.

24 easy law, 연명의료결정제도의 대상, 행위 및 요건, https://easylaw.go.kr/CSP/

확인	▲ 임상적 증상 ▲ 다른 질병 또는 질환의 존재 여부 ▲ 약물 투여 또는 시술 등에 따른 개선 정도 ▲ 종전의 진료경과 ▲ 다른 진료방법의 가능여부를 종합적으로 고려하여 담당의사와 해당 분야 전문의 1인이 진단	담당의사와 해당 분야 전문의 1인이 판단

자료: easy law, 연명의료결정제도의 대상, 행위 및 요건, https://easylaw.go.kr/CSP/

3. 연명의료 중단 결정

담당의사가 연명의료 중단 등을 결정할 때에는 임종과정에 있는 환자인지 판단한 후, 연명의료 중단 등 결정에 대한 환자의 의사를 확인해야 한다.[25] 관련 절차는 다음과 같다.

연명의료 중단 절차

단계	내용
STEP 1. 사전연명의료의향서	미리 작성해 둔 사전연명의료의향서가 있는 경우, 담당의사가 그 내용을 환자에게 확인할 수 있다. 이때 환자가 의사능력이 없는 상태라면 담당의사 및 해당 분야 전문의 1인이 함께 그 내용이 적법하게 작성되어 있음을 확인하여야 한다.
STEP 2. 연명의료계획서	담당의사가 환자에 대한 연명의료계획서를 작성한 경우에도 환자의 직접적 의사를 확인할 수 있다.
확인되지 않는 경우	
STEP 3. 환자가족[26] 2인 이상 진술	연명의료계획서나 사전연명의료의향서가 모두 없고 환자가 의사표현을 하는 것이 불가능한 상태라면 평소 연명의료에 관한 환자의 의향을 환자가족 2인 이상이

25 연명의료결정법 제16조-제18조.

	동일하게 진술하고, 그 내용을 담당의사와 해당 분야 전문의가 함께 확인하면 된다.
확인되지 않는 경우	
STEP 4. 환자가족 전원 합의	만약 위의 모든 경우가 불가능하다면, 환자가족 전원이 합의하여 환자를 위한 결정을 할 수 있고, 이를 담당의사와 해당 분야 전문의가 함께 확인해야 한다. 미성년자인 경우에는 친권자가 그 결정을 할 수 있다.

자료: easy law, 의사의 의학적 판단 및 환자의 의사(意思) 확인, https://easylaw.go.kr/CSP/

4. 연명의료 중단의 이행

임종과정에 있는 환자에 대하여 연명의료 중단등 결정이 확인된 경우, 담당의사는 즉시 그 연명의료 중단등 결정을 이행해야 한다. 연명의료 중단등 결정을 이행할 경우라도 통증 완화를 위한 의료행위와 영양분 공급, 물 공급, 산소의 단순 공급을 시행하지 않거나 중단해서는 안 된다.[27]

V. 안락사를 둘러싼 도덕적 논쟁

안락사에 대한 도덕적 비판은 다양한 윤리적, 종교적, 철학적 관점에서 제기된다.[28]

첫째는 인간 생명의 본질적인 가치와 신성함을 훼손한다는 주장이다. 고통을 완화하기 위해 의도적으로 인간의 생명을 종결시키는 것은 도덕성을 무너뜨리고, 생명존중윤리를 흔드는 것이라는 비판이

26 환자가족이란 19세 이상인 사람으로 ① 배우자와 직계비속 및 직계존속을 말하며, 이에 해당하는 사람이 모두 없는 경우 ② 형제자매가 포함된다. 연명의료결정법 제17조.

27 연명의료결정법 제19조.

28 Kumar, A., Mehra, A., & Avasthi, A. (2021). Euthanasia: A Debate—For and Against. Journal of Postgraduate Medicine, Education and Research, 55(2), 91-96.

다. 둘째는 특정한 경우에 안락사가 허용되면 원래 의도하지 않았던 상황까지 점차 확대될 수 있다는 이른바 안락사가 죽음에 이르는 미끄러운 경사면(slippery slope)이 될 것이라는 비판을 받는다. 즉, 안락사가 노인, 장애자, 아동 등 취약대상자에게 비자발적 안락사를 낳을 수 있다는 것이다.[29] 셋째는 안락사가 허용될 경우 장기환자나 불치병 환자들의 경우 가족, 의료진, 사회 등으로부터 안락사를 기대하는 심리적 압박을 받을 수 있어 죽음에 대한 자율성이 오히려 훼손된다고 비판한다. 특히 가족이나 사회의 약자에 대한 돌봄윤리가 무시된다는 점에서 사회적 유대감이 상실된다는 비난을 받는다.

넷째는 의학의 발달로 통증을 완화하는 치료를 할 수 있음에도 불구하고 안락사로 이어지도록 하는 것은 의료윤리에도 어긋난다고 주장한다. 또한 의사는 치료자임에도 불구하고 의사가 환자의 죽음을 집행하는 것은 의사의 본질적인 역할이 아니며, 의료윤리에 어긋난다는 주장이다.[30] 다섯째는 안락사는 생명의 존엄성을 강조하는 대부분의 종교적 윤리와도 충돌된다는 비판에 직면한다.

이와 같은 안락사를 둘러싼 도덕성 논쟁은 국내 조사에서도 그대로 드러난다.

서울대병원의 가정의학과 윤영호 교수팀은 2021년 3월부터 4월까지 19세 이상 국민 1,000명을 대상으로 안락사 혹은 의사 조력자살에 대한 태도를 조사하였다.[31] 그 결과 찬성 비율이 76.3%로 나타

---

29 Feltz, A. (2023). Everyday attitudes about euthanasia and the slippery slope argument. In New directions in the ethics of assisted suicide and euthanasia (pp. 145-165). Cham: Springer International Publishing.

30 Kelly, B., Handley, T., Kissane, D., Vamos, M., & Attia, J. (2020). "An indelible mark" the response to participation in euthanasia and physician-assisted suicide among doctors: A review of research findings. Palliative & supportive care, 18(1), 82-88.

31 서울대병원, 국민의 76%, 안락사 혹은 의사 조력 자살 입법화에 찬성, http://www.snuh.org/m/board/B003/view.do?bbs_no=5880&searchWord=/

났다. 찬성하는 이유로 남은 삶의 무의미 30.8%, 좋은(존엄한) 죽음에 대한 권리 26.0%, 고통의 경감 20.6%, 가족 고통과 부담 14.8%, 의료비 및 돌봄으로 인한 사회적 부담 4.6%, 인권보호에 위배되지 않음 3.1% 등을 들었다. 반대하는 이유에는 생명존중 44.4%이 가장 높았고, 자기결정권 침해 15.6%, 악용과 남용의 위험 13.1% 등으로 나타났다.

서울신문 등이 2023년 2월부터 5월까지 19세 이상 국민 1000명과 의사 215명을 대상으로 의사조력사망에 대한 설문조사에서는 아래 그림과 같이 죽음에 대한 자기결정권 보장이 가장 큰 찬성 이유로 나타났다.32

의사조력사망에 대한 인식

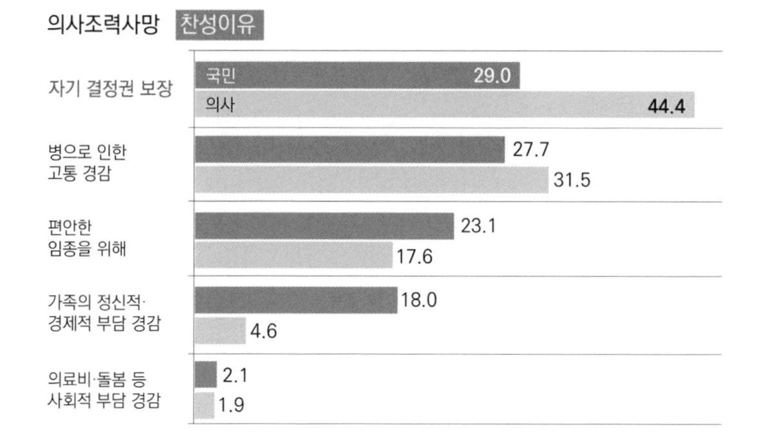

32 서울신문, 2023.7.11., 의사 절반 "조력사망 찬성"…"한국, 존엄한 죽음 맞이하기 어려워"[금기된 죽음, 안락사], https://www.seoul.co.kr/news/society/2023/07/11/20230711500198/

참고문헌

1 wikipedia, https://en.wikipedia.org/wiki/Legality_of_euthanasia/
2 The Catholic Herald, 2024.2.21., Death of Catholic former Dutch prime minister highlights 'duo euthanasia' trend in Netherlands, https://han.gl/Crnep/
3 School of Medicine, EUTHANASIA, https://medicine.missouri.edu/centers-institutes-labs/health-ethics/faq/euthanasia/
4 서울신문, 스위스 조력사망 동행가족, 자살방조죄로 처벌할 수 있을까, [금기된 죽음, 안락사], https://www.seoul.co.kr/news/society/2023/07/11/20230711500126/
5 Rb Utrecht 11 March 1952, NJ 1952, 275; Hof Amsterdam 8 July 1952, rolnr. 524/1952.
6 Rb Leeuwarden 21 February 1973, NJ 1973, 183.
7 Nemtoi, G. (2020). The Right to Life versus the Right to Die. LOGOS, UNIVERSALITY, MENTALITY, EDUCATION, NOVELTY. Section: Law, 8(1), 1-15.
8 Government of the Netherlands, Euthanasia, https://www.government.nl/topics/euthanasia/euthanasia-assisted-suicide-and-non-resuscitation-on-request/
9 Buijsen, M. (2022). Euthanasia in the Netherlands. History, developments and challenges. Revista Derecho y Religión, 17, 77-100.
10 Termination of Life on Request and Assisted Suicide (Review Procedures) Act Sec.1.
11 Termination of Life on Request and Assisted Suicide (Review Procedures) Act Sec.2. Par.1.
12 Penal Code Sec.293-294.
13 Termination of Life on Request and Assisted Suicide (Review Procedures) Act Sec.2. Par.1-4.
14 The Burial and Cremation Act Sec.7.
15 The Burial and Cremation Act Sec.10.
16 Termination of Life on Request and Assisted Suicide (Review Procedures)

Act Sec.3-10.

17 Regional Euthanasia Review Committees, Regional Euthanasia Review Committees Annual Report 2022, 2023.

18 대법원 2004. 6. 24. 선고 2002도995 판결.

19 easy law, 연명의료결정제도의 의미와 도입배경, https://easylaw.go.kr/CSP/

20 대법원 2009. 5.21. 선고 2009다17417 판결.

21 최경석. (2014). 김 할머니 사건에 대한 대법원 판결의 논거 분석과 비판. 생명윤리정책연구(제9권 제3호 이전), 8(2), 227-252.

22 연명의료결정법 제1조.

23 연명의료결정법 제2조 제4호.

24 easy law, 연명의료결정제도의 대상, 행위 및 요건, https://easylaw.go.kr/CSP/

25 연명의료결정법 제16조-제18조.

26 환자가족이란 19세 이상인 사람으로 ① 배우자와 직계비속 및 직계존속을 말하며, 이에 해당하는 사람이 모두 없는 경우 ② 형제자매가 포함된다. 연명의료결정법 제17조.

27 연명의료결정법 제19조.

28 Kumar, A., Mehra, A., & Avasthi, A. (2021). Euthanasia: A Debate—For and Against. Journal of Postgraduate Medicine, Education and Research, 55(2), 91-96.

29 Feltz, A. (2023). Everyday attitudes about euthanasia and the slippery slope argument. In New directions in the ethics of assisted suicide and euthanasia (pp. 145-165). Cham: Springer International Publishing.

30 Kelly, B., Handley, T., Kissane, D., Vamos, M., & Attia, J. (2020). "An indelible mark" the response to participation in euthanasia and physician-assisted suicide among doctors: A review of research findings. Palliative & supportive care, 18(1), 82-88.

31 서울대병원, 국민의 76%, 안락사 혹은 의사 조력 자살 입법화에 찬성, http://www.snuh.org/m/board/B003/view.do?bbs_no=5880&searchWord=/

32 서울신문, 2023.7.11., 의사 절반 "조력사망 찬성"…"한국, 존엄한 죽음 맞이하기 어려워"[금기된 죽음, 안락사], https://www.seoul.co.kr/news/society/2023/07/11/20230711500198/

CHAPTER

11

낙태: 자기결정권과 생명권의 어느 지점

범죄와 도덕적 가치

Crime and Moral Values

I. 낙태: 이정표 없는 논쟁

낙태는 매우 개인적인 문제이지만 동시에 도덕적, 정서적, 종교적, 정치적 신념에 의해 충돌을 일으키는 사회적인 행위이기도 하다. 낙태는 잠재적인 어머니의 신체적 자율권 및 건강권과 태아의 생명권이 맞물리면서 서로 양도될 수 없는 대립적인 입장에 선다. 따라서 낙태를 둘러싼 갈등은 사회 및 국가, 종교에 따라 매우 다양한 입장을 보인다. 동시에 도덕성이나 종교적인 갈등으로 멈추는 것이 아니라 범죄자로 처벌받는 행위로 규정되는 국가도 있다.

유엔(UN)은 2016~2017년 세계보건기구(WHO)와 공동으로 전 세계 모든 국가의 낙태 법률 및 정책 등을 조사하여 2020년에 세계인구정책낙태보고서를 발표하였다.[1] 이 보고서는 특정 국가에서 15세에서 44세 사이의 여성에게 행해진 낙태 건수를 측정했다. 이 데이터는 유엔 회원국 193개 국가 중 자발적으로 보고하는 1/3 미만 국가만을 대상으로 집계되어 통계학적으로는 한계가 있지만 낙태에 대한 국제사회의 가장 공신력 있는 자료라는 의의를 가진다.

이 보고서에 따르면 매년 전 세계적으로 약 7,300만 건의 낙태가 발생하며, 전체 의도하지 않은 임신의 61%, 전체 임신의 29%가 낙태로 끝나는 것으로 알려졌다. 전체 낙태의 약 45%가 안전하지 않고, 그중 97%가 개발도상국에서 발생한다고 밝혔다.[2]

어떤 상황에서도 낙태가 불법인 국가는 23개국으로 나타났다. 이에는 안도라, 아이티, 몰타, 콩고공화국, 아루바, 온두라스, 모리타니, 산 마리노, 퀴라소, 이라크, 니카라과, 세네갈, 도미니카 공화국, 자메이카, 팔라우, 시에라리온, 라오스, 팔레스타인, 수리남, 통가,

1 UN, World Population Policies, https://www.un.org/development/desa/pd/data/world-population-policies

2 World Population Policies 2017: Abortion Laws and Policies, United Nations Department of Economic and Social Affairs, 2020.

엘살바도르, 마다가스카르, 필리핀 등이 포함된다.

낙태를 합법화한 거의 모든 국가의 경우에도 합법화를 충족하기 위한 다음과 같은 일부 조건을 두고 있다.

① 임신한계 규정을 두고 있다. 즉, 임신 초기에는 낙태할 수 있지만 특정 발달단계에 도달하면 낙태할 수 없도록 한 것이다. 대체로 임신한계는 12주가 가장 많고, 짧게는 6주, 길게는 24주까지로 나타나고 있다. ② 강간, 근친상간으로 인해 임신한 경우 ③ 태아에게 눈에 띄는 발달장애가 있는 경우 ④ 성별에 따른 낙태 ⑤ 배아가 자궁에 착상하지 못하고 대신 다른 기관(나팔관, 난소) 또는 자궁 바로 외부에 착상하는 자궁외 임신을 하여 산모의 생명이 위험한 경우 ⑥ 낙태를 하지 않으면 산모가 사회·경제적 어려움에 처할 위험이 있는 경우 ⑦ 부모나 배우자의 동의가 있는 경우 ⑧ 산모의 인지장애 등

Ⅱ. 세계보건기구의 낙태에 대한 관점

세계보건기구(WHO)는 「2012년 안전한 낙태 지침」(2012 Safe abortion guideline), 「2015년 안전한 낙태 관리 및 낙태 후 피임 제공 시 의료종사자의 역할」(2015 Health worker roles in providing safe abortion care and post-abortion contraception), 「2018년 낙태 의료 관리」(2018 Medical management of abortion) 등을 발간하였다.

그리고 가장 최근인 2022년에 이것들을 보완하여 「낙태에 대한 주요 국제기준」(Key international human rights standards on abortion)을 발표하였다.[3]

3 WHO, Abortion care guideline Web Annex A. Key international human rights standards on abortion, https://iris.who.int/bitstream/handle/10665/349317/9789240039506-eng.pdf/

즉 WHO는 낙태를 여성의 자율권으로 인정하고, 안전한 의료적 상황에서 낙태가 이루질 수 있어야 한다는 관점을 유지한다. 2022년에 보완된 가이드라인은 회원국들에게 다음과 같이 낙태 정책을 명확하게 채택할 것을 권고하고 있다.

WHO, Key international human rights standards on abortion, 2022.

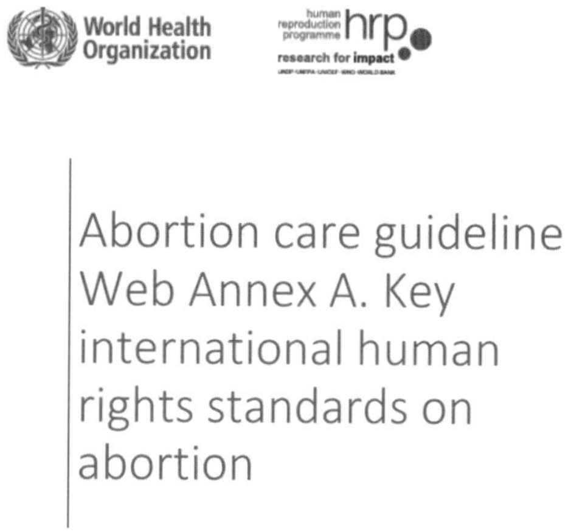
World Health Organization
human reproduction programme hrp
research for impact

Abortion care guideline Web Annex A. Key international human rights standards on abortion

첫째, 낙태의 완전한 비범죄화이다. 비범죄화란 모든 법에서 낙태죄를 삭제하고, 살인이나 과실치사죄를 적용하지 않으며, 낙태를 실시, 지원, 정보를 제공하는 모든 행위자에 대해 형사 처벌이 없도록 보장하는 것을 의미한다. 둘째, 조건-임신 몇 주, 강간여부 등-을 전제로 하는 낙태 허용 또는 금지 등의 정책을 폐지한다. 셋째, 임신연령 제한을 근거로 낙태를 금지하는 법률 및 기타 규정을 철폐할 것을 권고하고 있다.

Ⅲ. 미국의 낙태 논쟁: 롤러코스터를 타다

1. Roe v. Wade 판결

1973년 1월 22일 미국 연방대법원이 낙태에 대한 주정부의 부당한 규제가 위헌이라고 판결한 소송이다.[4]

사건은 1970년 원고인 제인 로(Jane Roe)[5]가 낙태죄를 처벌한 텍사스주 달라스카운티의 지방검사인 헨리 웨이드(Henry Wade)를 상대로 연방소송을 제기하면서 시작되었다. 로는 임산부는 언제든지 어떤 방식으로든 임신을 중단할 수 있는 절대적인 권리가 있다고 주장하였다.[6]

연방대법원은 이를 인정하지 않았다. 대신 임산부의 프라이버시권과 임산부의 건강 및 인간 생명의 가능성을 보호하려는 국가의 강력한 이익 간의 균형을 맞출 필요가 있다고 판시하였다. 그리고 연방대법원은 임신 3개월과 태아 생존 가능성(즉, "어머니의 자궁 밖에서 의미 있는 삶을 살아갈 수 있는 가능성")을 기준으로 낙태의 허용 여부를 결정지어야 한다고 제시하였다.

즉, 연방대법원은 임신 초기에는 정상적인 상황에서 낙태를 결정하는 데 국가가 개입할 수 없다고 판결했다. 임신 2분기 동안 주정부는 임신부의 건강을 보호하기 위해 낙태 절차를 규제할 수는 있지만 낙태를 완전히 금지할 수는 없다는 것이다.

이는 연방대법원이 생존 가능성의 시작점으로 지정한 2분기 말부터 국가는 임신한 사람의 건강을 보호하거나 태아의 생존 가능성을 보존하기 위해 낙태를 규제하거나 금지할 수는 있지만, 어떠한 경우

4 Roe v. Wade, 410 U.S. 113 (1973).

5 가명으로 원래 당사자는 Norma McCorvey(1947-2017)이다.

6 britannica, Roe v. Wade, https://www.britannica.com/event/Roe-v-Wade/

에도 국가가 임신부의 생명이나 건강을 보호하기 위해 필요한 낙태를 전면적으로 범죄화할 수 없다는 의미이다.

이러한 취지를 배경으로 연방대법원은 낙태를 대부분 범죄화하는 텍사스주법은 수정헌법 제14조, 즉 "... 어떠한 주도 적법한 절차 없이 개인의 생명, 자유 또는 재산을 박탈해서는 안 된다."고 하는 이념을 위반한 것이라고 판결한 것이다.

연방대법원의 Roe v. Wade 판결에 의해 미국 전역에서 낙태가 합법화되었다. 각 주는 여전히 낙태에 대한 자체적인 규제법을 가지고 있었지만, 그럼에도 불구하고 미국 전 지역에서 처벌되지 않았다.

2. Dobbs v. Jackson Women's Health Organization 판결

연방대법원은 2022년 6월 24일 도브스 대 잭슨여성건강기구(Dobbs v. Jackson Women's Health Organization) 판결[7]에서 로 대 웨이드 판결을 뒤집었다. 즉, 연방대법원은 낙태의 모든 측면을 규제할 수 있는 권한은 개별 주정부에 있다고 판정하였다.[8]

이 판결의 발단은 미시시피주이다. 미시시피주는 2018년 3월 임신 첫 15주 이후에는 의료적 응급상황이나 심각한 태아 기형을 제외하고는 낙태를 금지하는 「임신연령법(Gestational Age Act)」을 통과시켰다. 의료응급상황이란 "임신이 지속되면 주요 신체 기능에 심각하고 돌이킬 수 없는 장애가 발생할 수 있는 심각한 위험이 있는 상황"을 말하며, "심각한 태아 기형"이란 "결함으로 인해 자궁 밖에서 살 수 없는 태아"를 말한다. 즉 이 경우에만 낙태를 허용한다는 것이다.

7 Dobbs v. Jackson Women's Health Organization, No. 19-1392, 597 U.S. 215.

8 britannica, Dobbs v. Jackson Women's Health Organization, https://www.britannica.com/topic/Dobbs-v-Jackson-Womens-Health-Organization/

이 법은 이러한 이유에 부합되지 않는 낙태는 “야만적인 관행이고 산모에게 위험하며 의료계의 품위를 떨어뜨리는 행위”라고 적시하였다. 또한 “낙태 절차가 상당한 신체적, 정신적 위험을 수반하며, 여러 가지 의학적 합병증을 일으킬 수 있다”고 명시하였다.

그런데 당초 이 법안은 기독교계의 보수적인 법률단체인 Alliance Defending Freedom이 작성하였다.[9] 필 브라이언트(Phil Bryant) 주지사는 이 법에 서명하고, “미시시피주가 태아에게 가장 안전한 지역이 될 것”이라며 공표하였다.

미국의 낙태 찬반 시위[10]

자료: https://www.telegraph.co.uk/women/life/americas-roe-v-wade-debate-chilling-reminder-history-can-rewritten/
https://news.sky.com/story/no-turning-back-adam-boulton-on-the-abortion- divide-between-uk-and-us-12642981

임신연령법이 발표되자 미시시피주의 낙태 클리닉인 잭슨여성건강기구(Jackson Women's Health Organization)와 소속의사인 Sacheen Carr-Ellis는 주 보건장관인 Thomas E. Dobbs를 고소했다. 사건을

9 이 단체는 종교의 자유, 언론의 자유, 생명의 신성함, 결혼과 가족, 부모의 권리를 보호하기 위해 노력하는 세계 최대의 법률 조직이라고 자신들을 소개하고 있다. Alliance Defending Freedom, https://adflegal.org/

10 https://www.telegraph.co.uk/women/life/americas-roe-v-wade-debate-chilling-reminder-history-can-rewritten/
https://news.sky.com/story/no-turning-back-adam-boulton-on-the-abortion-divide-between-uk-and-us-12642981

담당한 미시시피주 남부지방법원은 미시시피주에 이 법을 집행하지 못하도록 금지명령을 내렸다. 이에 대해 미시시피주정부는 연방항소법원에 항소했다. 항소법원은 "여성은 낙태를 선택할 수 있는 권리를 가진다."라며 잭슨여성건강기구 편을 들어주었다.

이에 대해 미시시피주는 연방대법원에 항소를 청원하였다. 이에 대해 연방대법원은 2022년 6월 24일에 결정을 내린 것이다. 연방대법원은 대법관 9명 중 6대 3의 판결로 제5순회법원의 결정을 뒤집고 사건을 환송했다. 다수의견은 낙태가 미국 수정헌법에 따라 보호되는 권리가 아니며 따라서 Roe v. Wade 판결은 효력이 없으며, 낙태에 대한 입법권은 각각의 주정부에 있다는 것이다.

3. 영향

미국의 도브스 대 잭슨여성건강기구 판결에 대해 유엔인권 사무총장 미셸 바첼렛(Michelle Bachelet)은 여성 인권과 성평등에 큰 타격이라고 지적하였다. 그는 덧붙여서 유엔은 낙태를 하는 여성에 대한 징벌적 조치를 철폐하고, 적어도 강간, 근친상간, 임산부의 생명이나 건강에 대한 위협, 심각한 태아 질환의 경우에는 낙태를 합법화해야 한다는 것이 공식입장이며, 세계 189개 당사국이 참여하는 「여성에 대한 모든 형태의 차별철폐에 관한 협약」은 여성의 인권을 포괄적으로 보호하는 거의 보편적인 유일한 조약으로 미국도 1980년에 가입하였지만 여전히 이를 비준하지 않았다며 비난하였다.[11]

한편 미국 내에서는 낙태를 금지하는 주정부들의 입법이 활발하게 진행되고, 낙태를 허용하는 주정부들의 입법 및 법률 정비도 한창이다. 이를 둘러싼 지지론자들과 반대론자들의 논쟁과 정치적 갈등도 여전하다.

---

11 UN NEWS, US abortion debate: Rights experts urge lawmakers to adhere to women's convention, https://news.un.org/en/story/2022/07/1121862

주정부에 따라 낙태를 전면 금지하거나, 특정 시점 이후 낙태를 금지하거나, 미성년자의 낙태를 금지하는 등 다양한 형태로 낙태를 규제하는 주정부가 늘어나고 있다.

2024년 5월 기준, 낙태 금지 주정부[12]

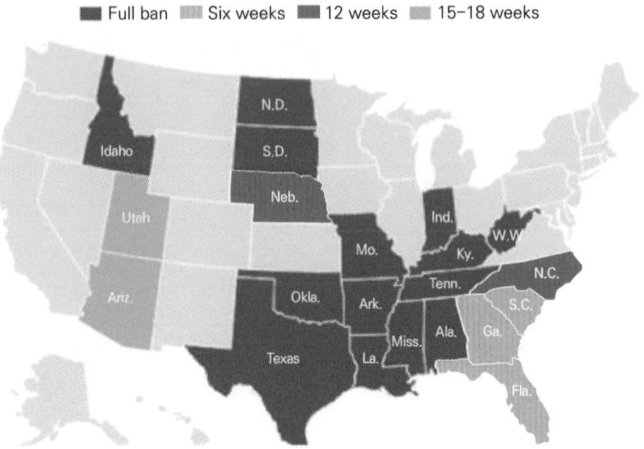

자료: NEW YORK TIMES, Tracking Abortion Bans Across the Country, https://www.nytimes.com/interactive/2024/us/abortion-laws-roe-v-wade.html/

Ⅳ. 캐나다와 뉴질랜드의 낙태법

낙태는 캐나다에서 합법이며 일정한 임신기간(주 및 지역에 따라 12주에서 "24주+6일"까지) 이전에 이루어지는 한 법적으로 설득력 있는 이유(강간이나 건강상의 위험 등)가 필요하지 않다. 낙태는 1988년에 캐나다 대법원이 한때 낙태를 불법으로 규정했던 법을 뒤집기 전까지 대부분의 경우 금지되었다. 캐나다 대법원은 낙태금지법이 캐나

12 NEW YORK TIMES, Tracking Abortion Bans Across the Country, https://www.nytimes.com/interactive/2024/us/abortion-laws-roe-v-wade.html/

다 권리와 자유헌장 제7조, 즉 "모든 사람은 생명, 자유, 개인의 안전에 대한 권리를 가지며, 기본 정의의 원칙에 따르지 않는 한 이를 박탈당하지 않을 권리를 갖는다."라는 원칙을 무시한 것이라고 판결하였다. 이후 낙태는 합법화되었고, 낙태는 캐나다의 국가의료시스템이 보장하는 공공의료서비스의 일부로 간주된다. 일반 병원에서 낙태를 한다면 환자에게 비용이 청구되지 않지만, 사립진료소에서 낙태를 하면 환자가 의료비를 부담해야 할 수도 있다.

뉴질랜드는 2020년 3월 18일 낙태죄를 형법에서 폐지하고 임신 20주 안에 임신부가 임신중지 여부를 결정할 수 있도록 허용하는 낙태법(Abortion Legislation Act 2020)을 제정하였다.[13]

이 법은 의료진은 임신 20주 미만의 여성에게 낙태 서비스를 제공할 수 있고, 20주 이상인 경우 임상적으로 적절하다고 판단되는 경우 적어도 1명의 자격을 갖춘 다른 의료 전문가와 상담 후 낙태 의료서비스를 제공할 수 있다.[14]

V. 한국의 낙태, 헌법과 현실

한국에서 낙태는 1953년 이후 계속 불법이었다. 낙태를 하는 여성들은 1년 이하의 징역형이나 2백만원 이하의 벌금형에 처해질 위험을 감수해야 했다. 낙태를 시술하는 의료인에게는 2년 이하의 징역형이 규정되었다.

13 govt.nz, Abortion Legislation Act 2020, https://www.legislation.govt.nz/act/public/2020/0006/latest/LMS237600.html/

14 Abortion Legislation Act 2020 Sec.10-11.

형법 제269조(낙태) ① 부녀가 약물 기타 방법으로 낙태한 때에는 1년 이하의 징역 또는 200만원 이하의 벌금에 처한다. <개정 1995. 12. 29.>
② 부녀의 촉탁 또는 승낙을 받어 낙태하게 한 자도 제1항의 형과 같다. <개정 1995. 12. 29.>
③ 제2항의 죄를 범하여 부녀를 상해에 이르게 한때에는 3년 이하의 징역에 처한다. 사망에 이르게 한때에는 7년 이하의 징역에 처한다. <개정 1995. 12. 29.>
[헌법불합치, 2017헌바127, 2019. 4. 11. 형법(1995. 12. 29. 법률 제5057호로 개정된 것) 제269조 제1항, 제270조 제1항 중 '의사'에 관한 부분은 모두 헌법에 합치되지 아니한다. 위 조항들은 2020. 12. 31.을 시한으로 입법자가 개정할 때까지 계속 적용된다]
제270조(의사 등의 낙태, 부동의낙태) ① 의사, 한의사, 조산사, 약제사 또는 약종상이 부녀의 촉탁 또는 승낙을 받어 낙태하게 한 때에는 2년 이하의 징역에 처한다. <개정 1995. 12. 29.>
② 부녀의 촉탁 또는 승낙없이 낙태하게 한 자는 3년 이하의 징역에 처한다.
③ 제1항 또는 제2항의 죄를 범하여 부녀를 상해에 이르게 한때에는 5년 이하의 징역에 처한다. 사망에 이르게 한때에는 10년 이하의 징역에 처한다. <개정 1995. 12. 29.>
④ 전 3항의 경우에는 7년 이하의 자격정지를 병과한다.
[헌법불합치, 2017헌바127, 2019. 4. 11. 형법(1995. 12. 29. 법률 제5057호로 개정된 것) 제269조 제1항, 제270조 제1항 중 '의사'에 관한 부분은 모두 헌법에 합치되지 아니한다. 위 조항들은 2020. 12. 31.을 시한으로 입법자가 개정할 때까지 계속 적용된다]

모자보건법 제14조는 낙태를 할 수 있는 근거를 다음과 같이 명시하고 있다. 따라서 이 경우에 해당되지 아니하면 처벌되었다는 의미이다.

모자보건법 제14조(인공임신중절수술의 허용한계) ① 의사는 다음 각 호의 어느 하나에 해당되는 경우에만 본인과 배우자(사실상의 혼인관계에 있는 사람을 포함한다. 이하 같다)의 동의를 받아 인공임신중절수술을 할 수 있다.
1. 본인이나 배우자가 대통령령으로 정하는 우생학적(優生學的) 또는 유전학적 정신장애나 신체질환이 있는 경우
2. 본인이나 배우자가 대통령령으로 정하는 전염성 질환이 있는 경우
3. 강간 또는 준강간(準强姦)에 의하여 임신된 경우
4. 법률상 혼인할 수 없는 혈족 또는 인척 간에 임신된 경우
5. 임신의 지속이 보건의학적 이유로 모체의 건강을 심각하게 해치고 있거나 해칠 우려가 있는 경우

② 제1항의 경우에 배우자의 사망·실종·행방불명, 그 밖에 부득이한 사유로 동의를 받을 수 없으면 본인의 동의만으로 그 수술을 할 수 있다.
③ 제1항의 경우 본인이나 배우자가 심신장애로 의사표시를 할 수 없을 때에는 그 친권자나 후견인의 동의로, 친권자나 후견인이 없을 때에는 부양의무자의 동의로 각각 그 동의를 갈음할 수 있다.

그런데 헌법재판소는 2019년 4월 11일 재판관 4(헌법불합치): 3(단순위헌): 2(합헌)의 의견으로, 임신한 여성의 자기낙태를 처벌하는 형법 제269조 제1항, 의사가 임신한 여성의 촉탁 또는 승낙을 받아 낙태하게 한 경우를 처벌하는 형법 제270조 제1항 중 '의사'에 관한 부분은 모두 헌법에 합치되지 아니하며, 위 조항들은 2020. 12. 31.을 시한으로 입법자가 개정할 때까지 계속 적용된다는 결정을 선고하였다.[15]

15 헌법재판소 2019. 4. 11. 선고 2017헌바127.

헌법재판소 재판관별 낙태죄 판단[16]

자료: 동아일보, 2019.4.11., https://han.gl/d7mvC

그에 대한 논거는 여성의 자기결정권이다. 판결문에서는 다음과 같이 표현된다.

헌법재판소: 낙태금지는 자기결정권 침해

헌법 제10조 제1문이 보호하는 인간의 존엄성으로부터 일반적 인격권이 보장되고, 여기서 개인의 자기결정권이 파생된다. 자기결정권은 인간의 존엄성을 실현하기 위한 수단으로서 인간이 자신의 생활영역에서 인격의 발현과 삶의 방식에 관한 근본적인 결정을 자율적으로 내릴 수 있는 권리다. 자기결정권에는 여성이 그의 존엄한 인격권을 바탕으로 하여 자율적으로 자신의 생활영역을 형성해 나갈 수 있는 권리가 포함되고, 여기에는 임신한 여성이 자신의 신체를 임신상태로 유지하여 출산할 것인지 여부에 대하여 결정할 수 있는 권리가 포함되어 있다.

자기낙태죄 조항은 모자보건법이 정한 일정한 예외를 제외하고는 임신기간 전체를 통틀어 모든 낙태를 전면적·일률적으로 금지하고, 이를 위반할 경우 형벌을 부과하도록 정함으로써 임신한 여성에게 임신의 유지·출산을 강제하고 있으므로, 임신한 여성의 자기결정권을 제한하고 있다.....

16 동아일보, 2019.4.11., https://han.gl/d7mvC

헌법재판소, 낙태허용은 22주까지 가능 의견

자기결정권이 보장되려면 임신한 여성이 임신 유지와 출산 여부에 관하여 전인적 결정을 하고 그 결정을 실행함에 있어서 충분한 시간이 확보되어야 한다. 즉, 여성이 임신 사실을 인지하고, 자신을 둘러싼 사회적·경제적 상황 및 그 변경가능 여부를 파악하며, 국가의 임신·출산·육아 지원정책에 관한 정보를 수집하고, 주변의 상담과 조언을 얻어 숙고한 끝에, 만약 낙태하겠다고 결정한 경우 낙태 수술을 할 수 있는 병원을 찾아 검사를 거쳐 실제로 수술을 완료하기까지 필요한 기간이 충분히 보장되어야 한다.

이러한 점들을 고려하면, 태아가 모체를 떠난 상태에서 독자적으로 생존할 수 있는 시점인 임신 22주 내외에 도달하기 전이면서 동시에 임신 유지와 출산 여부에 관한 자기결정권을 행사하기에 충분한 시간이 보장되는 시기(이하 착상 시부터 이 시기까지를 '결정가능기간'이라 한다)까지의 낙태에 대해서는 국가가 생명보호의 수단 및 정도를 달리 정할 수 있다고 봄이 타당하다.....

그러나 2024년 6월까지 대한민국 국회는 관련 형법 및 모자보건법 등을 개정하지 않아 입법적 공백이 지속되고 있다.

무분별한 병원의 낙태[17]

임신 36주도 2000만 원에 낙태... 그런데 처벌할 법이 없다
낙태죄 폐지 후 입법 공백 4년... 보호받지 못하는 태아 생명권

....중략...

헌법재판소는 지난 2019년 모든 낙태를 처벌하는 형법 조항에 대해 '헌법불합치' 결정을 내렸다. 헌재 결정의 취지는 일정 기간 이내 특수한 사정

때문에 하는 낙태도 있으니 해당 조항을 현실에 맞게 고치라는 것이었다.

하지만 국회는 4년이 넘도록 낙태 허용 범위 등을 규정하는 조항을 만들지 않고 있다. 낙태가 합법도 불법도 아닌 어정쩡한 상황이다....중략... 서울에 있는 A 산부인과 관계자로부터 확보한 내부 자료에 따르면, 이 병원은 매년 평균 400여 건의 낙태 수술을 하고 있으며 이 중 약 30%가 임신 30주 이상 산모들이 대상이었다고 한다..중략..

... A 병원 관계자는 "낙태 공장 수준"이라고 본지에 밝혔다. A 산부인과는 30주 이상 낙태 수술비로 1000만~2000만 원을 받는다. 300만~400만 원 수준의 보통 낙태 수술에 비해 3~5배가량 비싸다. 비싼 수술비에도 A 산부인과는 인기가 많다고 한다. 대부분 산부인과는 최대 24주 미만에 한해 수술을 하고 있는데, 이곳은 임신 30주가 넘어도 수술이 가능하다고 소문이 퍼졌기 때문이다....중략...

자료: 조선일보, 2023.12.23., https://han.gl/9pzeE

17 조선일보, 2023.12.23., https://han.gl/9pzeE

참고문헌

1 UN, World Population Policies, https://www.un.org/development/desa/pd/data/world-population-policies

2 World Population Policies 2017: Abortion Laws and Policies, United Nations Department of Economic and Social Affairs, 2020.

3 WHO, Abortion care guideline Web Annex A. Key international human rights standards on abortion, https://iris.who.int/bitstream/handle/10665/349317/9789240039506-eng.pdf/

4 Roe v. Wade, 410 U.S. 113 (1973).

5 가명으로 원래 당사자는 Norma McCorvey(1947-2017)이다.

6 britannica, Roe v. Wade, https://www.britannica.com/event/Roe-v-Wade/

7 Dobbs v. Jackson Women's Health Organization, No. 19-1392, 597 U.S. 215.

8 britannica, Dobbs v. Jackson Women's Health Organization, https://www.britannica.com/topic/Dobbs-v-Jackson-Womens-Health-Organization/

9 이 단체는 종교의 자유, 언론의 자유, 생명의 신성함, 결혼과 가족, 부모의 권리를 보호하기 위해 노력하는 세계 최대의 법률 조직이라고 자신들을 소개하고 있다. Alliance Defending Freedom, https://adflegal.org/

10 https://www.telegraph.co.uk/women/life/americas-roe-v-wade-debate-chilling-reminder-history-can-rewritten/https://news.sky.com/story/no-turning-back-adam-boulton-on-the-abortion-divide-between-uk-and-us-12642981

11 UN NEWS, US abortion debate: Rights experts urge lawmakers to adhere to women's convention, https://news.un.org/en/story/2022/07/1121862

12 NEW YORK TIMES, Tracking Abortion Bans Across the Country, https://www.nytimes.com/interactive/2024/us/abortion-laws-roe-v-wade.html/

13 govt.nz, Abortion Legislation Act 2020, https://www.legislation.govt.nz/act/public/2020/0006/latest/LMS237600.html/

14 Abortion Legislation Act 2020 Sec.10-11.

15 헌법재판소 2019. 4. 11. 선고 2017헌바127.

16 동아일보, 2019.4.11., https://han.gl/d7mvC

17 조선일보, 2023.12.23., https://han.gl/9pzeE

CHAPTER

12

영화배우 고 이선균,
표현의 자유를 묻다.

범죄와 도덕적 가치

Crime and Moral Values

Ⅰ. 표현의 자유와 도덕성

영화배우 고 이선균의 자살 사건은 표현의 자유의 본질과 한계 그리고 도덕적 책임과 법률적 책임이 무엇인가에 대한 질문을 한국인들에게 던졌다.

표현의 자유와 도덕성을 둘러싼 논쟁은 복잡하고 다면적이다. 그리고 표현의 자유와 그 한계는 개인의 자유와 사회의 보편적인 가치와 어울리는지 여부 그리고 사회적 수용성의 범주 안에 포함되는지 여부를 둘러싸고 갈등적 구조를 보인다.

대부분의 민주주의 사회에서 표현의 자유는 기본적 인권이고 이를 보장하기 위한 다양한 법적 장치들이 마련되어 있다. 유엔인권선언 제19조는 이에 대하여 "모든 사람은 의견의 자유와 표현의 자유에 대한 권리를 가진다. 이러한 권리는 간섭없이 의견을 가질 자유와 국경에 관계없이 어떠한 매체를 통해서도 정보와 사상을 추구하고, 얻으며, 전달하는 자유를 포함한다."고 규정하고 있다.

유엔은 표현의 자유의 개념에 의견 등을 표현할 자유(freedom of expression)와 정보와 사상을 추구하고 얻을 자유, 즉 알권리(right to know)가 포함되어 있다고 설명하고 있다.

따라서 표현의 자유와 개인의 알권리 모두 인권적 개념이지만 동시에 도덕성 측면에서는 상호 충돌할 수 있다. 즉, 민주주의 사회에서 표현의 자유는 타인에 대한 배려나 양보, 존중과 같은 도덕성과는 결이 다른 증오적 표현, 폭력의 선동, 명예훼손, 외설, 공공질서 파괴 등의 언행을 통한 표현과 충돌된다.

Ⅱ. 기본권으로서의 표현의 자유

1. 표현의 자유권

우리 헌법 제21조는 "① 모든 국민은 언론·출판의 자유와 집회·결사의 자유를 가진다. ② 언론·출판에 대한 허가나 검열과 집회·결사에 대한 허가는 인정되지 아니한다. ③ 통신·방송의 시설기준과 신문의 기능을 보장하기 위하여 필요한 사항은 법률로 정한다. ④ 언론·출판은 타인의 명예나 권리 또는 공중도덕이나 사회윤리를 침해하여서는 아니된다. 언론·출판이 타인의 명예나 권리를 침해한 때에는 피해자는 이에 대한 피해의 배상을 청구할 수 있다."라고 규정하고 있다.

즉 표현의 자유 안에 언론·출판의 자유, 집회결사의 자유를 규정하고 동시에 언론출판이 타인의 명예나 권리를 침해한 경우 배상하도록 규정하여 표현의 자유의 한계를 제한하고 있다. 여기서는 언론·출판의 자유에 대해서만 논하기로 한다.[1]

2. 언론·출판의 자유와 제한

헌법재판소는 언론·출판의 표현의 자유의 영역을 다음과 같이 규정하였다.[2]

> "언론·출판의 자유의 내용으로서는 의사표현·전파의 자유, 정보의 자유, 신문의 자유 및 방송·방영의 자유 등이 있는데, 이러한 언론·출판의 자유의 내용 중 의사표현·전파의 자유에 있어서 의사표현 또는 전파의 매개체는 어떠한 형태이건 가능하며 그 제한이 없으므로, 담화·연설·토론·연극·방송·음악·영화·가요 등과 문서·소설·시가·도화·

1 허경미, 사회병리학, 2019, 박영사. 110.
2 헌법재판소 2002. 4. 25. 선고 2001헌가27.

사진·조각·서화 등 모든 형상의 의사표현 또는 의사전파의 매개체를 포함한다"라고 정의하였다.

헌법재판소는 보호되지 않는 언론·출판에 의한 표현의 자유를 다음과 같이 정의하였다.[3]

"...언론·출판의 영역에서 국가는 단순히 어떤 표현이 가치 없거나 유해하다는 주장만으로 그 표현에 대한 규제를 정당화시킬 수는 없다. 그 표현의 해악을 시정하는 1차적 기능은 시민사회 내부에 존재하는 사상의 경쟁메커니즘에 맡겨져 있기 때문이다.

그러나 대립되는 다양한 의견과 사상의 경쟁메커니즘에 의하더라도 그 표현의 해악이 처음부터 해소될 수 없는 성질의 것이거나 또는 다른 사상이나 표현을 기다려 해소되기에는 너무나 심대한 해악을 지닌 표현은 언론·출판의 자유에 의한 보장을 받을 수 없고 국가에 의한 내용규제가 광범위하게 허용된다."

헌법재판소는 언론·출판에 의한 표현의 자유의 제한에 대하여 다음과 같이 정의하였다.[4]

헌법 제21조 제4항은 언론·출판은 타인의 명예나 권리 또는 공중도덕이나 사회윤리를 침해하여서는 아니된다고 규정하고 있다. 따라서 언론·출판의 자유는 무제한적으로 보장되는 기본권은 아니고, 타인의 명예나 권리 또는 공중도덕이나 사회윤리를 침해해서는 안 된다.

언론·출판의 자유는 허가나 검열의 방법을 제외하고[5], 헌법 제37조 제2항에 따라 국가안전보장·질서유지 또는 공공복리를 위하여 필

3 헌법재판소 1998. 4. 30. 선고 95헌가16.
4 헌법재판소 2002. 12. 18. 선고 2000헌마764.
5 헌법 제21조 제2항.

요한 경우에 법률로써 본질적 내용을 침해하지 않는 한 일정한 제한을 할 수 있다.[6]

Ⅲ. 영화배우 고 이선균 사건

1. 일의 전말

마약 투약 혐의로 경찰수사를 받던 배우 이선균이 2023년 12월 27일 오전에 서울 성북동의 와룡공원 인근 주차장 자신의 차에서 번개탄을 피우고 사망한 채로 경찰에 의해 발견되었다.[7] 이선균은 경찰수사과정에서 여러 차례 모발과 체모를 정밀검사 받았지만 모두 음성이 나와 경찰은 마약 투약 물증을 확보하지 못하였다. 경찰은 그를 피의자로 입건하고, 공개출석토록 하여 포토존에 세웠고, 언론은 이를 시시각각으로 보도하였다. 이선균은 자신을 마약범으로 고발한 협박범들에게 협박 당해 거액을 갈취당했다며 이들을 공갈, 협박 등으로 고소한 피해자 신분이기도 했다. 그러나 이선균의 경찰수사내용과 협박범들과의 통화녹취록 등이 경찰에 의해 유출되었고, 여과없이 언론에 보도되었다.

고 이선균 추모한 오스카[8]

"타임 투 세이 굿바이" 故이선균 추모한 오스카

미국 아카데미가 2020년 영화 '기생충'으로 아카데미 4관왕의 영예를

6 헌법재판소 2002. 12. 18. 선고 2000헌마764.
7 연합뉴스, 2023.12.27., https://www.yna.co.kr/view/AKR20231227073900004/

안았던 배우 고 이선균을 애도했다.

미국영화예술과학아카데미(AMPAS)는 10일(현지시각) 미국 캘리포니아 로스앤젤레스 돌비극장에서 제96회 아카데미 시상식을 열었다. 작품·감독·여우주연·남우주연상 시상을 앞두고 지난해 세상을 떠난 영화인들을 기리는 '인 메모리엄' 무대가 마련됐다.

안드레아 보첼리가 아들 마테오와 함께 부르는 '타임 투 세이 굿바이'를 배경음악으로 고인이 된 영화인들이 화면에 차례로 등장했다. 미국 드라마 '프렌즈' 챈들러 빙 역으로 사랑받은 매튜 페리와 영화 '러브스토리'의 주역 라이언 오닐, 음악감독 류이치 사카모토, '브루클린 나인나인' 시리즈로 잘 알려진 안드레 브라우어 등이었다.

이 가운데 고 이선균의 모습도 대형 스크린에 비쳤다. 사진 속 이선균은 환히 웃는 모습이었다....중략..

자료: 조선일보, 2024.3.11., "타임 투 세이 굿바이" 故이선균 추모한 오스카, https://www.chosun.com/international/international_general/2024/03/11/GXYXECJ3D5HNHK5SDKNX5AVNYQ/

2. 문화예술인 연대회의의 진상 규명 요구

2024년 1월 12일에 문화예술인 연대회의가 서울프레스센터에서 배우 이선균 사건의 진상 규명을 요구하는 성명서를 발표했다. 발표자는 봉준호 감독, 가수 윤종신, 배우 김의성, 이원태 감독 등이었다.

8 조선일보, 2024.3.11., "타임 투 세이 굿바이" 故이선균 추모한 오스카, https://www.chosun.com/international/international_general/2024/03/11/GXYXECJ3D5HNHK5SDKNX5AVNYQ/

문화예술인 연대회의의 진상 규명을 요구 성명서 발표[9]

...중략..

이에 지난 2개월여 동안 고 이선균에게 가해진 가혹한 인격살인에 대해 우리의 입장을 밝히는 것이, 유명을 달리한 동료에 대한 최소한의 도리라 생각하여 아래와 같은 입장을 밝힌다.

1. 수사당국에 요구한다.

고인의 수사에 관한 내부 정보가 최초 누출된 시점부터 사망에 이르기까지 2개월여에 걸친 기간 동안 경찰의 수사보안에 한치의 문제도 없었는지 관계자들의 철저한 진상규명을 촉구한다....중략..

언론관계자의 취재 협조는 적법한 범위 내에서 이루어져야 함에도 불구하고, 3차례에 걸친 소환절차 모두 고인의 출석 정보를 공개로 한 점, 당일 고인이 노출되지 않도록 대비하는 어떠한 조치도 취하지 않은 점이 과연 적법한 범위 내의 행위인지 명확하게 밝힐 것을 요청한다...중략..

2. 언론 및 미디어에 묻는다.

고인에 대한 내사 단계의 수사 보도가 과연 국민의 알권리를 위한 공익적 목적에서 이루어졌다고 말할 수 있는가? 대중문화예술인이라는 이유로 개인의 사생활을 부각하여 선정적인 보도를 한 것은 아닌가? 대중문화예술인이라는 이유로 고인을 포토라인에 세울 것을 경찰측에 무리하게 요청한 사실은 없었는가? 특히 혐의사실과 동떨어진 사적 대화에 관한 고인의 음성을 보도에 포함한 KBS는 공영방송의 명예를 걸고 오로지 국민의 알권리를 위한 보도였다고 확신할 수 있는가? KBS를 포함한 모든 언론 및 미디어는 보도 목적에 부합하지 않는 기사 내용을 조속히 삭제하길 바란다...중략...

3. 정부 및 국회에 요구한다.

설령 수사당국의 수사절차가 적법했다고 하더라도 정부 및 국회는 이번 사망사건에 대해 침묵해서는 안 될 것이다. ....피의자 인권과 국민의 알권리 사이에서 원칙과 예외가 뒤바뀌는 일이 없도록, 수사당국이 법의 취지를 자의적으로 해석·적용하는 일이 없도록 명확한 입법적 개선이 필요하다.

우리는 위 요구와 질문에 대하여 납득할만한 결과가 나올 때까지 최선의 노력을 다할 것입니다. 고 이선균 배우의 명복을 빕니다.

3. 경찰의 수사정보 유출

한편 이선균 사건의 경찰수사과정 및 내부보고서 등이 수사초기부터 언론에 유출된 것으로 나타났다.[10]

경찰청은 2024년 2월 5일 서울 서대문구 경찰청에서 열린 정례 기자간담회에서 "우리(경찰) 보고서 원본이 찍혀서 그게 어떤 경로 통해 유출됐는지 파악 중"이라며 "(유출)시점을 특정하기 위해 압수수색을 실시했고 관련자들을 내부적으로 조사 중"이라고 밝혔다.

우 본부장은 경찰 내부보고서 내용 그대로 유출된 것이 맞냐는 기자들의 질의에 "현재로선 그렇게 보인다"고 덧붙였다. 우 본부장은 "이 사건이 시작부터 이씨 송환 조사할 때까지 수사정보의 지속적인 유출이 있었다."며 공식적으로 인정했다.

한편 경기남부경찰청 반부패·경제범죄수사대는 공무상 비밀누설 및 개인정보보호법 위반 혐의로 2024년 3월 21일 체포된 인천경찰청 소속 경찰관 A의 구속영장을 신청했다.[11] A는 마약범죄 수사와는 관

9 나무위키, 이선균 사건 진상규명 촉구 문화예술인 성명 발표, https://namu.wiki/w/
10 머니투데이, 2024.2.5., 시작부터 다 흘러나가… 이선균 경찰 보고서, 원본 그대로 유출, https://news.mt.co.kr/mtview.php?no=2024020511212715045/

련 없는 다른 부서인 경무계에 근무했던 것으로 밝혀졌다. 그는 이선균 사건의 수사진행 상황을 담은 10월 18일 자 인천경찰청 마약수사계가 작성한 내부보고서를 외부에 유출하였고, 관련 혐의를 인정하였다.

이 보고서에는 이선균 등 대상자 이름과 범죄전과, 신분, 직업 등 인적사항이 담겼고 이를 인터넷 연예매체 디스패치가 보도하였다.

A에 대한 구속영장은 법원에서 기각되었는데 법원은 "피의자가 범행을 인정하고 있고 중요증거가 수집된 점 등에 비춰볼 때 구속의 필요성이 인정되지 않는다."고 밝혔다.

Ⅳ. 표현의 자유와 범죄성

1. 민사적 책임

언론의 표현의 자유와 관련하여 대법원 판결에서 통하여 그 한계를 가늠해 볼 수 있다.

대법원은 2016년 5월 27일에 선고한 판결에서 언론에 대하여 민사상 손해배상책임이 있다고 판시하였다.[12]

이는 신문이나 인터넷 매체의 기사가 타인의 명예를 훼손하여 불법행위가 되는지 판단하는 기준 및 언론기관이 수사기관 등에서 조사가 진행 중인 사실에 관하여 보도할 때 부담하는 주의의무의 한계에 대한 것이다.

판결요지는 다음과 같다.

---

11 조선일보, 2024.3.23., 이선균 수사정보 유출 경찰관 "범행 인정"... 구속영장은 기각, https://www.chosun.com/national/regional/2024/03/23/GR273R7KSBCHPHNPOQIXNEIEGQ/

12 대법원 2016. 5. 27. 선고 2015다33489 판결.

> … 신문이나 인터넷 매체의 기사가 타인의 명예를 훼손하여 불법행위가 되는지는 일반 독자가 기사를 접하는 통상의 방법을 전제로 기사의 전체적인 취지 및 객관적 내용, 사용된 어휘의 통상적인 의미, 문구의 연결 방법 등을 종합적으로 고려하여 기사가 독자에게 주는 전체적인 인상을 기준으로 판단하여야 한다. 특히 보도의 내용이 수사기관 등에서 조사가 진행 중인 사실에 관한 것일 경우, 일반 독자들로서는 보도된 혐의사실의 진실 여부를 확인할 수 있는 별다른 방도가 없을 뿐 아니라 보도 내용을 그대로 진실로 받아들일 개연성이 있고, 신문보도 및 인터넷이 가지는 광범위하고도 신속한 전파력 등으로 인하여 보도 내용의 진실 여하를 불문하고 보도 자체만으로도 피조사자로 거론된 자 등은 심각한 피해를 입을 수 있다.
>
> 그러므로 수사기관 등의 조사사실을 보도하는 언론기관으로서는 보도에 앞서 조사 혐의사실의 진실성을 뒷받침할 적절하고도 충분한 취재를 하여야 하고, 확인되지 아니한 고소인의 일방적 주장을 여과 없이 인용하여 부각시키거나 주변 사정을 무리하게 연결시켜 마치 고소 내용이 진실인 것처럼 보이게 내용 구성을 하는 등으로 기사가 주는 전체적인 인상으로 인하여 일반 독자들이 사실을 오해하는 일이 생기지 않도록 기사 내용이나 표현방법 등에 대하여도 주의를 하여야 하고, 그러한 주의의무를 다하지 않았다면 명예훼손으로 인한 손해배상책임을 져야 한다.

2. 출판물에 의한 명예훼손죄의 성립 여부

언론·출판을 통해 사실을 적시함으로써 타인의 명예를 훼손하는 경우 형법상 출판물에 의한 명예훼손죄가 성립될 수 있다.[13]

---

13 형법 제312조 제2항에 따라 명예훼손죄와 출판물에 의한 명예훼손죄는 반의사불벌죄이다.

출판물에 의한 명예훼손죄와 관련한 형법 규정 및 대법원의 판결을 살펴본다.[14]

제307조(명예훼손) ① 공연히 사실을 적시하여 사람의 명예를 훼손한 자는 2년 이하의 징역이나 금고 또는 500만원 이하의 벌금에 처한다. <개정 1995. 12. 29.>
② 공연히 허위의 사실을 적시하여 사람의 명예를 훼손한 자는 5년 이하의 징역, 10년 이하의 자격정지 또는 1천만원 이하의 벌금에 처한다. <개정 1995. 12. 29.>
제309조(출판물 등에 의한 명예훼손) ① 사람을 비방할 목적으로 신문, 잡지 또는 라디오 기타 출판물에 의하여 제307조제1항의 죄를 범한 자는 3년 이하의 징역이나 금고 또는 700만원 이하의 벌금에 처한다. <개정 1995. 12. 29.>
② 제1항의 방법으로 제307조제2항의 죄를 범한 자는 7년 이하의 징역, 10년 이하의 자격정지 또는 1천500만원 이하의 벌금에 처한다. <개정 1995. 12. 29.>
제310조(위법성의 조각) 제307조 제1항의 행위가 진실한 사실로서 오로지 공공의 이익에 관한 때에는 처벌하지 아니한다.

1) 형법 제309조 제1항의 '기타 출판물'의 의미

형법 제309조의 기타 출판물에 해당한다고 하기 위하여는, 사실적시의 방법으로서 출판물 등을 이용하는 경우 그 성질상 다수인이 견문할 수 있는 높은 전파성과 신뢰성 및 장기간의 보존가능성 등 피해자에 대한 법익침해의 정도가 더욱 크다는 데 그 가중처벌의 이유가 있는 점에 비추어 보면, 그것이 등록·출판된 제본 인쇄물이나

14 대법원 1998. 10. 9. 선고 97도158 판결.

제작물은 아니라고 할지라도 적어도 그와 같은 정도의 효용과 기능을 가지고 사실상 출판물로 유통·통용될 수 있는 외관을 가진 인쇄물로 볼 수 있어야 한다.

2) 형법 제310조의 '진실한 사실'의 의미

형법은 명예에 관한 죄에 대하여 형법 제307조 및 형법 제309조에서 적시한 사실이 진실인지 허위인지에 따라 법정형을 달리 규정하고 제310조에서 진실한 사실로서 오로지 공공의 이익에 관한 때에는 처벌하지 아니한다고 규정하고 있다. 여기서 '진실한 사실'이란 그 내용 전체의 취지를 살펴볼 때 중요한 부분이 객관적 사실과 합치되는 사실이라는 의미로서 세부(細部)에 있어 진실과 약간 차이가 나거나 다소 과장된 표현이 있더라도 무방하다.

3) 형법 제310조의 '오로지 공공의 이익에 관한 때'의 의미 및 그 판단 기준

형법 제310조에서 '오로지 공공의 이익에 관한 때'라 함은 적시된 사실이 객관적으로 볼 때 공공의 이익에 관한 것으로서 행위자도 주관적으로 공공의 이익을 위하여 그 사실을 적시한 것이어야 하는 것인데, 여기의 공공의 이익에 관한 것에는 널리 국가·사회 기타 일반 다수인의 이익에 관한 것뿐만 아니라 특정한 사회집단이나 그 구성원 전체의 관심과 이익에 관한 것도 포함하는 것이고, 적시된 사실이 공공의 이익에 관한 것인지 여부는 당해 적시 사실의 내용과 성질, 당해 사실의 공표가 이루어진 상대방의 범위, 그 표현의 방법 등 그 표현 자체에 관한 제반 사정을 감안함과 동시에 그 표현에 의하여 훼손되거나 훼손될 수 있는 명예의 침해 정도 등을 비교·고려하여 결정하여야 하며, 행위자의 주요한 동기 내지 목적이 공공의 이익을 위한 것이라면 부수적으로 다른 사익적 목적이나 동기가 내포되어 있더라도 형법 제310조(위법성의 조각)의 적용을 배제할 수 없다.

4) 제309조 사람을 비방할 목적과 제310조 공공이익과의 상관성

형법 제309조 제1항의 '사람을 비방할 목적'이란 가해의 의사 내지 목적을 요하는 것으로서 공공의 이익을 위한 것과는 행위자의 주관적 의도의 방향에 있어 서로 상반되는 관계에 있다. 형법 제310조의 공공의 이익에 관한 때에는 처벌하지 아니한다는 규정은 사람을 비방할 목적이 있어야 하는 형법 제309조 제1항의 행위에 대하여는 적용되지 아니하고 그 목적을 필요로 하지 않는 형법 제307조 제1항의 행위에 한하여 적용되는 것이고, 반면에 적시한 사실이 공공의 이익에 관한 것인 경우에는 특별한 사정이 없는 한 비방 목적은 부인된다고 봄이 상당하다. 이와 같은 경우에는 형법 제307조 제1항 소정의 명예훼손죄의 성립 여부가 문제될 수 있고 이에 대하여는 다시 형법 제310조에 의한 위법성 조각 여부가 문제될 수 있다.

3. 피의사실공표죄와의 접점

피의사실공표죄로 법원에 의하여 처벌된 경우는 없고, 다만, 그 필요성은 인정되면서도 언론의 보도권, 국민의 알권리라는 명분하에 여전히 자행되고 있다.[15]

피의사실공표죄에 대한 대법원의 판결을 통해 피의사실을 공표할 수 있는 한계를 가늠해 볼 수 있다.[16]

> 일반 국민들은 사회에서 발생하는 제반 범죄에 관한 알권리를 가지고 있고 수사기관이 피의사실에 관하여 발표를 하는 것은 국민들의

---

15 법률신문, 사문화된 피의사실공표죄, 2024.2.8., https://www.lawtimes.co.kr/opinion/195680/

16 대법원 1999. 1. 26. 선고 97다10215, 97다10222 판결; 대법원 2022. 1. 14. 선고 2019다282197 판결.

이러한 권리를 충족하기 위한 방법의 일환이라 할 것이나, 한편 헌법 제27조 제4항은 형사피고인에 대한 무죄추정의 원칙을 천명하고 있고, 형법 제126조는 검찰, 경찰 기타 범죄수사에 관한 직무를 행하는 자 또는 이를 감독하거나 보조하는 자가 그 직무를 행함에 당하여 지득한 피의사실을 공판청구 전에 공표하는 행위를 범죄로 규정하고 있으며, 형사소송법 제198조는 검사, 사법경찰관리 기타 직무상 수사에 관계 있는 자는 비밀을 엄수하며 피의자 또는 다른 사람의 인권을 존중하여야 한다고 규정하고 있다. 수사기관의 피의사실 공표행위는 공권력에 의한 수사결과를 바탕으로 한 것으로 국민들에게 그 내용이 진실이라는 강한 신뢰를 부여함은 물론 그로 인하여 피의자나 피해자 나아가 그 주변 인물들에 대하여 치명적인 피해를 가할 수도 있다는 점을 고려할 때, 수사기관의 발표는 원칙적으로 일반 국민들의 정당한 관심의 대상이 되는 사항에 관하여 객관적이고도 충분한 증거나 자료를 바탕으로 한 사실 발표에 한정되어야 하고, 이를 발표함에 있어서도 정당한 목적하에 수사결과를 발표할 수 있는 권한을 가진 자에 의하여 공식의 절차에 따라 행하여져야 하며, 무죄추정의 원칙에 반하여 유죄를 속단하게 할 우려가 있는 표현이나 추측 또는 예단을 불러일으킬 우려가 있는 표현을 피하는 등 그 내용이나 표현 방법에 대하여도 유념하지 않으면 안 되므로, 수사기관의 피의사실 공표행위가 위법성을 조각하는지의 여부를 판단함에 있어서는 공표 목적의 공익성과 공표 내용의 공공성, 공표의 필요성, 공표된 피의사실의 객관성 및 정확성, 공표의 절차와 형식, 그 표현 방법, 피의사실의 공표로 인하여 생기는 피침해 이익의 성질, 내용 등을 종합적으로 참작하여야 한다...

V. 도덕성과 인터넷 명예훼손죄와의 충돌

진실을 알려야 한다는 생각이나 사회정의를 위해서는 사람들에게 올바른 정보를 알려야 한다는 판단 등으로 인터넷 기사에 댓글을 달거나 특정 사이트에 비판성 글을 다는 등의 행위를 디지털 시민의식으로 볼 수도 있다. 그러나 상대적으로 누군가는 명예훼손의 감정을 느낄 수 있다.

인터넷 명예훼손이란 사람을 비방(誹謗)할 목적으로 정보통신망[17]을 통하여 공연히 사실 또는 거짓의 사실을 적시하여 타인의 명예를 훼손하는 행위로써 사실이라 하더라도 포털게시판에 적음으로써 명예훼손이 될 수 있다.[18]

다만, 형법 제310조는 명예훼손이 오로지 진실한 사실로 '공공의 이익'에 관한 때에는 처벌을 하지 아니한다고 규정하였다. 따라서 재판과정에서 공공의 이익을 행한 사실을 입증하여야 한다.

인터넷 명예훼손이 성립하려면 "사람을 비방할 목적"이 있어야 한다. 사람을 비방할 목적이 있는지 여부는 해당 적시 사실의 내용과 성질, 해당 사실의 공표가 이루어진 상대방의 범위, 그 표현의 방법 등 그 표현 자체에 관한 제반 사정을 감안함과 동시에 그 표현에 의하여 훼손되거나 훼손될 수 있는 명예의 침해 정도 등을 비교, 고려하여 결정하여야 한다.

또한 인터넷 명예훼손이 성립하기 위하여는 "사실 또는 거짓의 사실의 적시"가 있어야 하는데, 이는 타인의 인격에 대한 사회적 가치 내지 평가가 침해될 가능성이 있을 정도로 구체성을 띠어야 함을

17 정보통신망이란 전기통신설비를 이용하거나 전기통신설비와 컴퓨터 및 컴퓨터의 이용기술을 활용하여 정보를 수집·가공·저장·검색·송신 또는 수신하는 정보통신체제를 말한다. 정보통신망 이용촉진 및 정보보호 등에 관한 법률 제2조 제1항 제1호.

18 대법원 2006. 8. 25. 선고 2006도648 판결.

의미한다.

인터넷은 그 파급력과 전파성으로 개인의 표현의 자유를 실현하는 창구이기도 하지만 동시에 타인의 명예를 훼손하는 도구로도 다양하게 악용될 수 있다.[19]

사이버명예훼손 및 모욕(2018-2022)[20]

구분		불법콘텐츠범죄				
		소계	사이버성폭력	사이버도박	사이버명예훼손·모욕	기타
2018	발생	18,299	4,354	4,271	8,880	794
	검거	14,643	3,739	4,047	6,241	616
2019	발생	24,945	2,690	5,346	16,633	276
	검거	19,154	2,164	5,162	11,632	196
2020	발생	30,160	4,831	5,692	19,388	249
	검거	22,302	4,063	5,436	12,638	165
2021	발생	39,278	4,349	5,505	28,988	436
	검거	26,284	3,504	5,216	17,243	321
2022	발생	35,903	3,201	2,997	29,258	447
	검거	23,683	2,335	2,838	18,242	268

자료: 경찰청, 사이버수사, https://www.police.go.kr/www/open/publice/publice0204.jsp/

VI. 고 이선균 배우, 표현의 자유를 묻다.

이선균 배우가 약물사용을 의심받는 과정에서 그를 곧바로 중대한 범죄의 혐의자인 것처럼 공개적으로 출석요청을 하고, 그를 인천경찰청 포토존에 여러 번 세운 경찰, 이선균 수사 관련 내부보고서를

19 박윤경. (2015). 표현의 자유와 명예훼손: 인터넷에서의 명예훼손을 중심으로. 법학연구, 18(3), 261-295.

20 경찰청, 사이버수사, https://www.police.go.kr/www/open/publice/publice0204.jsp/

빼돌려 언론계에 제공한 경찰, 그리고 이를 보도한 신문과 방송, 이선균 배우가 공갈범으로부터 협박받는 녹취록을 여과없이 공개한 언론계, 이 모든 것을 여기저기 퍼 나르며 악의적 댓글을 단 네티즌, 가십성 글을 양산한 연예칼럼니스트들은 대답이 있어야 한다.

참고문헌

1 허경미, 사회병리학, 2019, 박영사. 110.
2 헌법재판소 2002. 4. 25. 선고 2001헌가27.
3 헌법재판소 1998. 4. 30. 선고 95헌가16.
4 헌법재판소 2002. 12. 18. 선고 2000헌마764.
5 헌법 제21조 제2항.
6 헌법재판소 2002. 12. 18. 선고 2000헌마764.
7 연합뉴스, 2023.12.27., https://www.yna.co.kr/view/AKR20231227073900004/
8 조선일보, 2024.3.11., "타임 투 세이 굿바이" 故이선균 추모한 오스카, https://www.chosun.com/international/international_general/2024/03/11/GXYXECJ3D5HNHK5SDKNX5AVNYQ/
9 나무위키, 이선균 사건 진상규명 촉구 문화예술인 성명 발표, https://namu.wiki/w/
10 머니투데이, 2024.2.5., 시작부터 다 흘러나가… 이선균 경찰 보고서, 원본 그대로 유출, https://news.mt.co.kr/mtview.php?no=2024020511212715045/
11 조선일보, 2024.3.23., 이선균 수사정보 유출 경찰관 "범행 인정"... 구속영장은 기각, https://www.chosun.com/national/regional/2024/03/23/GR273R7KSBCHPHNPOQIXNEIEGQ/
12 대법원 2016. 5. 27. 선고 2015다33489 판결.
13 형법 제312조 제2항에 따라 명예훼손죄와 출판물에 의한 명예훼손죄는 반의사불벌죄이다.
14 대법원 1998. 10. 9. 선고 97도158 판결.
15 법률신문, 사문화된 피의사실공표죄, 2024.2.8., https://www.lawtimes.co.kr/opinion/195680/
16 대법원 1999. 1. 26. 선고 97다10215, 97다10222 판결; 대법원 2022. 1. 14. 선고 2019다282197 판결.
17 정보통신망이란 전기통신설비를 이용하거나 전기통신설비와 컴퓨터 및 컴퓨터의 이용기술을 활용하여 정보를 수집·가공·저장·검색·송신 또는 수신하는 정보통신체제를 말한다. 정보통신망 이용촉진 및 정보보호 등에 관한 법률 제2조 제1항 제1호.
18 대법원 2006. 8. 25. 선고 2006도648 판결.

19 박윤경. (2015). 표현의 자유와 명예훼손: 인터넷에서의 명예훼손을 중심으로. 법학연구, 18(3), 261-295.

20 경찰청, 사이버수사, https://www.police.go.kr/www/open/publice/publice0204.jsp/

PART

05

국가 공권력, 형사사법권의 딜레마, 불균형성

DILEMMA BETWEEN PUNISHMENT AND SOCIAL ACCEPTABILITY

CHAPTER

13

무관용주의 형사정책:
덫, 숨겨진 권력

범죄와 도덕적 가치

Crime and Moral Values

Ⅰ. 깨진 창문이론과 무관용주의

미국의 무관용주의(zero tolerance)가 등장하게 된 것은 깨진 창문이론(Broken Window Theory)이 그 출발이었다. 깨진 창문이론은 윌슨과 켈링(James Wilson and George Kelling)이 1982년에 발표하였다. 이들은 스탠포드 대학의 심리학자인 필립 짐바르도(Philip Zimbardo) 교수의 초기 연구를 바탕으로 "동네의 부자 집이나 가난한 집의 창문이 하나 깨어졌을 때 이를 갈아 끼우지 않고 방치하면 더 많은 창문들이 깨어져 나갈 것"이라고 주장하였다. 이들은 "복구되지 않은 깨진 창문 하나는 아무도 신경 쓰지 않는다는 신호"를 주위에 줌으로써 누구도 두려워하지 않고 더 많은 창문을 깨뜨리게 된다(disorder)고 주장하였다.

낙서로 뒤덮인 건물[1]

자료: The Washington Post, How a 50-year-old study was misconstrued to create destructive broken-windows policing, https://han.gl/S6WQG

이웃사회의 무질서는 시민들의 두려움 수준을 증가시켜 공동체에서 탈퇴하고 비공식적인 사회통제 참여활동을 감소시키게 되며, 지

1 The Washington Post, How a 50-year-old study was misconstrued to create destructive broken-windows policing, https://han.gl/S6WQG

역사회는 점점 더 무질서해지고 심각한 범죄로 이어져 결국 지역사회를 붕괴시키게 된다는 것이다. 이 깨진 창문이론은 미국의 형사사법정책, 교육환경 개선 등에 많은 영향을 미쳤다.[2]

무관용주의 형사정책은 일반적으로 규칙이나 법률을 엄격하게 시행하며 사소한 위반도 엄격하게 처벌하는 것을 말한다. 이러한 정책은 바람직하지 않은 행동을 방지하고 질서를 유지하기 위해 학교, 직장, 지역사회 등 다양한 영역에서 시행된다. 무관용주의 형사정책은 특히 개인의 상황이나 배경을 고려하지 않고, 지나친 엄격성 등으로 인하여 불공평 또는 비도덕적이라는 비판을 받기도 한다.

Ⅱ. 무관용주의적 범죄 대응전략

1. 마약사범과 무관용주의

무관용정책(zero tolerance policies)은 레이건 행정부와 부시 행정부(1981-1993)의 마약과의 전쟁 캠페인(U.S. drug interdiction) 중에 시작된 연방정부의 마약 규제정책으로 착안되었다.[3]

무관용정책에 따라 불법 약물의 소지, 수입 또는 수출은 금지되며, 모든 민사 및 형사 제재를 받게 되었다. 즉, 무관용정책은 마약 통제를 기존의 마약 공급자 중심에서 벗어나, 마약 사용자를 표적으로 단속과 처벌을 강화하는 전략으로 전환하였음을 의미한다. 이는 불법 약물사용자가 약물에 대한 수요를 창출하면서 다양한 약물범죄를 일으키는 근본적인 요인이라고 진단하고, 약물사용자를 엄격하게 처벌하여 그 수요를 억제하려는 취지를 담고 있다.

2 Clark, J., & Henry, D. A., (1997), "Three Strikes and You're Out": A Review of State Legislation.

3 허경미, (2018), 학교폭력의 무관용주의적 접근에 대한 비판과 정책적 제언, 경찰학논총, 13(2), 223-254.

무관용정책은 미국과 멕시코 국경을 넘나드는 마약 밀매와 수요자들을 처벌하면서 출발했지만, 국가마약정책위원회는 1988년에 모든 연방마약단속기관이 미국의 모든 입국 지점에서 무관용정책을 시행하도록 했다. 이에 따라 미국 해안경비대와 관세청은 해상과 모든 국경에서 발생하는 모든 마약 소지자를 단속하기 시작했다. 정기순찰과 검사과정에서 약물이 발견되면 선박이나 자동차가 압수되고, 승객이나 선박주는 현행범으로 체포되어 중범죄 혹은 경범죄로 분류되어 구금되거나 벌금형이 부과되었다.

무관용정책은 사업장에서도 적용되었다. 즉, 사업주는 직원, 신규채용자에게 약물테스트를 하고, 약물사용자를 해고하거나, 고용을 거부할 수 있게 되었다.[4]

2. 폭력범에 대한 무관용주의

1993년에 제정된 삼진아웃법(Three-Strikes-and-You're-Out Laws)은 무관용정책을 마약범에서 폭력범으로까지 확대하였다. 이 법은 마약범죄를 포함한 폭력범의 경우 2회 전과가 있는 경우 3회부터는 구금형을 원칙으로 하며, 최대 종신형에 이르기까지 처벌토록 하였다.[5]

---

4 미국 연방대법원은 직장에서의 약물 테스트 결과 약물사용자라고 밝혀질 경우 당사자를 해고하거나 최초 고용을 거부하는 것은 미수정헌법의 평등원칙에 반한다는 소송에 대해 "정기적으로 마약을 사용하는 사람을 공공기관에서 전면적으로 배제하는 것이 수정헌법 제14조의 평등보호조항을 위반하지 않는다."고 판결함으로써 약물사용자에 대한 무관용정책을 지지했다. U.S. Supreme Court, in New York City Transit Authority v. Beazer, 440 U.S. 568, 99 S.Ct. 1355, 59 L.Ed.2d 587 (1979).

5 Cerrone, (1999), "The Gun-Free Schools Act of 1994: Zero tolerance takes aim at procedural due process", Pace L, Rev, 20, 131-188.

3. 뉴욕 경찰청(NYPD)의 무관용주의

루돌프 줄리아니(Rudolph Giuliani)는 1994년부터 2001년까지 뉴욕 시장 재임 동안 범죄와 싸우고 공공안전을 개선하기 위한 광범위한 전략의 일환으로 무관용주의 정책을 도입하였다. 줄리아니 시장은 뉴욕 경찰청(NYPD) 청장으로 윌리엄 브래튼(William Bratton)을 임명하였다.[6] 브래튼 청장은 낙서, 무임승차, 공공장소에서의 음주 등의 경미한 범죄에 매우 적극적으로 대응하였다. 또한 데이터기반 치안 전략인 컴스탯(CompStat)을 사용하여 범죄발생 위험지역(hot spot)을 식별하고, 경찰력을 집중적으로 배치하여 불심검문을 강화하고, 무질서를 단속하고 범죄자를 체포하였다.

줄리아니와 브래튼의 무관용주의 범죄대응전략은 1990년대 뉴욕시의 범죄율을 크게 줄이는 데 기여한 것으로 평가되었다. 그러나 동시에 도덕적인 비판이 제기되었다.

즉 NYPD가 소수자와 낙후된 지역사회를 표적으로 삼아 인종을 프로파일링하는 법집행을 한다는 것이다. 또한 무관용주의 전략의 효율성에 의문을 제기하고 시민의 자유를 제한하고, 지역사회와 경찰과의 관계를 적대적으로 만드는 문제가 있다는 비판을 받았다.[7]

6 Cunneen, C. (1999). Zero tolerance policing and the experience of New York City. Current Issues in Criminal Justice, 10(3), 299-313.

7 Gau, J. M., & Pratt, T. C. (2008). Broken windows or window dressing? Citizens'(in) ability to tell the difference between disorder and crime. Criminology & Public Policy, 7(2), 163-194.

Ⅲ. 비행청소년에 대한 무관용주의

1. 비행청소년과 무관용주의

빌 클린턴 대통령은 1994년 3월 31일 비행청소년에 대한 무관용 정책을 주요 내용으로 하는 학교총기금지법(Gun-Free Schools Act of 1994: GFSA)에 서명하였다. 이 법은 비행 학생에 대한 학교장의 제재와 법집행기관의 형사적 처벌을 강화하였다.[8]

학교총기금지법은 연방보조금을 받는 모든 공립학교에 적용되었다.[9] 따라서 공립학교의 경우 비행청소년에 대한 무관용주의가 적용되고, 사립학교에는 학교장이 동의하지 않는 한 적용되지 않는다.

이 법은 학생이 총기를 가지고 등교하는 경우 해당 지방교육기관의 최고관리책임자가 사안별로 재량성을 발할 수 있는 경우를 제외하고는 학교장이 1년 동안 의무적으로 정학 처분을 하도록 하였다.[10] 나아가 이 법은 장애학생의 경우에도 예외를 두지 않고 적용토록 하였다.[11] 그리고 학교는 직접 총기휴대 학생을 형사사법기관 및 소년원 등에 이송할 수 있도록 하는 무관용주의적 규정을 두었다.[12]

그런데 학교에서의 무관용주의는 학교 내외에서의 다툼이나 교사에 대한 반항, 잦은 결석, 과제물 미제출, 사전에 허가받지 않은 감기약 등을 가져오는 경우 등에도 적용되었다. 학교에서 학교경찰에 이러한 행위들을 신고하고 학생들이 현행범으로 체포되어 소년원에 이송되거나 수사대상으로 전환되면서 공식적인 비행 또는 범죄경력

8 Cornell, D. G., Mayer, M. J., & Sulkowski, M. L., (2020), History and future of school safety research. School psychology review, 50(2-3), 143-157.

9 Gun-Free Schools Act of 1994, sec. 8921(3)(d).

10 Gun-Free Schools Act of 1994, sec. 8921(3)(d).

11 Gun-Free Schools Act of 1994, sec. 8921(3)(c).

12 Gun-Free Schools Act of 1994, sec. 8922(a).

청소년들이 급증하기 시작했다

청소년에 대한 무관용주의적 형사정책은 1999년 4월 20일에 발생한 컬럼바인 고등학교 총기난사사건으로 더욱 강화되었다.[13] 즉 학교총기금지법을 엄격하게 적용하여 소년사범에 대한 무관용정책이 필요하다는 인식을 확산시킨 것이다.

컬럼바인 고등학교 총기난사사건의 두 난사범의 모습[14]

자료: Jefferson County (Colo.). Sheriff's Office, https://commons.wikimedia.org/w/index.php?curid=145208837

13 콜로라도주 리틀턴의 컬럼바인 고등학교에서 1999년 4월 20일 이 학교 학생인 Eric Harris와 Dylan Klebold가 총기를 난사, 학생 12명, 교사 1명을 살해하고 23명에게 상해를 입혔다. 둘은 현장에서 자살했다. FBI, (1999), Columbine High School, https://han.gl/R7nIw.

14 Jefferson County (Colo.). Sheriff's Office, https://commons.wikimedia.org/w/index.php?curid=145208837

2. 정치적 이념에 따른 소년범 처벌의 편향성

미국의 여러 주정부의 소년범에 대한 무관용주의적 엄격한 형벌은 연방대법원에 의해 수정헌법의 인권이념에 반한다는 판결로 이어져 그 갈등이 노출되었다.

그런데 연방대법원 대법관들의 정치적 이념도 소년범 사건 판결 시 매우 강력하게 영향을 미친다는 문제점이 있다.[15] 즉 연방대법원의 대법관 구성이 공화당 성향을 가진 법관들인지, 아니면 민주당 성향을 가진 법관들이 더 많은지에 따라 소년범에 대한 판결 경향이 달라지는 문제점이 노출되고 있다.

1) 정신장애 소년범에 대한 사형 판결

연방대법원은 2002년 6월 20일 엣킨스 대 버지니아 판결[16]에서 정신장애 소년범의 사형 판결은 수정헌법 제8조의 잔혹한 형벌 금지 규정을 위반한 것이라며, 버지니아주 대법원의 판결을 파기했다.[17]

연방대법원은 "정신장애 소년범에 대한 사형이 범죄의 억제 또는 피해자나 일반인의 응보 정서를 충족할 것이라고 확신할 수 없고, 인간의 존엄성과 품위에 대한 개념 정의와 인식은 사회 변화를 반영하

15 Armaly, M. T., (2020), Who Can Impact the US Supreme Court's Legitimacy?. Justice System Journal, 41(1), 22-36.

16 Atkins v. Virginia, 536 US 304 (2002).

17 Daryl Renard Atkins는 1996년 8월에 공범과 함께 납치, 무장 강도, 살인 혐의로 유죄판결을 받고 버지니아주 대법원으로부터 사형을 선고받았다. 범행 당시 18세이었던 공범과 엣킨스는 둘 다 상대방이 총을 발사했다고 증언했다. 공범의 증언은 배심원단에 의해 인정되었지만, 엣킨스의 주장은 신뢰를 얻지 못했다. 엣킨스의 변호사는 엣킨스의 의료기록, 학교성적 등을 통해 그의 IQ가 59에 불과한 정신장애자라고 주장하였다. 버지니아주 대법원은 엣킨스가 정신장애자라도 살인 등에 대한 형벌 책임을 부담해야 하고, 재범 위험성이 높아 사회로부터 영원히 추방할 필요성이 있다며 사형을 선고했다. supreme.justia, Atkins v. Virginia, 536 US 304(2002), https://supreme.justia.com/cases/federal/us/536/304/

여 정의되어야 하며, 그에 따라 수정헌법 제8조를 해석하고 적용해야 한다."고 지적하였다. 그리고 "피고인의 정신장애 여부는 배심원이 아니라 전문의사의 의학적이고, 객관적 임상자료를 근거로 해야 한다."고 판시하였다. 또한 "수정헌법은 정신지체 범죄자의 생명을 앗아갈 수 있는 국가의 권한을 실질적으로 제한하고 있다."고 판시하였다.

이 판결은 버지니아주 대법원이 18세 미만의 정신장애 소년범에게 사형 판결을 내리면서 정신장애 여부에 대한 진단을 정신신경 분야의 의료진이 아닌 배심원의 판정에 맡긴 점을 쟁점으로 삼았다. 한편 연방대법원은 엣킨스가 범행당시 18세 미만인 점을 특별히 고려하지 않아 소년의 발달적 특징을 고려하지 않았다는 비난을 받았다.[18]

2) 소년범에 대한 사형 판결

연방대법원은 2005년 3월 1일 로퍼스 대 시몬스 판결[19]에서 범행당시 17세의 고등학생이었던 피고 크리스토퍼 시몬스(Christopher Simmons)에게 내려진 사형 판결에 대해 미주리주 대법원이 이를 취소한 판결은 미 수정헌법 제8조와 수정헌법 제14조의 정신에 부합한다며 미주리주 대법원의 판결을 인용했다.[20] 즉, 시몬스에 대한 사형

18 Johnson, S. L., Blume, J. H., & Van Winkle, B., (2022), Atkins v. Virginia at Twenty: Still Adaptive Deficits, Still in the Developmental Period. Wash. & Lee J. Civ. Rts. & Soc. Just., 29, 55-117.

19 Roper v. Simmons, 543 U.S. 551 (2005).

20 17세인 Christopher Simmons는 1993년 9월에 살인죄를 저질렀지만, 18세가 된 후에 사형을 선고받았다. 시몬스는 항소했지만 주 고등법원 및 대법원에서 기각되었다. 그 후 Atkins v. Virginia, 536 US 304 사건에서 정신장애자에 대한 사형 판결이 수정헌법 제8조 및 제14조를 위반한다고 판시하자, 시몬스 측은 이를 바탕으로 범행 당시 17세였던 시몬스도 정신장애에 준할 정도로 의사결정 능력이 미약하다며, 미주리주 대법원에 청원서를 제출했다. 미주리주 대법원은 시몬스의 사형 선고를 취소하고 가석방 없는 종신형을 선고했다. 이에 대해 미주리주 정부는 연방대법원에 재심을 청구했다. supreme.justia, Roper v. Simmons, 543 U.S. 551 (2005), https://supreme.justia.com/cases/federal/

판결은 수정헌법 제8조의 잔혹한 수정헌법 제14조의 형벌 금지 규정과 미국 시민권 및 생명권 등의 박탈 금지 규정의 이념에 반한다는 것이다.

특히 연방대법원은 여러 주정부에서 소년범 사형을 폐지했고, 이를 다시 복원한 주정부는 없고, 사형을 폐지하지 않은 주정부도 18세 미만에게 사형을 집행하는 경우는 매우 드물다고 지적했다. 이는 연방대법원이 미주리주 대법원의 사형 선고 취소는 정신적 그리고 인격적으로 미성숙한 소년의 발달적 특징을 배려할 필요가 있다는 사회적 합의를 존중한 것이라며 이를 명확히 지지하였다는 데 의의가 있다.[21]

3) 비살인 소년범에 대한 가석방 없는 종신형 판결

연방대법원은 2010년 5월 17일 그레이엄 대 플로리다 판결[22]에서 미성년자에 대한 가석방 기회 없는 종신형은 수정헌법 제8조의 이념을 위반한 것이라고 판시하였다.[23]

16세의 테런스 그레이엄(Terrance Graham)은 2003년 7월에 강도혐의 등으로 체포되었다. 당시 플로리다주 법은 소년범에 대한 성인법원 혹은 소년법원에의 기소 여부를 검사의 재량에 두었다.[24] 그레이엄은 성인법원에 기소되었고, 유죄인정(plea agreement)을 통해 구금형 1년 및 보호관찰 3년을 선고받았다가 6개월간 구금 후 석방되었다. 석방 후 6개월이 안 된 시점인 2004년 12월에 17세인 그레이엄은 다시 강도 혐의로 체포되어 기소되었다. 1심 법원은 19세가

us/543/551/

21 Austin, N. M., (2021), Roper's Unfinished Business: A New Approach to Young Offender Death Penalty Eligibility. Buff. L. Rev., 69, 1195-1235.

22 Graham v. Florida, 560 U.S. 48 (2010).

23 supreme.justia, Graham v. Florida, 560 U.S. 48 (2010).

24 Fla. Stat. §985.227(1)(b) (2003).

된 그레이엄에게 종신형을 선고했고, 이는 최종적으로 주 대법원에 의해 확정되었다. 당시 플로리다주는 가석방 제도를 폐지했기 때문에 그레이엄은 플로리다 주지사의 사면이 있어야만 석방될 수 있었다.

이에 대해 연방대법원은 살인이 아닌 사건으로 행위 당시 17세인 소년범에게 가석방 없는 종신형을 선고한 것은 수정헌법 제8조를 위반한 것이라고 판결하였다. 특히 연방대법원은 "가석방 없는 종신형이 미국의 사회적 합의라고 볼 수 없고, 범죄에 대한 처벌은 위법 행위에 따라 차등화되고 비례해야 한다."는 입장을 명확히 하였다.

또한 그레이엄이 16세 때 행한 강도 사건 당시 소년범인 그레이엄을 성인법원에 기소함으로써 소년형사절차에 따라 처벌을 받을 수 있는 권리를 침해하였다고 판시하였다. 그리고 "플로리다 주법은 비록 15세라도 검사의 재량에 따라 성인법원에 기소가 가능할 수 있다. 소년범을 성인법원에 기소하는 것은 수정헌법 제8조와 수정헌법 제14조의 정신에 부합하지 않는다."라고 판시함으로써 소년범에 대해 무관용주의적인 플로리다주 형사사법 체계의 문제점을 지적하였다.[25]

4) 살인 소년범에 대한 가석방 없는 종신형 판결

연방대법원은 2012년 6월 25일 밀러 대 앨라배마 판결[26]에서 소년 살인범에게 자동적으로 가석방 없는 종신형을 부과하는 것은 수정헌법 제8조를 위반한다고 판시했다.[27]

---

25 Johnson, S. L., Blume, J. H., & Van Winkle, B., (2022), Atkins v. Virginia at Twenty: Still Adaptive Deficits, Still in the Developmental Period. Wash. & Lee J. Civ. Rts. & Soc. Just., 29, 55-117.

26 Miller v. Alabama, 132 S. Ct. 2455 (2012).

27 앨라배마 출신의 14세 소년 에반 밀러(Evan Miller)는 친구 콜비 스미스(Colby Smith)와 함께 트레일러에 불을 질러 이웃을 살해한 혐의로 앨라배마주 대법원으로부터 가석방 없는 종신형을, 스미스는 가석방이 가능한 종신형을 선고받자, 연방대법원에 재심을 청구했다. supreme.justia, Miller v. Alabama, 567

그런데 이 판결은 연방대법원이 가석방 없는 종신형을 청소년에게 적용하는 것을 모두 금지하는 것은 아니라는 입장을 보인 것으로 해석되어 앞서 그레이엄 대 플로리다 판결[28]과는 결을 달리한다. 그레이엄 대 플로리다 판결의 경우 살인사건이 아니었지만, 밀러 대 앨라배마 판결은 살인사건이라는 차이가 있다. 연방대법원 역시 모든 소년범에 대한 사형이나 가석방 없는 종신형을 금지하는 것은 아니고, "청소년들이 어떤 차이가 있는지를 살펴야 하고, 그런 차이점을 반영하여 가석방 없는 종신형을 선고할 필요성이 있는지 여부"를 판단해야 한다는 것으로 범죄의 중대성과 청소년의 발달 정도를 고려할 필요성을 지적하였다.

한편 유엔인권위원회(UN Human Rights Committee)는 2013년 3월 11일 제107차 회의에서 미국인권국가보고서를 채택하면서 소년범의 성인법원에의 기소나 가석방 없는 종신형 선고, 사형 선고 등은 인권침해라며 미국의 소년형사사법체계의 개선을 촉구했다.[29]

3. 소년범 개인별 발달적 특징과 환경의 비고려

소년범에 대한 무관용주의는 형사정책은 소년범 개개인의 발달적 특징과 환경을 고려하지 않고 획일적으로 적용된다는 문제점이 있다 즉, 소년범에 대한 개별화된 평가(Individualized assessment) 없이 18세 미만 임에도 불구하고 가석방 기회가 없는 종신형에 처하거나, 정신장애에 대한 의학적 판정 없이 사형을 선고하는 등 비인권적인 사법적 통제를 받는다는 비판에 직면한 것이다. 특히 비행의 위험성을 예측하고 진단하여 개별적으로 대응하지 않고, 무관용주의라는 위협

U.S. 460 (2012), https://supreme.justia.com/cases/federal/us/567/460

28 Graham v. Florida, 560 U.S. 48 (2010).

29 UN Human Rights Committee, (2013), Human Rights Committee Country Report United States Independent Information for the 107th session of the Human Rights Committee (HRC).

적 압박을 통하여 청소년의 행동을 억제하려는 정책은 그 효과가 한계가 있다는 지적이다.[30]

미국 소년법원 데이터 아카이브에 제공된 자료에 따르면 표본 대상 중 2000년에 태어난 161,057명 중 12.5%는 소년법원에 기소된 경력이 있지만, 이들 중 63%는 더 이상 범죄경력이 나타나지 않았다. 이는 소년범에 대한 개별적 처우의 필요성을 보여주는 지표라 할 것이다. 특히 미국은 무관용정책을 도입하면서 소년범의 가족분리정책(family separation policy)을 추구해 왔다. 이 가족분리정책은 소년범을 거주형시설(residential facility)로 배치하여 가족과 분리시켜 심리적으로 압박을 가하고, 연대적 책임을 부과하는 효과를 거두겠다는 취지에서 도입되었다.[31]

그런데 가족분리정책은 소년범의 정서적 불안과 불균형적인 영양 등의 문제를 야기하고, 유사한 조치가 반복되면 결국 가족과 주변인들로부터 고립됨으로써 가정과 학교 또는 사회로의 복귀를 더 어렵게 만들 수 있다. 특히 이러한 가족분리정책은 흑인, 인디언 및 히스패닉 등 법률적 그리고 사회적 보호나 지지를 받기 어려운 소년범들의 재사회화를 방해하고, 재범에 빠져들게 한다.

나아가 최초 학교총기금지법(1994)이 소년범들에게 차별적으로 적용된다는 문제점이 있다. 이 법은 제정 당시부터 연방정부의 지원을 받는 공립학교에만 적용되었다. 따라서 경제적으로 여유가 있는 백인 가정이나 아시안 가정의 청소년들은 상대적으로 학비를 내야 하는 사립학교에 진학하는 비중이 높아 학교나 경찰 등의 무관용주의적 형사정책에 상대적으로 덜 노출되는 것이다.[32]

---

30 Woods, L. V., (2021), Juvenile Detention Alternatives Initiative, Zero-Tolerance Discipline, and the School-to Prison Pipeline. Journal of Sustainable Social Change, 13(1), 1-14.

31 Olivares, M., (2019), The Rise of Zero Tolerance and the Demise of Family. Ga. St. UL Rev., 36, 287-349.

4. 형사사법 절차상 차별과 불공정한 처우 관행

2019년에 시설처우를 명령받은 소년범의 81%가 소년구치소에, 9%는 장기보안시설에 수용되었다. 이들 대부분은 학교교육을 받아야 하는 연령대이지만, 시설의 운영주체가 달라 교육 프로그램과 그 수준이 일정하지 않다.[33]

미국 인구 10만 명 당 인종별 수용 소년범[34]

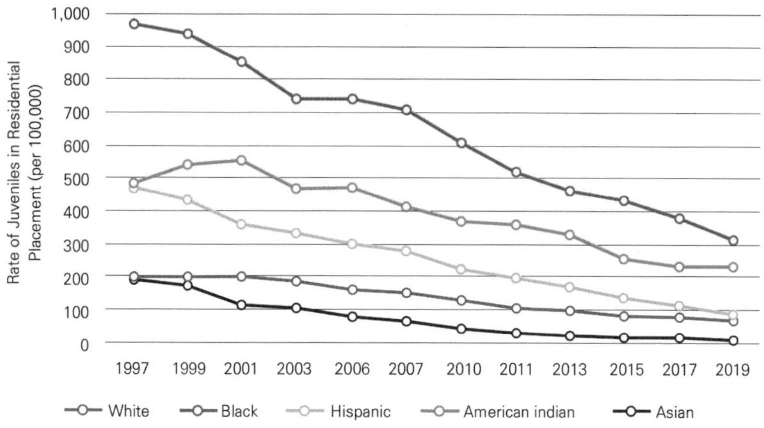

자료: OJJDP, https://ojjdp.ojp.gov/model-programs-guide/literature-reviews/racial-and-ethnic-disparity#5-0/

나아가 구금 청소년의 인종별 차이가 현격하다는 점이다. 즉, 흑인 청소년의 비중이 압도적으로 높아 형사사법 절차상 무관용주의가 흑

32 Swanson, J. W., (2020),The color of risk protection orders: gun violence, gun laws, and racial justice. Injury epidemiology, 7(1), 1-6.

33 Belkin, L. D., (2020), Challenges with school re-entry for incarcerated youth and inadequacies of collaborative service provision by schools and agencies. Handbook on promoting social justice in education, 2487-2523.

34 Office of Juvenile Justice and Delinquency Prevention, https://ojjdp.ojp.gov/model-programs-guide/literature-reviews/racial-and-ethnic-disparity #5-0

인 소년범에게 더 강력하게 적용된다는 비난을 받고 있다. 2019년 미국의 10세~20세 전체 소년인구 중 흑인 비중은 14%에 불과하나 교정시설에 수용된 흑인 소년범 비중은 41%에 해당한다. 반면에 전체 소년인구 중 백인 비중은 52%이나 교정시설의 백인 소년범 비중은 33% 정도에 불과해 흑인 소년범에 대한 구금처우 비중이 차별적으로 높다.

흑인 소년범은 재산범죄 45%, 대인범죄 44%이나 백인 소년범은 재산범죄 32%, 대인범죄 30%로 흑인 소년범들이 형사사법 절차상 법률적 변호 및 기타 관련 지원 등에 어려움을 겪었을 가능성이 높다. 즉, 흑인 소년범들은 반복적으로 형사사법기관에 의하여 차별적 대우를 받고, 상습적 범죄인으로 낙인이 찍혀 구금형이 선고되는 악순환 경로에 빠져든다. 이는 한편으로는 흑인 청소년들이 학교총기금지법상 무관용주의가 적용되는 공립학교에 다니는 비중이 높은 것과도 무관하지 않다.[35]

5. 소년범의 성인 교정시설에의 수용 문제

소년범을 성인 교정시설에 구금함으로써 이들을 다양한 위험에 빠뜨린다는 점이다. 즉, 연방대법원은 그레이엄 대 플로리다 판결(2010)에서 범행 당시 16세인 그레이엄을 성인 형사법원에 기소하여 유죄인정(plea agreement)을 통해 구금형을 선고받아 출소한 후 재범죄를 행한 그레이엄을 다시 성인 형사법원에 기소하는 것은 그 자체로 차별이라고 규정하였다. 이어 밀러 대 앨라배마 판결(2012)을 통해 18세 미만 소년범에게 가석방 없는 종신형을 선고하는 것은 수정헌법을 위반한 것이라고 판시하였다. 연방대법원의 이 판결 등을 통해 아이오와, 매사추세츠, 일리노이, 미시시피주 등은 기존 18세 미만에 대한 판결에 소급 적용하고, 관련법을 개정하는 등의 변화를 보

35 Swanson, J. W., (2020),The color of risk protection orders: gun violence, gun laws, and racial justice. Injury epidemiology, 7(1), 1-6.

였다. 그러나 루이지애나, 미네소타, 펜실베이니아, 와이오밍, 플로리다주 등은 18세 미만에 대한 형사법원 기소와 종신형 등의 기존 판결에 대하여 연방대법원의 판결을 소급 적용하지 않았다.

2019년을 기준으로 미국 전체 성인교정시설에 수용된 18세 미만 비행 소년범 비중은 0.5%이다. 무관용주의적 형사정책이 강화되던 1990년 초기부터 18세 미만 소년범의 성인 교정시설 수용에 대한 문제점이 노출되었으나 여전히 해결되지 않고 있다. 즉, 소년범에 대한 개별적 처우가 이뤄지지 않고, 성인 수용자 및 교도관에 의한 폭행, 성폭력 및 노동력 착취 등의 인권침해 문제에 직면한 것이다.[36]

특히 과밀수용이 심각한 주정부 교도소의 경우 소년범에 대한 의료지원이나 학교 교육과정은 우선순위에서 밀려나 교정처우 본래의 기능을 다하지 못한다는 비난도 제기된다.[37]

Ⅳ. 무관용주의 형사정책의 딜레마

1. 과도한 무관용주의: 과밀수용을 낳다.

깨진 창문이론을 바탕으로 한 무관용주의 형사정책은 필연적으로 강력한 법집행과 구금형주의를 강화하게 되었다. 무관용주의적 형사정책은 경찰의 강력한 법집행과 특정지역에서의 표적 경찰권 행사 등으로 이어져 범죄자의 교정시설로 걸어가는 파이프라인이 되었다.[38]

---

36 Office of Juvenile Justice and Delinquency Prevention, (2023), https://han.gl/PVS8b.

37 Liwanga, R. C., & Ibe, P., (2021), Transfer of child offenders to adult criminal courts in the USA: An unnecessary exercise, unconstitutional practice, international law violation, or all of the above?. Ga. J. Int'l & Comp. L., 49, 101-128.

38 Insler, M. A., McMurrey, B., & McQuoid, A. F. (2019). From broken windows to broken bonds: Militarized police and social fragmentation. Journal of Economic Behavior & Organization, 163, 43-62.

미국의 교정시설 수용인구(2023)[39]

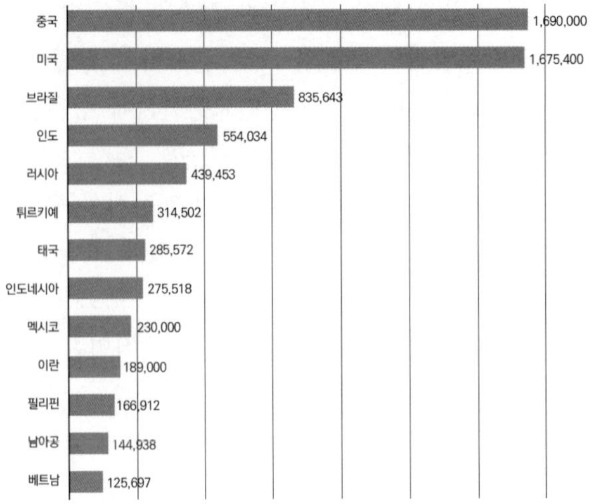

자료: STATISTA, https://www.statista.com/

미국 인구 10만 명 당 교정시설 수용인구(2023)[40]

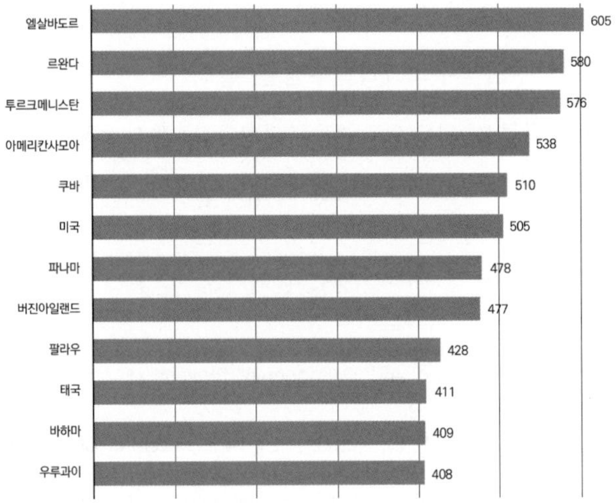

자료: STATISTA, https://www.statista.com/

39 STATISTA, https://www.statista.com/

2. 도덕적 딜레마

첫째, 무관용정책과 관련된 일반적인 도덕적 딜레마 중 하나는 개인의 상황이나 의도에 대한 고려가 부족하다는 것이다.[41] 예를 들어, 학교 환경에서 폭력에 대한 무관용주의는 학생이 정당방위를 했다고 하더라도 신체적 다툼에서 자신을 방어했다는 이유로 정학이나 퇴학을 당할 수 있다.

둘째, 형평성의 문제가 있다. 무관용주의는 때때로 특히 소외되거나 취약한 개인에게 불균형적으로 가혹한 결과를 초래할 수 있다. 예를 들어, 청소년의 경우 특정 배경이나 커뮤니티의 학생들이 동일한 범죄에 대해 동료 학생들에 비해 더 가혹한 처벌을 받을 수도 있다. 유색인종, 빈곤계층, 변호사 조력없는 피고인 등에게 더 가혹한 처벌과 구금형이 부과될 수 있다.

셋째, 사회구성원 상호 간 공감능력과 유대감을 저하시킨다는 문제점이 있다. 상대방의 어려움을 이해하고 배려하며 성찰하는 방식으로 갈등을 해결하는 것이 아니라 징벌적으로 문제를 해결함으로써 근본적인 갈등이 해소되지 않는다.

넷째, 착한 사마리안(good samaritan), 즉 선량한 시민의식을 저해한다는 문제점이 있다. 무관용주의는 개인이 심각한 결과에 대한 두려움으로 사건 신고나 도움 요청을 주저하는 공포와 불신의 문화를 조성할 위험이 있다.

한국의 경우에도 무관용주의적 형사정책이 헌법재판소에 의해 위헌판결로 관련 법이 개정되는 경우도 있다. 대표적으로 일명 윤창호법을 들 수 있다.[42]

---

40 STATISTA, https://www.statista.com/

41 Thayer-Bacon, B. J. (2020). Vulnerable children and moral responsibility: Loss of humanity. Educational Theory, 70(6), 701-716.

헌법재판소는 "이 사건은 2회 이상 음주운전 금지규정을 위반한 사람을 2년 이상 5년 이하의 징역이나 1천만 원 이상 2천만 원 이하의 벌금에 처하도록 규정한 구 도로교통법 제148조의2 제1항 중 '제44조 제1항 즉 음주운전 금지조항을 2회 이상 위반한 사람'에 관한 부분이 죄형법정주의의 명확성원칙에는 위배되지 않으나, 책임과 형벌 간의 비례원칙에 위배되어 헌법에 위반된다고 결정하였다고" 발표하였다.

책임과 형벌 간의 비례원칙을 위반하였다고 판시한 판시 내용은 다음과 같다.

심판대상조항은 음주운전 금지규정을 반복하여 위반하는 사람에 대한 처벌을 강화하기 위한 규정이다. 그런데 가중요건이 되는 과거 위반행위와 처벌대상이 되는 재범 음주운전행위 사이에 아무런 시간적 제한을 두지 않고 있다. 과거 위반행위가 예컨대 10년 이상 전에 발생한 것이라면 처벌대상이 되는 재범 음주운전이 준법정신이 현저히 부족한 상태에서 이루어진 행위라거나 교통안전 등을 '반복적으로' 위협하는 행위라고 평가하기 어렵다. 따라서 이를 일반적 음주운전 금지규정 위반행위와 구별하여 가중처벌할 필요가 있다고 보기 어렵다. 범죄전력이 있음에도 다시 범행한 경우 가중된 행위책임을 인정할 수 있다고 하더라도, 전범을 이유로 아무런 시간적 제한 없이 무제한 후범을 가중처벌하는 예는 찾기 어렵다. 이는 공소시효나 형의 실효를 인정하는 취지에도 부합하지 않는다.

또한 심판대상조항은 과거 위반 전력, 혈중알코올농도 수준 등에 비추어, 보호법익에 미치는 위험 정도가 비교적 낮은 유형의 재범 음주운전행위도 일률적으로 그 법정형의 하한인 2년 이상의 징역 또는 1천

42 헌법재판소, 2019헌바446 도로교통법 제148조의2 제1항 위헌소원, https://www.ccourt.go.kr/site/kor/ex/bbs/View.do?cbIdx=1106&bcIdx=988460/

만 원 이상의 벌금을 기준으로 처벌하도록 하고 있다.

반복적 음주운전에 대한 강한 처벌이 국민일반의 법감정에 부합할 수 있다. 그러나 결국에는 중벌에 대한 면역성과 무감각이 생기게 되어 법의 권위를 실추시키고 법질서의 안정을 해할 수 있으므로, 재범 음주운전을 예방하기 위한 조치로서 형벌 강화는 최후의 수단이 되어야 한다. 심판대상조항은 음주치료나 음주운전 방지장치 도입과 같은 비형벌적 수단에 대한 충분한 고려 없이 과거 위반 전력 등과 관련하여 아무런 제한도 두지 않고 죄질이 비교적 가벼운 유형의 재범 음주운전 행위에 대해서까지 일률적으로 가중처벌하도록 하고 있다. 따라서 심판대상조항은 책임과 형벌 간의 비례원칙에 위반된다.

참고문헌

1 The Washington Post, How a 50-year-old study was misconstrued to create destructive broken-windows policing, https://han.gl/S6WQG

2 Clark, J., & Henry, D. A., (1997), "Three Strikes and You're Out": A Review of State Legislation.

3 허경미, (2018), 학교폭력의 무관용주의적 접근에 대한 비판과 정책적 제언, 경찰학논총, 13(2), 223-254.

4 U.S. Supreme Court, in New York City Transit Authority v. Beazer, 440 U.S. 568, 99 S.Ct. 1355, 59 L.Ed.2d 587 (1979).

5 Cerrone, (1999), "The Gun-Free Schools Act of 1994: Zero tolerance takes aim at procedural due process", Pace L, Rev, 20, 131-188.

6 Cunneen, C. (1999). Zero tolerance policing and the experience of New York City. Current Issues in Criminal Justice, 10(3), 299-313.

7 Gau, J. M., & Pratt, T. C. (2008). Broken windows or window dressing? Citizens'(in) ability to tell the difference between disorder and crime. Criminology & Public Policy, 7(2), 163-194.

8 Cornell, D. G., Mayer, M. J., & Sulkowski, M. L., (2020), History and future of school safety research. School psychology review, 50(2-3), 143-157.

9 Gun-Free Schools Act of 1994, sec. 8921(3)(d).

10 Gun-Free Schools Act of 1994, sec. 8921(3)(d).

11 Gun-Free Schools Act of 1994, sec. 8921(3)(c).

12 Gun-Free Schools Act of 1994, sec. 8922(a).

13 FBI, (1999), Columbine High School, https://han.gl/R7nIw.

14 Jefferson County (Colo.). Sheriff's Office, https://commons.wikimedia.org/w/index.php?curid=145208837

15 Armaly, M. T., (2020), Who Can Impact the US Supreme Court's Legitimacy?. Justice System Journal, 41(1), 22-36.

16 Atkins v. Virginia, 536 US 304 (2002).

17 supreme.justia, Atkins v. Virginia, 536 US 304(2002), https://supreme.justia.com/cases/federal/ us/536/304/

18 Johnson, S. L., Blume, J. H., & Van Winkle, B., (2022), Atkins v. Virginia at Twenty: Still Adaptive Deficits, Still in the Developmental Period. Wash. & Lee J. Civ. Rts. & Soc. Just., 29, 55-117.

19 Roper v. Simmons, 543 U.S. 551 (2005).

20 supreme.justia, Roper v. Simmons, 543 U.S. 551 (2005), https://supreme.justia.com/cases/federal/ us/543/551/

21 Austin, N. M., (2021), Roper's Unfinished Business: A New Approach to Young Offender Death Penalty Eligibility. Buff. L. Rev., 69, 1195-1235.

22 Graham v. Florida, 560 U.S. 48 (2010).

23 supreme.justia, Graham v. Florida, 560 U.S. 48 (2010).

24 Fla. Stat. §985.227(1)(b) (2003).

25 Johnson, S. L., Blume, J. H., & Van Winkle, B., (2022), Atkins v. Virginia at Twenty: Still Adaptive Deficits, Still in the Developmental Period. Wash. & Lee J. Civ. Rts. & Soc. Just., 29, 55-117.

26 Miller v. Alabama, 132 S. Ct. 2455 (2012).

27 supreme.justia, Miller v. Alabama, 567 U.S. 460 (2012), https://supreme.justia.com/cases/federal/us/567/460

28 Graham v. Florida, 560 U.S. 48 (2010).

29 UN Human Rights Committee, (2013), Human Rights Committee Country Report United States Independent Information for the 107th session of the Human Rights Committee (HRC).

30 Woods, L. V., (2021), Juvenile Detention Alternatives Initiative, Zero-Tolerance Discipline, and the School-to Prison Pipeline. Journal of Sustainable Social Change, 13(1), 1-14.

31 Olivares, M., (2019), The Rise of Zero Tolerance and the Demise of Family. Ga. St. UL Rev., 36, 287-349.

32 Swanson, J. W., (2020),The color of risk protection orders: gun violence, gun laws, and racial justice. Injury epidemiology, 7(1), 1-6.

33 Belkin, L. D., (2020), Challenges with school re-entry for incarcerated youth and inadequacies of collaborative service provision by schools and agencies. Handbook on promoting social justice in education, 2487-2523.

34 Office of Juvenile Justice and Delinquency Prevention, https://ojjdp.ojp.gov/model-programs-guide/literature-reviews/racial-and-ethnic-disparity#5-0

35 Swanson, J. W., (2020),The color of risk protection orders: gun violence, gun laws, and racial justice. Injury epidemiology, 7(1), 1-6.

36 Office of Juvenile Justice and Delinquency Prevention, (2023), https://han.gl/PVS8b.

37 Liwanga, R. C., & Ibe, P., (2021), Transfer of child offenders to adult criminal courts in the USA: An unnecessary exercise, unconstitutional practice, international law violation, or all of the above?. Ga. J. Int'l & Comp. L., 49, 101-128.

38 Insler, M. A., McMurrey, B., & McQuoid, A. F. (2019). From broken windows to broken bonds: Militarized police and social fragmentation. Journal of Economic Behavior & Organization, 163, 43-62.

39 STATISTA, https://www.statista.com/

40 STATISTA, https://www.statista.com/

41 Thayer-Bacon, B. J. (2020). Vulnerable children and moral responsibility: Loss of humanity. Educational Theory, 70(6), 701-716.

42 헌법재판소, 2019헌바446 도로교통법 제148조의2 제1항 위헌소원, https://www.ccourt.go.kr/site/kor/ex/bbs/View.do?cbIdx=1106&bcIdx=988460/

CHAPTER

14

화학적 거세: 신체적 제재와 윤리 그 너머

DILEMMA BETWEEN PUNISHMENT AND SOCIAL ACCEPTABILITY

범죄와 도덕적 가치

Crime and Moral Values

Ⅰ. 이른바 거세의 역사

거세(去勢, castration)의 사전적 의미는 남성이나 여성의 생식에 필요한 신체 부위를 훼손시켜 생식기능이 불가능한 상태로 만드는 것을 말한다. 통상 고환이나 난소를 절제하거나 그 기능을 훼손하거나 자궁적출술 등의 방법이 행해지고 있다.

역사적으로 거세는 다양한 목적으로 행하여져 왔다. 즉, 거세는 종교적, 음악적, 의학적, 성적 그리고 성욕예방의 목적으로 행해졌다.[1] 고대 이집트에서는 간통죄를 처벌하는 수단으로, 고대 그리스에서는 상업적인 목적으로 노예들에게 거세를 행하였다. 중국과 중동의 왕궁에서는 시종들을 거세하여 그들이 성생활을 하지 못하도록 하였다. 유럽의 중세시대에는 성범죄, 동성애에 대한 처벌 수단으로 이용되었다. 12세기 영국에서는 반역죄에 대해 눈을 멀게 하고 거세를 형벌로 활용한 사례가 발견되었다. 식민지 미국에서는 전쟁 포로와 노예에게 거세를 강요했다.

19세기에 들어서면서 우생학적으로 정신장애자에 대한 거세 필요성을 주장하며 그 도구로 활용하였다. 독일 나치는 성범죄자, 동성애자, 정신장애자 및 유대인들에게 강제적으로 거세를 하였다. 19세기 말까지 남자 아이의 변성기 전 목소리를 유지시키려는 수단으로 거세를 시키기도 하였다. 의학적으로는 고환손상 치료나 전립선암을 치료하기 위해 거세를 활용하였다.

한편 20세기에 들어서면서 북유럽에서 성범죄자에 대한 처벌 또는 치료의 수단으로 고환을 제거하는 외과적 거세(surgical castration) 관련법이 본격적으로 등장하였다. 덴마크(1929, 1935, 1967), 노르웨이(1934, 1977), 핀란드(1935, 1950), 에스토니아(1937), 아이슬란드(1938),

1 허경미. (2019). 북유럽의 성범죄자 화학적 거세제도에 관한 연구. 한국경찰연구, 18(1), 291-312.

라트비아(1938), 스웨덴(1944), 체코(1966) 등이 이에 해당된다. 당시 스위스, 네덜란드, 그린란드에서는 관련법을 제정하지는 않았지만 성범죄의 처벌수단으로 거세를 활용하였다.

외과적 거세(surgical castration)는 사법적 거세(judicial castration)와 치료적 거세(therapeutic castration)의 두 가지 유형으로 구분할 수 있다.

사법적 거세는 성범죄에 대한 처벌로 간주되며, 치료적 거세는 성범죄를 방지하기 위한 치료 목적으로 사용되었다.

Ⅱ. 화학적 거세

1. 도입국가

외과적 거세의 효과는 긍정적인 것으로 밝혀지긴 했지만, 범죄자에게 분노를 유발시키고, 범죄자에게 수술을 강요할 경우 불안과 긴장이 증가하고 실제로 정신적 문제가 악화될 수 있다는 비판에 직면하였다. 그리고 무엇보다 비인간적인 신체형이라는 비난에 처했다.[2]

따라서 물리적 거세를 대체할 수단이 필요하였고 이것이 화학적 거세(Chemical Castration)이다. 화학적 거세는 테스토스테론 생성을 억제하는 약물을 주사하는 비수술적, 가역적 처치로서 안드로겐 감소치료(Androgen Deprivation Therapy: ADT), 약물치료(medicine treatment) 등으로도 불린다. 화학적 거세용 약물은 성적인 관심, 성적 환상, 발기 및 성적 활동을 감소시켜 대상자의 성적 평온(sexual calm) 상태를 유도하는 것으로 알려졌다.

2 Ratkoceri, V. (2017). "Chemical Castration of Child Molesters-Right or Wrong?!". 「European Journal of Social Sciences Education and Research」, 11(1): 70-76.

화학적 거세 수단[3]

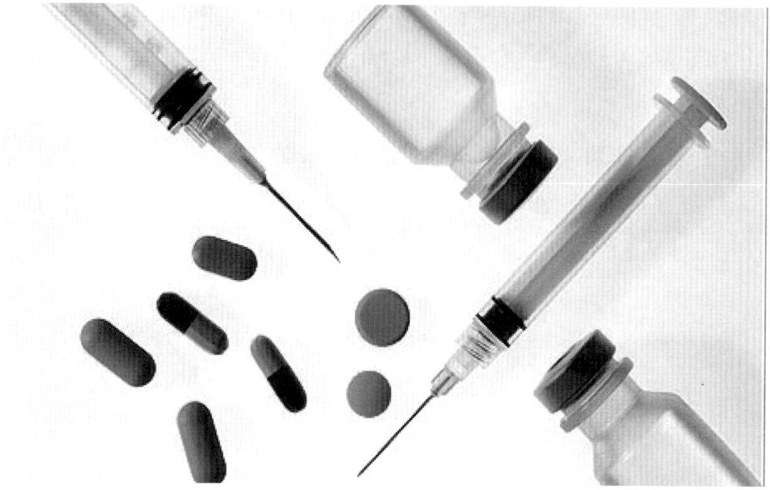

자료: theguardian, 2012.3.13., Should sex offenders be chemically 'castrated'?, https://han.gl/p1Kkv/

화학적 거세는 한국(2011)을 포함하여 미국(1996),[4] 아르헨티나(2010), 호주(2010), 에스토니아(2012), 이스라엘(2009), 몰도바(2012), 뉴질랜드(2010), 폴란드(2010), 러시아(2012), 덴마크(1973), 노르웨이(1977), 핀란드(1970), 인도(2012), 스위스(2013), 파키스탄(2020), 독일(2014), 헝가리(2023), 프랑스(2005), 아이슬란드(2013), 리투아니아(2012), 영국(2012), 벨기에(1998), 스웨덴(1976), 마케도니아(2013), 터키(2016), 인도네시아(2021) 등에서 도입하였다.

3 theguardian, 2012.3.13., Should sex offenders be chemically 'castrated'?, https://han.gl/p1Kkv/

4 미국에서는 최초로 캘리포니아(1996)에서 시행하였다. 조지아, 몬태나, 오리곤, 위스콘신, 앨라버마, 뉴멕시코주 등은 화학적 거세만을 허용한다. 캘리포니아, 아이오와, 플로리다 및 루이지애나는 화학 및 외과적 거세를 함께 허용한다. 텍사스는 외과적 거세만을 허용한다. NARSOL, 2023.1.23., Chemical castration as public policy gets a failing grade, https://www.narsol.org/2023/01/chemical-castration-as-public-policy-gets-a-failing-grade/

한국은 「성폭력범죄자의 성충동 약물치료에 관한 법률」을 2010년에 제정하여 2011년부터 시행하였고, 10여 차례의 개정을 거쳐 2020년 6월을 기준으로 법률 제16915호, 2020년 2월 4일자로 개정 및 시행되고 있다.

이 법은 헌법재판소에 의해 2015년 12월 23일 자로 일부 합헌 및 일부 위헌 판결이 선고되어 개정되었다. 판결의 요지는 다음과 같다(헌법재판소 2015. 12. 23. 선고 2013헌가9 결정문 일부).

> 성충동 약물치료는 성폭력범죄를 저지른 성도착증 환자의 동종 재범을 방지하기 위한 것으로서 그 입법목적이 정당하고, 성충동 약물치료는 성도착증 환자의 성적 환상이 충동 또는 실행으로 옮겨지는 과정의 핵심에 있는 남성호르몬의 생성 및 작용을 억제하는 것으로서 수단의 적절성이 인정된다.
>
> 나아가 성충동 약물치료명령은 전문의의 감정을 거쳐 성도착증 환자로 인정되는 사람을 대상으로 청구되고, 한정된 기간 동안 의사의 진단과 처방에 의하여 이루어지며, 부작용 검사 및 치료가 함께 이루어지고, 치료가 불필요한 경우의 가해제제도가 있으며, 치료 중단시 남성호르몬의 생성과 작용의 회복이 가능하다는 점을 고려할 때, 심판대상조항들은 원칙적으로 침해의 최소성 및 법익균형성이 충족된다.
>
> 다만, 다만 장기형이 선고되는 경우 치료명령의 선고시점과 집행시점 사이에 상당한 시간적 간극이 있어 집행시점에서 발생할 수 있는 불필요한 치료와 관련한 부분에 대해서는 침해의 최소성과 법익균형성을 인정하기 어렵다. 따라서 치료명령 집행 시점에서 불필요한 치료를 막을 수 있는 절차가 마련되어 있지 않은 점은 과잉금지원칙에 위배되어 치료명령 대상자의 신체의 자유 등 기본권을 침해한다.

2. 시행 방식

화학적 거세를 허용하는 방식은 각 국가마다 차이가 있지만 대체로 세 가지 유형으로 구분할 수 있다.[5]

첫째는 치료목적으로 화학적 거세를 행하는 유형으로 특정 유형의 범죄에 대해 유죄판결을 받고 치료에 동의하면서 동의가 명확하게 자발적이라는 것이 확인된 경우에만 화학적 거세가 이루어지는 경우이다. 영국과 덴마크, 핀란드 등이 대표적이다.

두 번째 유형은 화학적 거세와 관련된 법이 임의적인 경우로 대상자가 특정범죄로 유죄판결을 받은 경우 법원이 구금형과 함께 부과할 수 있는 양형의 옵션이 되는 경우이다. 화학적 거세명령은 법원의 재량이지만 화학적 거세명령을 받은 경우 이는 반드시 집행하여야 한다. 한국 및 미국의 일부 주, 스웨덴, 노르웨이 등이 이에 속한다.

세 번째 유형은 화학적 거세가 의무적인 경우로 대상자가 특정유형의 범죄로 유죄판결을 받은 경우, 법원은 화학적 거세를 반드시 함께 선고하여야 하는 경우이다. 미국의 일부 주, 폴란드, 에스토니아 등이 이에 속한다.

5 허경미. (2019). 북유럽의 성범죄자 화학적 거세제도에 관한 연구. 한국경찰연구, 18(1), 291-312.

약물치료(화학적 거세) 시행과정

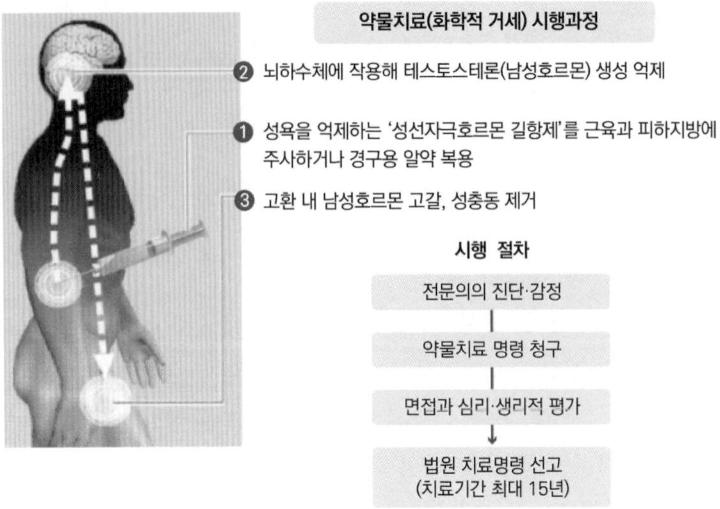
약물치료(화학적 거세) 시행과정
② 뇌하수체에 작용해 테스토스테론(남성호르몬) 생성 억제
① 성욕을 억제하는 '성선자극호르몬 길항제'를 근육과 피하지방에 주사하거나 경구용 알약 복용
③ 고환 내 남성호르몬 고갈, 성충동 제거
시행 절차
전문의의 진단·감정
약물치료 명령 청구
면접과 심리·생리적 평가
법원 치료명령 선고
(치료기간 최대 15년)

자료: 법무부, 범죄예방정책국, http://www.moj.go.kr/

3. 효과와 부작용

약물치료에 사용되는 약물은 남성호르몬 억제제인 시프로테론(Cyproterone), 가임억제호르몬제인 데포프로베라(Depo-Provera), 메드락시프로제스테론(Medroxy Progesterone Acetate: MPA), 루프로라이드(Leuprolide), 고세라인(Goserelin) 및 트립토레린(Tryptorelin)과 같은 약물이 사용된다. 이들 약물은 서로 다른 방법으로 사용되긴 하지만 모두 생식호르몬을 억제하는 공통적인 효과를 가지고 있다.[6]

다만 부작용(side effect)으로 골다공증, 심혈관질환, 성인병, 우울증, 체중증가 다한증, 탈모증세 등 다양한 부작용이 동반되는 것으로 알려져 있다. 실제로 국내 국립법무병원에서 성범죄로 입원하여 치료받은 환자를 대상으로 한 연구결과, 약 70%가 부작용이 나타났다.[7]

6 허경미, 피해자학 제3판, 2023, 박영사. 310.

Ⅲ. 한국의 성범죄와 화학적 거세

1. 대상자와 절차

「성폭력범죄자의 성충동 약물치료에 관한 법률」 제2조는 성충동 약물치료, 즉 화학적 거세에 대해 비정상적인 성적 충동이나 욕구를 억제하기 위한 조치로서 성도착증 환자에게 약물투여 및 심리치료 등의 방법으로 도착적인 성기능을 일정기간 동안 약화 또는 정상화하는 것이라고 정의하고 있다.

검사는 성폭력범죄를 저지른 성도착증 환자로서 성폭력범죄를 다시 범할 위험성이 있다고 인정되는 19세 이상의 사람에 대하여 약물치료명령을 법원에 청구할 수 있고, 법원은 피고사건의 심리결과 약물치료명령을 할 필요가 있다고 인정하는 때에는 검사에게 약물치료명령의 청구를 요구할 수 있다.

법원은 약물치료명령의 청구가 이유 있다고 인정하는 때에는 15년의 범위에서 치료기간을 정하여 판결로 약물치료명령을 선고한다. 약물치료명령을 선고받은 사람은 치료기간 동안 「보호관찰 등에 관한 법률」에 따른 보호관찰을 받는다.[8]

징역형과 함께 약물치료명령을 받은 사람 및 그 법정 대리인은 징역형의 집행이 종료되기 전 12개월부터 9개월까지의 기간에 주거지 또는 현재지를 관할하는 지방법원에 치료명령이 집행될 필요가 없을 정도로 개선되어 성폭력 범죄를 다시 범할 위험성이 없음을 이유로 약물치료명령의 집행 면제를 신청할 수 있다.

검사는 성폭력범죄를 저질러 징역형 이상의 형이 확정되었으나

7 코메디닷컴, 2018.9.12., '화학적 거세' 부작용 큰데, 시행해야 할까?, https://han.gl/N1Ksx/

8 법무연수원, 2023 범죄백서, 2014, 442-444.

약물치료명령이 선고되지 아니한 수형자 중 성도착증 환자로서 성폭력범죄를 다시 범할 위험성이 있다고 인정되고 약물치료를 받는 것을 동의하는 사람에 대하여 그의 주거지 또는 현재지를 관할하는 지방법원에 15년의 범위에서 치료명령을 청구할 수 있다.

또한 치료감호심의위원회는 성폭력범죄자 중 성도착증환자로서 치료감호의 집행 중 가종료 또는 치료위탁되는 피치료감호자나 보호감호의 집행 중 가출소되는 대상자에게 보호관찰 기간의 범위에서 치료명령을 부과할 수 있다.

성충동 약물치료명령의 집행은 「의료법」에 따른 의사의 진단과 처방에 의한 약물투여, 「정신건강증진 및 정신질환자 복지서비스 지원에 관한 법률」에 따른 정신건강 전문요원 등 전문가에 의한 인지행동치료 등 심리치료 프로그램의 실시, 전담 보호관찰관의 보호관찰 지도감독을 통해 이루어진다.

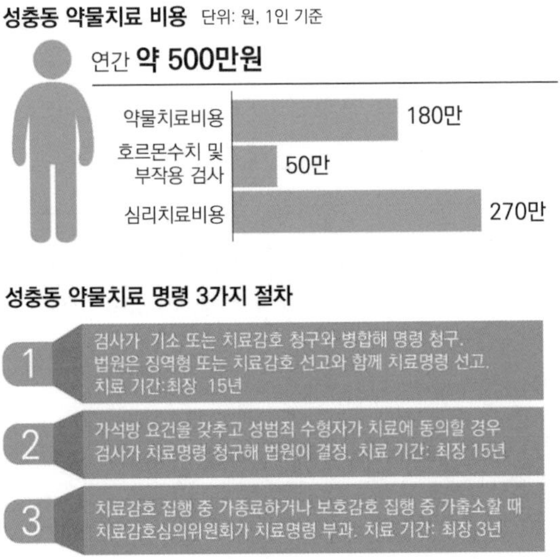

성충동 약물치료 비용 단위: 원, 1인 기준
연간 약 500만원
약물치료비용
180만
호르몬수치 및 부작용 검사
50만
심리치료비용
270만
성충동 약물치료 명령 3가지 절차
1
검사가 기소 또는 치료감호 청구와 병합해 명령 청구.
법원은 징역형 또는 치료감호 선고와 함께 치료명령 선고.
치료 기간:최장 15년
2
가석방 요건을 갖추고 성범죄 수형자가 치료에 동의할 경우
검사가 치료명령 청구해 법원이 결정. 치료 기간: 최장 15년
3
치료감호 집행 중 가종료하거나 보호감호 집행 중 가출소할 때
치료감호심의위원회가 치료명령 부과. 치료 기간: 최장 3년

자료: 중앙일보, 2019.8.21. "나도 화학적 거세 해달라" 성범죄자 아닌 일반인이 왜, https://www.joongang.co.kr/article/23557514#home/

2. 현황

2011년에 성충동약물치료법이 제정된 후 최초로 약물치료명령이 선고된 2013년부터 2022년까지 현황은 다음과 같다.

범죄유형별 약물치료명령(2013~2022)

구분 연도	합계	강간 등				강제추행			
		소계	성폭법 위반	형법 위반	아청법 위반	소계	성폭법 위반	형법 위반	아청법 위반
2013	8	8	6	1	1	-	-	-	-
2014	11	9	9	-	-	2	1	1	-
2015	6	6	4	1	1	-	-	-	-
2016	9	7	6	1	-	2	1	1	-
2017	6	4	4	-	-	2	1	1	-
2018	8	7	3	3	1	1	-	-	1
2019	18	14	13	1	-	4	3	1	-
2020	6	5	3	1	1	1	-	-	1
2021	13	10	6	3	1	3	2	-	1
2022	10	3	3	-	-	7	3	3	1
합계	95	73	57	11	5	22	11	7	4

자료: 법무연수원, 2023 범죄백서, 2014, 444.

선고기간별 약물치료명령(2013~2022)

구분 연도	합계	법원판결							가종료/가출소
		소계	1년	2년	3년	5년	7년	10년	3년
2013	8	6	1	2	3	-	-	-	2
2014	11	6	1	2	1	2	-	-	5
2015	6	6	1	3	-	-	2	-	-
2016	9	4	-	-	1	3	-	-	5
2017	6	-	-	-	-	-	-	-	6
2018	8	1	-	-	-	1	-	-	7
2019	18	2	-	-	-	1	-	1	16

2020	6	2	-	-	-	1	-	1	4
2021	13	1	-	-	-	-	-	1	12
2022	10	1	-	-	1	-	-	-	9
합계	95	29	3	7	6	8	2	3	66

자료: 법무연수원, 2023 범죄백서, 2014, 443.

약물치료명령 집행(2013~2022)

구분 / 연도	개시				종료				현재원				대기
	소계	법원 판결	가종료 가출소	가석방	소계	법원 판결	가종료 가출소	가석방	소계	법원 판결	가종료 가출소	가석방	법원 판결
2013	2	-	2	-	-	-	-	-	3	-	3	-	7
2014	4	-	4	-	-	-	-	-	7	-	7	-	12
2015	1	-	1	-	1	-	1	-	7	-	7	-	18
2016	7	2	5	-	2	-	2	-	12	2	10	-	20
2017	5	-	5	-	4	-	4	-	13	2	11	-	20
2018	10	3	7	-	1	-	1	-	22	5	17	-	18
2019	17	-	17	-	8	3	5	-	32	2	30	-	20
2020	2	-	2	-	7	1	6	-	26	1	25	-	22
2021	15	2	15	-	8	-	8	-	34	2	32	-	22
2022	8	-	8	-	18	-	18	-	24	2	22	-	25

자료: 법무연수원, 2023 범죄백서, 2014, 442.

3. 효과

약물치료의 효과에 대해서는 한국형사법무정책연구원이 약물치료명령을 받고 치료중인 대상자들에 대한 전담보호관찰관 21명을 대상으로 조사한 결과에서 어느 정도 유추할 수 있다. 조사대상 총 21명 중 약물치료가 대상자의 성충동을 약 90% 이상으로 거의 완벽한 수준까지 억제한다고 답변한 보호관찰관은 2명(9.52%), 71~80%, 81~90%에 대해 각각 8명(38.1%)의 보호관찰관이 그렇다고 답했다. 따라서 약물치료가 성충동을 약 80% 이상 억제할 수 있다고 긍정적으로 답한 보호관찰관은 총 10명(47.6%)이었고, 나머지는 완전한 성충동 억제에는 그 효과가 다소 부족하다는 의견을 보였다.

보호관찰관이 인식하는 약물치료대상자의 성충동 억제 효과[9]

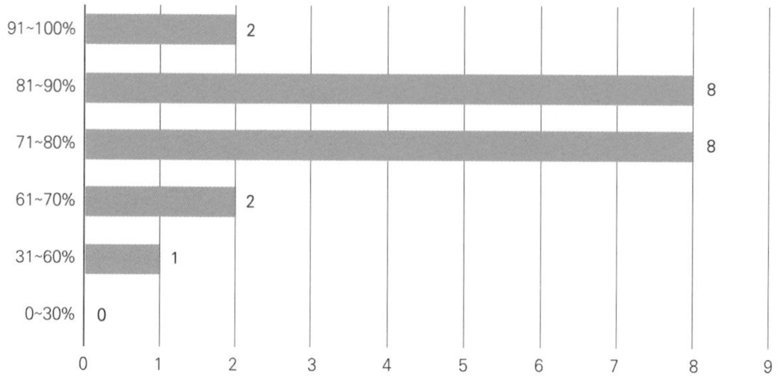

자료: 한국형사법무정책연구원, 중형주의 형사제재의 실효성 평가연구III, 2023, 357.

왜 그렇게 생각하는가에 대한 질문에 대하여 보호관찰관들은 대상자와의 면담과정에서 성적 충동에 관한 진술을 들었다는 점(8명)을 들었다.[10]

한편 약물치료명령 대상자 64명과 비교집단 176명[11]을 대상으로 성범죄 재범 여부를 비교한 결과 약물치료 대상자 집단에서는 총 64명 중 단 1명(1.6%), 약물치료를 받지 않은 비교집단에서는 총 176명 중 19명(10.8%)이 감독기간 내에 성범죄를 저지른 것으로 나타났다.[12] 약물치료를 받은 대상자의 성범죄 재범률이 약 6배 이상 낮은

9 한국형사법무정책연구원, 중형주의 형사제재의 실효성 평가연구Ⅲ, 2023, 357.

10 한국형사법무정책연구원, 중형주의 형사제재의 실효성 평가연구Ⅲ, 2023, 358.

11 176명은 검사가 약물치료명령을 신청하였지만, 법원에서 기각된 경우와 성범죄로 치료감호소에 있다가 가종료된 사람 중 약물치료를 부과받지 않은 경우의 사람들로 구성되었다. 한국형사법무정책연구원, 중형주의 형사제재의 실효성 평가연구Ⅲ, 2023, 352.

12 한국형사법무정책연구원, 중형주의 형사제재의 실효성 평가연구Ⅲ, 2023, 370.

것으로 나타나 그 효과가 입증되었다.

약물치료가 완벽하지 않다고 생각하는 이유(복수응답 가능)

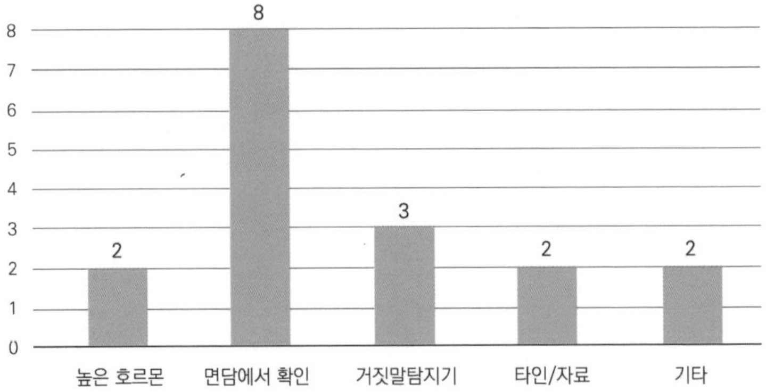

자료: 한국형사법무정책연구원, 중형주의 형사제재의 실효성 평가연구III, 2023, 358.

4. 위헌성 여부에 대한 헌법재판소의 입장

헌법재판소는 화학적 거세제도의 위헌성에 대하여 재판관 6(합헌) 대 3(위헌)의 의견으로 합헌으로 결정하였다.[13]

헌법재판소는 "성충동 약물치료 명령은 신체의 자유 및 사생활의 자유, 인격권 등을 제한하지만 재범을 방지하고 성폭행 범죄로부터 국민을 보호하고자 하는 입법목적이 정당하다."고 판단했다.

그러나 15년의 범위 내의 치료명령 기간에 대해서는 "치료명령의 선고시점과 집행시점 사이에 상당한 시간적 간극이 존재하게 되고, 장기간 수감생활 중의 사정변경으로 집행시점에서 치료의 필요성이 없게 된 경우 불필요한 치료 가능성이 있고, 이를 배제할 절차가 없다."며 위헌성이 있다고 판결하였다.

13 헌법재판소 2015. 12. 23. 선고 2013헌가9(합헌 결정).

한편 헌법불합치를 주장한 재판관들은 “성기능 무력화가 성폭력 범죄를 불가능하게 한다고 단정할 수 없고 성범죄의 동기나 원인은 성충동에 한정되지 않으며, 화학적 거세가 사람의 신체적 기능을 본인의사에 반해 훼손하고, 이런 통제를 통해 인간개조를 이끌어 내려는 시도로써 인간의 정체성을 위협하는 것은 아닌지 근본적 의문이 있다.”는 의견을 피력하였다.

Ⅳ. 화학적 거세: 형벌과 치료의 윤리적 충돌

1. 섹슈얼리티에 대한 몰이해

물리적 거세제 및 화학적 거세제를 가장 빨리 도입한 노르딕 국가를 비롯하여 화학적 거세제를 도입한 많은 국가들이 직면한 문제는 경찰, 검찰, 법원 등 형사사법기관 종사자들의 섹슈얼리티에 대한 몰이해이다. 대부분의 국가와 사회에서는 수세기 동안 섹슈얼리티(sexuality)를 공개적으로 거론하는 것이 상대적으로 금기시되었다. 따라서 의사와 심리학자의 임상훈련 프로그램에서 섹슈얼리티를 이해하고 치료하는 과정들이 실질적으로 생략되었다.

형사사법시스템에서는 성범죄자에 대한 처벌적 관점에서 의료진에게 자문을 구하고, 그 결과를 양형에 반영하여 왔다. 그런데 실제로는 형사사법기관에게 자문을 한 의료진의 섹슈얼리티에 대한 이해도가 떨어진다는 연구결과들이 제시되었다.

즉, 노르딕 임상성과학협회(Nordic Association for Clinical Sexology: NACS)가 2009년부터 2012년까지 형사사법기관에 성범죄에 관한 전문가 보고서를 제출한 정신과 의사와 심리학자의 성과학(Sexology, 性科學, 性學) 전문성 여부를 조사했다. 모두 99명이 310개의 보고서를 제출하였는데, 이 99명 중 성과학에 관한 공식적인 시험이나 자격증

을 취득한 사람이 없는 것으로 나타났다.14

그런데 일반적으로 성범죄를 다루는 형사사법분야의 경찰과 검사와 변호사 그리고 판사 등은 자신들이 처리하는 사건의 자문을 담당하는 정신과 의사와 심리학자가 모두 성과학을 공부했다고 믿고 있고 그들의 자문결과에 대해 특별히 의문을 품지 않는다는 것이다. 문제는 정신과 의사와 심리학자는 학문적 특성상 성과학을 별도의 분야로 인정하지 않으려는 경향이 있다는 것이다.

결국 형사사법기관은 임상성과학(field of forensic sexology)분야의 전문가 대신 비전문가인 정신과 의사 등의 자문을 받고 수사와 재판을 진행하면서 적정한 처벌과 치료를 하지 못하였다는 비난을 피할 수 없다.

성폭력범의 개별적인 환경, 즉 정신병질적인지, 약물중독인지, 성욕이 차단되거나 손상된 것인지, 유대감이 없는 것인지, 가족간 갈등이 원인인지, 사회적 능력이 낮은 것인지, 여러 요인들이 결합된 상태인지를 파악할 필요가 있다. 그리고 이를 바탕으로 정신치료 혹은 약물치료나 보호관찰 등을 결정해야 함에도 불구하고 임상적 진단 없이 획일적으로 대상자의 재범위험성을 결정하여 화학적 거세를 선고하는 문제점이 있다.

2. 화학적 거세 효과와 자발성의 문제

화학적 거세의 효과에 대해서 극명하게 성호르몬의 감소로 인한 성범죄의 감소를 가져온다는 긍정적 지지론자들도 있지만 반대로 성범죄 억제가 반드시 화학적 거세의 결과라고 단정지을 수 없다는 입장도 있다.

---

14 The Council of Nordic Ministries. (2016). Treatment and Rehabilitation of Sexual Offenders Nordic-Baltic Dialogue, Expert Round Table Seminar, Tallinn.

예를 들어 북유럽 국가들은 모두 외과적 거세를 먼저 입법화 하였다는 공통점이 있다. 거세에 대한 대상자의 자발성 여부에서만 그 차이를 보였다. 다만, 거세 방법에 대한 인권시비로 인해 이를 더 이상 계속할 수 없는 요인들을 고려하여 성적 활동의 회복성을 담보할 수 있는 화학적 거세로 성범죄자에 대한 제재방법을 대체하는 전략을 취한 것이라는 비판이다.[15]

즉, 구금형이나 그 외의 정신적인 치료 등에 의하여 재범 위험성을 치료하고 재사회화를 도울 수 있는 방법을 좀 더 고민하지 않고 화학적 거세라는 물리적 보안처분으로 성범죄 문제를 해결한다는 비난을 받고 있다. 특히 화학적 거세 대상자의 자발적인 동의를 전제로 한다지만 실제로는 덴마크, 노르웨이, 핀란드 등은 가석방을 신청하려면 화학적 거세에 먼저 동의 후 일정 기간 치료를 받은 후에야 가석방심사대상이 될 수 있기 때문에 결국 화학적 거세의 자발성이 무의미해진다는 것이다.[16]

한국의 경우에도 가석방을 조건으로 교도소에 수용된 성범죄자가 화학적 거세를 신청할 수 있다.

3. 형벌인가? 우생학적 제재인가의 논쟁

거세는 비단 성범죄 특히 아동성범죄자에게만 국한되어 허용된 것이 아니라 우생학적 측면에서 여성에게는 불임시술로 남성에게는 외과적 수술의 방식으로 오랫동안 진행되어 왔다.[17]

15 Roll-Hansen, N. (2017). Some Thoughts on Genetics and Politics. The Historical Misrepresentation of Scandinavian Eugenics and Sterilization. In History of Human Genetics (pp. 167-187). Springer, Cham.

16 Turner, Daniel, et al. (2017). "Pharmacological treatment of patients with paraphilic disorders and risk of sexual offending: An international perspective". 「The World Journal of Biological Psychiatry」, 10: 1-25.

17 Meyer III, W. J., & Cole, C. M. (1997). "Physical and chemical castration of sex offenders: A review". 「Journal of Offender Rehabilitation」, 25(3-4),

즉 거세제가 최초로 발달한 북유럽 국가들은 1929년부터 1935년까지 최초 우생학 법령에 남성과 여성 모두를 거세할 수 있는 입법적 체계를 갖추었다. 스웨덴은 1944년에 노르딕 복지국가법(Nordic Welfare State 593)에서 남성 성범죄자에 대해 거세할 수 있는 근거규정을 두었다. 따라서 당시의 거세는 대상자의 동의 여부와 관계없이 가능했다. 정신적으로 건강한 사람들에게는 최소 연령이 21세이었고 정신질환자에게는 연령제한이 없었다. 거세의 판단은 교도소장이나 정신병원장이 비정상적인 행위나 성적 행위를 하는 수용자를 대상으로 결정하였다. 비정상적인 성행위를 한 남성 수용자를 거세함으로써 이후에 재범으로 인한 사회적 위협을 막을 뿐만 아니라 퇴행 행위를 피할 수 있게 하는, 즉 우생학적 행형시스템을 작동한 것이다.[18]

기본적으로 우생학은 비정상적인 혹은 비이상적인 생물(生物)을 격리, 차단 혹은 단종(斷種)하여 정상인과 사회를 보호한다는 학문적 배경을 가지고 있다. 이러한 우생학은 북유럽 특유의 사회복지적인 사고체계와도 맥락을 같이 하는 것으로 결국 비정상적인 성범죄자에게 외과적 거세 혹은 화학적 거세를 시켜 성적 활동을 하지 못하게 함으로써 일반인을 보호하겠다는 취지를 가지고 있고, 이는 결국 치료를 가장한 사회적 단절전략이라는 비판을 면하지 못하고 있다.[19]

또한 인류사회의 보편적 인권정신에 부합하지 못한다는 비난을 피하기도 어렵다.

1-18.

18 Miller, R. D. (1998). "Forced administration of sex-drive reducing medications to sex offenders: Treatment or punishment. Psychology". 「Public Policy, and Law」, 4(1-2): 175-199.

19 Wessel, M. (2015). "Castration of male sex offenders in the Nordic welfare state in the context of homosexuality and heteronormativity, 1930-1955". 「Scandinavian Journal of History」, 40(5): 591-609.

4. 국제인권규범과의 상충

화학적 거세가 잔인하고 비인간적이며 굴욕적인 대우 또는 처벌이라는 비난들은 주로 국제적 규범을 그 근거로 삼는다.[20]

즉 유엔의 「고문 및 기타 잔혹한, 비인간적이거나 굴욕적인 대우 또는 처벌에 관한 협약」(The Convention against Torture and Other Cruel, Inhuman or Degrading Treatment or Punishment, 1984) 제16조는 "각 당사국은 제1조에 정의된 고문에 미치지 않는 잔혹하고, 비인도적이거나 굴욕적인 대우나 처벌의 다른 행위를 자국 관할권 내의 영토 내에서 방지하도록 약속한다. 그리고 그러한 행위가 공무원 또는 공식적으로 행동하는 다른 사람의 동의 또는 묵인에 의해 또는 그러한 행위에 의해 저질러지지 않도록 해야 한다."고 규정하고 있다.

「세계인권선언」(Universal Declaration of Human Right, 1948) 제5조는 "누구도 고문을 당하거나 잔인하고 비인간적이거나 굴욕적인 대우를 받아서는 안 된다"고 규정하고 있다.

유엔의 「시민적 및 정치적 권리에 관한 국제규약」(The International Covenant on Civil and Political Rights, 1966) 제7조는 "어느 누구도 고문을 당하거나 잔인하고 비인간적이거나 굴욕적인 대우를 받지 않아야 한다. 특히 누구도 그의 자유로운 동의 없이 의학적 또는 과학적 실험을 하지 않아야 한다."고 규정하고 있다.

유럽연합의 「인권과 기본적 자유의 보호를 위한 유럽협약」(European Convention for the Protection of Human Rights and Fundamental Freedoms, 1950) 제3조는 "어느 누구도 고문을 당하거나 비인간적이거나 굴욕적인 대우를 받지 않아야 한다."고 규정하고 있다. 그리고 유럽연합의 「유럽연합 기본권헌장」(Charter of Fundamental Rights of the European

---

20 Stojanovski, V. (2015). Surgical castration of sex offenders and its legality: the case of the Czech Republic.

Union, 2000) 제4조는 "어느 누구도 고문을 당하거나 비인간적이거나 굴욕적인 대우를 받지 않아야 한다."고 규정하여 인권과 기본적 자유의 보호를 위한 유럽협약의 정신을 다시 한 번 천명하고 있다.

유엔 및 유럽연합의 이와 같은 인권규범들은 화학적 거세를 직접적으로 언급한 것은 아니다. 그러나 유엔의 고문 및 기타 잔혹한, 비인간적이거나 굴욕적인 대우 또는 처벌에 관한 협약 제6조에서 규정한 것처럼 화학적 거세가 고문이나 잔혹한 행위가 아닐 수는 있지만 법원의 해당 결정명령이나 그 집행이 비인간적이거나 굴욕적으로 받아들여질 수 있으며, 또한 북유럽 국가의 화학적 거세가 대상자의 동의에 의한 경우라 해도 공공기관에 의하여 그러한 행위를 해서는 안 된다는 이 협약의 정신과는 배치되는 것이다. 나아가 호르몬 치료를 먼저 받아야만 가석방을 신청할 수 있도록 하는 등의 관련 조치들은 누구도 그의 자유로운 동의 없이 의학적 또는 과학적 실험을 할 수 없도록 한 유엔의 시민적 및 정치적 권리에 관한 국제규약의 정신과도 상충된다고 할 것이다.

5. 화학적 거세 약물의 부작용과 가역성의 모호성

화학적 거세의 목적, 즉 메드록시 프로게스테론 아세테이트(Medroxy Progesterone Acetate; MPA), 시프로 테론 아세테이트(Cyproterone Acetate), 안도르커(Androcur) 및 데카페틸(Decapetyl) 등의 약물을 성범죄자에게 사용하여 성범죄 재범률을 낮추겠다는 것은 그 자체가 지나친 환상이라는 지적이다. 이들 약물의 부작용과 그 효과성 자체가 의문이라는 것이다.

MPA를 비롯한 약물들은 테스토스테론 호르몬 생성을 억제시켜 성적 환상과 성적인 충동을 현저히 감소시키고 결국 성범죄 재범률이 낮아진다면서 화학적 거세의 효과를 평가한다. 그러나 성범죄 재범의 감소기간, 표본대상의 크기 등을 고려할 때 중요한 의미부여를

하기 어렵다는 것이다.

특히 화학적 거세가 아동성도착자에게 미치는 영향에 대한 연구는 대부분 표본 수가 적고, 추적 기간이 짧다는 특징이 있다. 오레곤 주에서 실시된 강제적 화학적 거세 프로그램을 분석한 결과 화학적 거세를 행한 범죄자와 그렇지 않은 범죄자 간의 재범률에 차이가 없었다.[21]

또한 화학적 거세가 대상자의 재범률에 영향을 미치는지에 대한 추적조사가 어려운 이유는 화학적 거세 약물의 심각한 부작용으로 인해 중단률이 높은 것도 영향을 미쳤다. 화학적 거세 약물의 부작용은 골밀도 감소로 인한 골다공증, 골절, 과도한 체중 증가, 불쾌감, 악몽, 두통, 근육경련, 소화불량, 담석, 당뇨병, 폐색전증, 고환위축 등이었다.[22] 그런데 가역성, 즉 약물을 중단할 경우 이러한 문제들이 모두 해결되거나, 정자생산 등이 원래대로 충분히 회복되지 않는다. 따라서 화학적 거세가 외과적 거세와는 달리 남성의 고환 등을 제거하지는 않지만 그 신체적 기능성을 해치며, 나아가 그 효과성조차도 충분하지 않은 상태에서 특정 성범죄자에게 화학적 거세를 계속하는 것은 그 자체로 인권침해이며, 형벌권의 남용이라는 비난이 있다.

6. 표준적인 화학적 거세 매뉴얼 부재와 의료윤리

북유럽을 포함한 대부분의 국가에서 행해지고 있는 화학적 거세는 환자의 성적 자기의사결정에 대한 국가의 개입과 제한적인 형사

21 Maletzky, B. M., & Field, G. (2003). "The biological treatment of dangerous sexual offenders: A review and preliminary report of the Oregon pilot depo-Provera program". 「Aggression and Violent Behavior」, 8(4), 391-412.

22 Turner, Daniel, et al. (2017). "Pharmacological treatment of patients with paraphilic disorders and risk of sexual offending: An international perspective". 「The World Journal of Biological Psychiatry」, 10: 1-25.

사법적인 정책이지만 결국 대상자에 대한 화학적 거세 조치가 필요한지 그 효과성에 대한 의학적 판단은 의료계의 몫이다. 그런데 대상자의 화학적 거세의 판단기준 및 치료방법 등에 대한 표준화된 매뉴얼이 존재하지 않아 결국 의료진에 따라 그리고 국가에 따라 다른 기준과 재량이 적용된다는 문제점이 있다.[23]

화학적 거세에 참여한 경험이 있는 북유럽 및 미국 등지의 178명의 의사를 대상으로 실시한 조사결과 화학적 거세는 정신과적인 치료를 병행할 때 유용하며, 폭력적인 성적 행동에 대한 중/고위험군으로 분류된 사람에게 유용한 것으로 알려졌다. 그러나 화학적 거세와 정신과적인 치료의 연계와 대상자 정보 등의 공유가 현실적으로 제대로 이루어지지 않아 대상자의 분노감과 우울감 등의 부작용과 함께 성생활의 제한이나 그 우려 등의 인권적 침해를 의료계가 부담한다는 지적이다.

대상자가 의학적으로 검사를 받고, 치료를 시작하기 전에 발생가능한 부작용에 대해 통보받고, 의료진이 동의서에 서명을 받은 경우라 해도 의료진은 의료윤리적 딜레마에 빠질 수 있다.[24] 즉 화학적 거세의 동의를 대상자에게 받았다고 해도 의료수단을 국가의 범죄예방이라는 추상적인 형사사법적 목적을 달성하는데 어느 정도까지 활용할 수 있는 것인지, 어느 정도까지 의료진이 협조해야 하는지에 대한 의료윤리적 기준과 갈등이 따른다는 것이다.

---

23 Turner, Daniel, et al. (2017). "Pharmacological treatment of patients with paraphilic disorders and risk of sexual offending: An international perspective". 「The World Journal of Biological Psychiatry」, 10: 1-25.

24 Khan, O., & Mashru, A. (2016). "The efficacy, safety and ethics of the use of testosterone-suppressing agents in the management of sex offending". 「Current Opinion in Endocrinology, Diabetes and Obesity」, 23(3): 271- 278.

아동성범죄자 김근식의 사례[25]

… 수원고법 제3-2형사부(김동규 · 허양윤 · 원익선)는 13세 미만 아동을 강제추행한 혐의로 기소된 김근식에게 징역 3년을 내린 1심 판결을 깨고 징역 5년형을 선고했다.

그러나 검찰의 '화학적 거세' 청구가 1심에 이어 2심도 기각됐다. 이유는 출소 후 60세 이상이라 이상 성욕이 조절된다는 것이다...... 김씨는 미성년자(최소 만9세)에게 무거운 물건을 들어달라고 부탁하는 방식으로 유인해 2006년에만 11명을 성폭행했다.

..... 김씨는 2000년에도 미성년자를 성폭행한 혐의로 징역 5년 6개월의 실형을 선고받아 복역했으며, 출소 16일 만에 또 다시 미성년자 대상 범죄를 저질렀다. 그는 지난달 15년의 형기를 마치고 출소할 예정이었으나, 17년 전 피해자가 새로이 나타남에 따라 재구속됐다.

항소심에서 검찰은 징역 10년, 성충동 약물치료(화학적거세) 10년, 위치추적 전자장치(전자발찌) 착용 10년 등을 내린 1심의 구형을 받아들여달라고 요청했다.

피고인에게 1심보다 무거운 판결(3년→5년)을 내린 재판부는 '화학적 거세'에 대해선 "김근식이 형 집행을 종료하면 나이가 대략 60세 언저리로 그 시점은 성도착증이 어느 정도 완화되는 등 여러 시점을 종합해 보면 엄격한 치료명령 요건이 충족된다고 보기 어렵다"며 기각했다......

국립법무병원(옛 치료 감호소)에서 근무했던 차승민 정신과 전문의는 지난해 MBC '김종배의 시선집중'을 통해 "김근식의 경우 미성년자 관련 전과가 19범이나 되기에 소아성애 진단이 가능할 것으로 보인다"며 "소아성애증의 경우 '재범 가능성이 거의 100%'라는 의견에 동의한다"고 말했다.

소아성애증은 타고난 병에 가까운 질환으로, 지속적인 치료없이 그냥 사회로 복귀 한다면 성적 대상이 눈앞에 보였을 때 참지 못할 가능성이 높다는 것. 차 전문의는 소아성애에 대해 교도소 내에서의 심리치료도 중요하지만 그것만으로는 부족하다며 화학적 거세라고 알려져 있는 성충동 약물치료를 같이 병행해야 한다고 주장하기도 했다.......

25 조선일보, 2022.10.17., 김근식, 출소 하루 앞두고 재구속, https://www.chosun.com/national/national_general/2022/10/17/4CXJ5ZG6CJH6ZIBE5ETCYVYOMQ / 세계일보, 2023.11.17., "60세에 출소하니 소아성애 조절될 것"… 김근식 '화학적 거세' 기각 이유, https://www.segye.com/newsView/20231117507476/

참고문헌

1 허경미. (2019). 북유럽의 성범죄자 화학적 거세제도에 관한 연구. 한국경찰연구, 18(1), 291-312.

2 Ratkoceri, V. (2017). "Chemical Castration of Child Molesters-Right or Wrong?!". 「European Journal of Social Sciences Education and Research」, 11(1): 70-76.

3 theguardian, 2012.3.13., Should sex offenders be chemically 'castrated'?, https://han.gl/p1Kkv/

4 NARSOL, 2023.1.23., Chemical castration as public policy gets a failing grade, https://www.narsol.org/2023/01/chemical-castration-as-public-policy-gets-a-failing-grade/

5 허경미. (2019). 북유럽의 성범죄자 화학적 거세제도에 관한 연구. 한국경찰연구, 18(1), 291-312.

6 허경미, 피해자학 제3판, 2023, 박영사. 310.

7 코메디닷컴, 2018.9.12., '화학적 거세' 부작용 큰데, 시행해야 할까?, https://han.gl/N1Ksx/

8 법무연수원, 2023 범죄백서, 2014, 442-444.

9 한국형사법무정책연구원, 중형주의 형사제재의 실효성 평가연구Ⅲ, 2023, 357.

10 한국형사법무정책연구원, 중형주의 형사제재의 실효성 평가연구Ⅲ, 2023, 358.

11 한국형사법무정책연구원, 중형주의 형사제재의 실효성 평가연구Ⅲ, 2023, 352.

12 한국형사법무정책연구원, 중형주의 형사제재의 실효성 평가연구Ⅲ, 2023, 370.

13 헌법재판소 2015. 12. 23. 선고 2013헌가9(합헌 결정).

14 The Council of Nordic Ministries. (2016). Treatment and Rehabilitation of Sexual Offenders Nordic-Baltic Dialogue, Expert Round Table Seminar, Tallinn.

15 Roll-Hansen, N. (2017). Some Thoughts on Genetics and Politics. The Historical Misrepresentation of Scandinavian Eugenics and Sterilization. In History of Human Genetics (pp. 167-187). Springer, Cham.

16 Turner, Daniel, et al. (2017). "Pharmacological treatment of patients with paraphilic disorders and risk of sexual offending: An international perspective". 「The World Journal of Biological Psychiatry」, 10: 1-25.

17 Meyer III, W. J., & Cole, C. M. (1997). "Physical and chemical castration of sex offenders: A review". 「Journal of Offender Rehabilitation」, 25(3-4), 1-18.

18 Miller, R. D. (1998). "Forced administration of sex-drive reducing medications to sex offenders: Treatment or punishment. Psychology". 「Public Policy, and Law」, 4(1-2): 175-199.

19 Wessel, M. (2015). "Castration of male sex offenders in the Nordic welfare state in the context of homosexuality and heteronormativity, 1930-1955". 「Scandinavian Journal of History」, 40(5): 591-609.

20 Stojanovski, V. (2015). Surgical castration of sex offenders and its legality: the case of the Czech Republic.

21 Maletzky, B. M., & Field, G. (2003). "The biological treatment of dangerous sexual offenders: A review and preliminary report of the Oregon pilot depo-Provera program". 「Aggression and Violent Behavior」, 8(4), 391-412.

22 Turner, Daniel, et al. (2017). "Pharmacological treatment of patients with paraphilic disorders and risk of sexual offending: An international perspective". 「The World Journal of Biological Psychiatry」, 10: 1-25.

23 Turner, Daniel, et al. (2017). "Pharmacological treatment of patients with paraphilic disorders and risk of sexual offending: An international perspective". 「The World Journal of Biological Psychiatry」, 10: 1-25.

24 Khan, O., & Mashru, A. (2016). "The efficacy, safety and ethics of the use of testosterone-suppressing agents in the management of sex offending". 「Current Opinion in Endocrinology, Diabetes and Obesity」, 23(3): 271- 278.

25 조선일보, 2022.10.17., 김근식, 출소 하루 앞두고 재구속, https://www.chosun.com/national/national_general/2022/10/17/4CXJ5ZG6CJH6ZIBE5ETCYVYOMQ/ 세계일보, 2023.11.17., "60세에 출소하니 소아성애 조절될 것"… 김근식 '화학적 거세' 기각 이유, https://www.segye.com/newsView/20231117507476/

CHAPTER

15

알고리즘 경찰권 행사: #해시태그 우범자, #해시태그 범죄 피해자

범죄와 도덕적 가치

Crime and Moral Values

Ⅰ. 알고리즘에 대한 이해

1. 알고리즘이란

알고리즘(algorithm)이란 어떠한 문제 해결을 위해 관련 조치를 취하도록 유도하는 소프트웨어에 의해 작성된 공식을 말한다. 수학과 컴퓨터과학에서 사용되며, 문제 풀이에 필요한 계산 절차 또는 처리 과정의 순서를 뜻한다.[1]

알고리즘은 모든 컴퓨터 프로그램의 핵심 구성요소로, 장치가 올바른 명령을 준수하고 그 결과를 제공하도록 운영 체제에 내장되어 있다.

알고리즘은 선형순서(linear sequence), 조건부(conditional), 루프(Loop) 등의 세 가지로 요소로 구성된다.[2] 선형순서란 작업이나 명령문을 통해 하나씩 진행되도록 설계하는 것이고, 조건부란 설정된 조건에 따라 두 가지 작업 과정 사이에서 결정을 내리도록 하는 것이며, 루프란 여러 번 반복되는 일련의 명령문이다.

모든 알고리즘의 목적은 인적 오류를 제거하고 가능한 빠르고 효율적으로 몇 번이고 최상의 해결책을 찾는 것이다.

알고리즘과 인공지능은 차이가 있다. 알고리즘은 의사결정 과정을 말하지만, 인공지능은 데이터를 사용하여 실제로 의사결정을 하는 전자시스템으로 다양한 알고리즘 그룹으로 구성된다.

2. 알고리즘 유형

알고리즘에는 설계 방식에 따라 여러 가지 유형이 있다.[3] 대표적으

1 wikipedia, https://ko.wikipedia.org/wiki/

2 University of York, How do algorithms work?, https://online.york.ac.uk/how-do-algorithms-work/

3 geeksforgeeks, Most important type of Algorithms, https://www.geeksfor

로 무차별 대입, 재귀, 무작위, 정렬, 검색, 해싱 알고리즘 등이 있다.

① 무차별 대입 알고리즘(brute force algorithm)이란 가장 단순한 형태로 어느 문제에나 적용 가능 가능하며 시행착오를 기반으로 한 잘못된 솔루션을 제거하면서 최적의 방식을 찾는 것이다.

예를 들어 비밀번호 4자리 잠금을 해제하기 위하여 0-9 중에서 맞는 숫자를 구할 때까지 0001, 0002, 0003, 0004 등과 같이 가능한 모든 조합을 하나씩 시도해 보는 것을 말한다.

② 재귀 알고리즘(recursive algorithm)이란 문제가 해결될 때까지 동일한 단계를 반복하는 것이다. 재귀란 어떠한 것을 정의할 때 자기 자신을 참조하는 것을 뜻한다. 이에는 분할정복, 역추적, 동적, 그리디 알고리즘 등이 이에 속한다.[4]

③ 무작위 알고리즘(randomize algorithm)은 난수를 발생시켜 진행 과정을 결정하는 것을 말한다. ④ 정렬 알고리즘(sorting algorithms)은 데이터를 오름차순 또는 내림차순으로 정렬하는 데 활용한다. ⑤ 검

geeks.org/most-important-type-of-algorithms/

4 분할 정복 알고리즘(divide and conquer algorithm)이란 두 섹션으로 문제를 해결하는 것이 아이디어이며, 첫 번째 섹션에서는 문제를 동일한 유형의 하위 문제로 나누고, 두 번째 섹션에서는 더 작은 문제를 독립적으로 해결한 다음 결합된 결과를 추가하여 문제에 대한 최종 답을 생성하는 구조를 말한다. 역추적 알고리즘이란 가능한 모든 솔루션의 데이터 세트를 점진적으로 구축하는 것으로 장애물에 도달하면 알고리즘은 마지막 단계를 되돌리거나 '실행 취소'하고 만족스러운 결과에 도달할 때까지 다른 경로를 추구하는 형식을 말한다. 그리디 알고리즘이란 여러 경우 중 하나를 결정해야 할 때마다 그 순간에 최적이라고 생각되는 것을 선택해 나가는 방식으로 진행하여 최종적인 해답에 도달하는 방식이다. 동적 프로그래밍 알고리즘이란 여러 개의 작은 하위 문제를 먼저 해결하고 나중에 참조할 수 있도록 솔루션을 저장하고, 이를 바탕으로 새로운 아이디어를 구하는 방식을 말한다. University of York, How do algorithms work?, https://online.york.ac.uk/how-do-algorithms-work/

색 알고리즘(searching algorithm)은 특정 정렬 또는 정렬되지 않은 데이터에서 특정 키를 검색하는 데 사용된다. ⑥ 해싱 알고리즘(hashing algorithms)은 긴 길이의 데이터를 짧은 길이의 데이터로 변환하는 알고리즘으로 데이터 무결성을 확인하는 데 사용되며 단방향이다.

Ⅱ. 알고리즘의 활용 영역

알고리즘을 응용한 프로그램은 광범위한 산업 분야에 걸쳐 있다. 예를 들어 컴퓨터 과학 및 소프트웨어 엔지니어링, 데이터 과학 및 기계학습, 인공지능, 금융산업, 헬스케어 및 의학, 전자상거래, 운송 및 물류, 인터넷 및 소셜미디어, 에너지 및 환경, 보안 및 사이버 보안산업 등 거의 모든 분야와 산업에서 알고리즘을 사용하여 문제를 해결하고, 프로세스를 최적화하고, 데이터 기반결정에 활용하고 있다.

알고리즘은 공공행정 분야에서도 다양하게 응용되어 정책결정과 집행에 반영된다. 공공행정에서 알고리즘이 사용되는 주요 영역은 다음과 같다.

우선 정책분석 및 평가에 알고리즘을 사용하여 정책 및 프로그램의 영향을 분석할 수 있다. 또한 알고리즘은 데이터를 분석하고 필요한 영역을 식별하여 필요한 지역과 분야에 효율적으로 예산을 분배할 수 있다. 한편으로는 정부는 사회복지, 세금징수, 의료 등 다양한 프로그램에서 부정수급을 예방하고 탐지하는데 활용할 수 있다. 예측분석 알고리즘을 통하여 과거 데이터를 기반으로 공공서비스에 대한 수요예측, 교통혼잡예측 또는 예산요구사항예측에 사용할 수도 있다. 성과관리를 위하여 성과데이터를 분석하고, 향후 목표설정이나 개선영역을 찾아내 제도와 법을 개선하는 데 활용할 수도 있다. 나아가 알고리즘을 사용하여 시민의 인구통계나 검색 기록을 기반으로 시민들이 필요로 하는 관련 서비스나 정보를 웹사이트에 공개하거나 정책에 반영할 수 있다.

또한 범죄 및 범죄자에 대한 정보를 분석하여 미래의 범죄위험을 예측하고 잠재적 범죄자를 감시하며 양형을 결정하는 데 활용함으로써 공공의 안전을 확보할 수 있다.

Ⅲ. 알고리즘 경찰권 행사의 발전

1. 컴스탯의 등장

알고리즘 예측치안의 출발은 1980년대 말 뉴욕 경찰청(New York Police Department: NYPD)의 교통경찰관인 잭 메이플(Jack Maple)이 작성한 미래차트(Charts of the Future)라고 할 수 있다.[5]

메이플은 뉴욕 지하철의 강도 사건을 지하철노선도와 지도에 표시하고, 다음 강도 발생지점을 예측하고, 교통경찰을 출동시켜 강도 발생률을 현저하게 감소시키는 성과를 거두었다. 1990년 뉴욕 경찰청(NYPD) 교통국장으로 취임한 윌리엄 브래튼(William Bratton)은 이 미래차트 성과에 관심을 가지게 되었다. 1992년 브래튼이 보스톤 경찰청장으로 임명되자 그는 메이플을 보스톤 경찰청으로 발탁하여 미래차트 전략을 도입하였다.

브래튼은 1994년에 NYPD 청장으로 이직하였고, 다시 메이플을 부청장으로 불러 미래차트전략을 시행하였다. 이때 메이플은 미래차트전략을 컴스탯(COMPuter STATistics: COMPSTAT)이라고 명명한다.

5 Weisburd, D., Willis, J., Mastrofski, S., & Greenspan, R. (2019). Critic: Changing Everything so that Everything Can Remain the Same: CompStat and American Policing. In D. Weisburd & A. Braga (Eds.), Police Innovation: Contrasting Perspectives (pp. 417-436). Cambridge: Cambridge University Press. doi:10.1017/9781108278423.019

컴스탯의 성과가 알려지자 2006년까지 미국의 대규모 경찰기관 중 약 60%가 이 시스템을 도입하였다.

2. 알고리즘 범죄예측 시스템의 개발과 특징

알고리즘에 의한 예측치안은 2008년 로스앤젤레스 경찰청(Los Angeles Police Department: LAPD)와 로스앤젤레스 캘리포니아 대학교(University of California Los Angeles: UCLA)의 제프 브랜팅엄(Jeff Brantingham) 교수진의 연구에서 시작되었다. LAPD 청장으로 부임한 브래튼이 컴스탯을 보완하여 추가 범죄발생 위치와 시기를 예측하는 시스템 개발을 제프 브랜팅엄 교수진에 의뢰한 것이다. 이 연구진은 지진 발생 후 여진 예측에 사용하는 원리에서 착안하여 범죄예측 알고리즘(crime prediction algorithm)을 만들었고, 이를 2010년에 프레드폴(Predictive Policing: PredPol)이라 이름 지어 특허를 받았다. 그리고 동일 이름으로 회사를 설립하고, 이 소프트웨어를 경찰기관에 판매하며, 통계분석을 지원하는 사업을 시작하였다.[6]

이는 범죄예측 프로그램이 민간업체의 영리를 목적으로 판매되는 상품이라는 것을 보여준다.

2010년에 PredPol사가 최초로 PredPol 소프트웨어를 산타크루즈 경찰서와 LAPD에 납품한 것이 언론에 대대적으로 보도되면서 예측치안이 곧 PredPol이라고 인식되기 시작했다.

알고리즘 범죄예측 시스템은 컴스탯의 원리를 바탕으로 하지만 좀 더 광범위한 데이터 세트를 수집, 알고리즘 자동분석 프로그램을 통하여 위험지수(지도)를 예측하는 전자적 의사결정 프로그램이라는 특징이 있다.[7]

6 이 회사는 2012년에 Geolitica로 이름을 바꾸었고, 현재 캘리포니아 산타크루즈에 본사를 두고 있다. Geolitica, https://geolitica.com/company/

7 Perry, W. L. (2013). Predictive policing: The role of crime forecasting in law enforcement operations. Rand Corporation. 10-12.

첫 번째는 알고리즘 범죄예측 프로그램은 통계학적 분석 등을 활용한 자동추론으로 범죄발생 위험이 높은 지역, 즉 핫스팟(hot spots)과 시간대를 예측하여 보여준다.

두 번째는 범죄인 예측(predicting offenders)으로 미래에 범죄를 행할 위험요인이 있는 사람을 식별한다. 과거 범죄경력, 주변인물, 소셜 네트워크, 행동패턴, 거주환경 등의 요인 등을 분석하여 범죄인을 예측한다.

세 번째는 빅데이터 세트를 활용하여 특정 범죄경력을 가진 사람을 매칭하며 잠재적 범죄인의 신원을 예측(predicting criminal's identities)한다.

네 번째는 범죄 피해자를 예측하는 것(predicting victims of crimes)으로 범죄자, 범죄 장소 및 위험이 고조된 시간대에 범죄 피해자가 될 가능성이 있는 개인 또는 집단을 식별하는 것이다. 즉, 범죄발생 우려 지역을 생성하고, 해당 지역을 자주 방문하는 근로자, 거주자

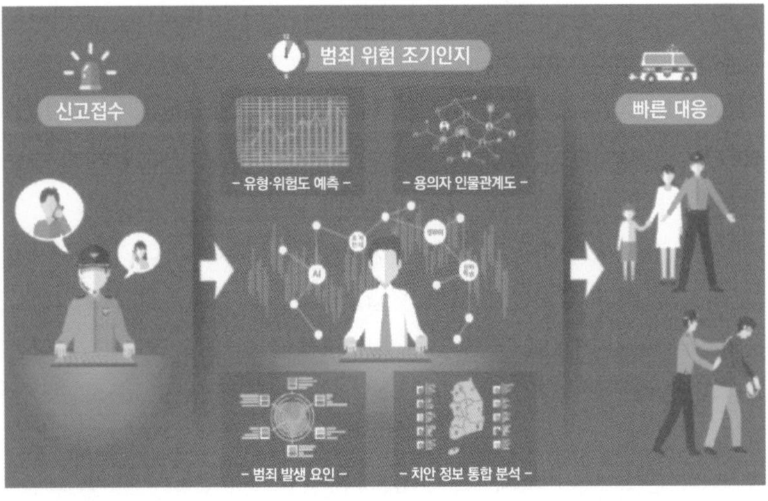

자료: 정보통신신문, 2022.3.27., 빅데이터 분석해 범죄 예측·대응... 스마트치안 '주목', https://www.koit.co.kr/news/articleView.html?idxno=94969/

및 과거 범죄피해 경력자, 전과자, 노숙자 등의 데이터베이스를 활용, 분석하여 피해자를 예측한다.

Ⅳ. 알고리즘 경찰권 행사의 윤리성 쟁점

미국은 알고리즘 범죄예측 프로그램을 가장 먼저 도입했고, 결과적으로 관련한 여러 가지 문제들도 가장 극명하게 보여주고 있다. 뉴욕 경찰청, 로스앤젤레스 경찰청, 시카고 경찰청의 사례를 통해 윤리적 쟁점들을 살펴볼 수 있다.

1. NYPD의 편향성 및 사생활 침해 논란

2016년 6월 14일에 브레넨 센터(Brennan Center for Justice)는 뉴욕 정보자유법(Freedom of Information Law: FOIL)을 근거로 NYPD를 대상으로 알고리즘 업체에게 제공한 정보가 무엇인지 공개할 것을 요구하였다.[8] NYPD는 6월 말에 이를 거부했다. 브레넨 센터는 재신청을 하였고, NYPD는 2016년 8월 15일에 재신청 접수를 거부했다.

브레넨 센터는 2016년 12월 20일 NYPD가 정보자유법(FOIL) 요청에 적절하게 대응하지 않는다며 예측치안(Predictive policing) 기술 사용 기록을 공개하라는 소송을 제기했다.

---

8 brennan center, Brennan Center for Justice v. New York Police Department, https://www.brennancenter.org/our-work/court-cases/brennan-center-justice-v-new-york-police-department

브레넨 센터의 알고리즘 경찰권 행사에 대한 경고

PROJECT
Policing & Technology
New surveillance technologies allow police to collect enormous swaths of data about ordinary citizens. We bring these programs to light and recommend ways to increase transparency and accountability.

자료: brennan center, https://www.brennancenter.org/issues/protect-liberty-security/privacy-free-expression/policing-technology

2017년 12월 27일, 뉴욕주 대법원은 NYPD에 이러한 기록을 제출하라고 명령했다. 양 당사자는 재심 청구를 위해 교차 신청을 제출했으나 2018년 7월에 기각되었다. 또한 2018년 7월에 법원은 NYPD가 기록공개를 거부할 수 있다고 주장했으나 이를 기각하고, 뉴욕정보자유법의 공개규정에 따라 NYPD가 기록을 공개하도록 명령했다.

NYPD는 2018년 11월에야 대응 문서를 공개하기 시작했다. NYPD는 브레넨 센터가 FOIL 요청을 제출한 지 3년이 되는 2019년 4월까지 기록 공개를 완료하지 못했다.

결국 법원의 명령에 따라 NYPD는 소프트웨어 업체에게 CCTV 카메라 수집자료, 경찰이 수집한 개인의 안면인식자료, 개인의 유전자 정보 등을 제공한 사실을 인정하고, 업체에 제공한 정보공개 목록을 브레넨 센터에게 제공하였다.

그런데 브레넨 센터가 이 자료들을 분석한 결과 민간업체에 넘긴 개인정보의 보안이 유지되지 아니하였고, 특히 NYPD가 단독으로 계약을 맺은 알고리즘 분석업체인 Forensic Statistical Tool에서 관리하는 범죄경력자들의 유전자 분석정보에서 심각한 오류가 발견되었다.

또한 NYPD가 2016년 예측치안 파일럿에 민간업체들과 NYPD가 보유할 수 없는 개인정보, 즉 특정지역 거주민들의 소득수준, 연방이나 주 정부의 보조금수혜율, 1인 가구 여부, 주민들의 출신지역, 결혼율, 출생률, 이혼율, 우범자 거주율 등을 포함한 사실이 드러났다. 이러한 정보들은 특정인이나 지역에 대한 편향성과 사생활을 침해한 것이다.

결국 뉴욕시 의회는 2018년 1월 11일 자로 「공공기관의 자동의사결정관련법」(A Local Law in relation to automated decision systems used by agencies: Local Law 49 of 2018)을 제정하여 뉴욕시자동결정시스템태스크포스(New York City Automated Decision Systems Task Force: ADS Task Force)를 출범토록 하였다.[9]

이에 따라 NYPD를 포함한 뉴욕시 산하의 공공기관은 이 태스크포스(ADS Task Force)의 진단과 평가를 거쳐 합리적이고 투명한 정보 및 알고리즘의 필요성 등이 인정된 경우에만 알고리즘 시스템을 제한적으로 활용할 수 있다.

NYPD의 사례는 알고리즘 데이터 세트에 포함되는 개인의 정보가 수집되는 과정에서도 이미 개인의 프라이버시를 침해하지만, 나아가 엄격하게 관리되지 않는 점, 민간업체에 제공되는 정보의 불투명성 등의 문제를 여실하게 드러냈다.[10]

이에 대해 유엔도 2019년 제74차 총회에서 개인의 동의 없는 불투명한 데이터 알고리즘으로 개인을 식별하는 것은 인권침해이며, 특히 국가가 민간영역(private sector), 즉 민간업체에 개인정보 수집을 의뢰하고 이를 활용하여 복지나 치안정책에 반영하는 정책을 채택하

9 The NewYORK City Council, A Local Law in relation to automated decision systems used by agencies(2018/049), https://han.gl/otEwS/

10 한국 경찰의 경우 알고리즘 예측치안 시스템에 활용한 데이터는 범죄(KICS), 112신고, 경찰관 수, 유흥시설 수 등과 공공데이터로 인구(전입·전출·거주), 기상, 요일, 면적, 경제활동인구, 실업률, 고용률, 건물노후도, 공시지가, 학교, 공원, 소상공인 업소 수, 교통사고 건수 등이라고 공개했다. 경찰청, 2021.4.30. 보도자료, 경찰, 빅데이터·인공지능(AI) 활용한 범죄예방활동 전국 확대, https://han.gl/ShLSt/

지 말아야 한다는 결의서를 채택하였다.[11]

특히 이 결의서는 유엔인권고등판무관실이 알고리즘 행정을 가장 일찍 도입한 미국(2017)과 영국(2018)의 복지 및 치안 분야에 활용되는 알고리즘 예측 시스템 현황을 조사 후 작성한 보고서라는 점에서 시사하는 바가 크다.[12]

2. 과도한 성과주의와 데이터의 왜곡

경찰이 업무성과 부담을 느껴 알고리즘 소프트웨어에 입력하는 데이터를 과소 혹은 과도화하는 등 왜곡하는 문제점도 지적된다.[13]

예를 들어 LAPD는 2005년부터 2012년까지 8년여간 중범죄인 상해를 경범죄인 폭행으로 분류, PredPol사에 제공했다. PredPol은 이를 바탕으로 경찰력을 폭행 사건에 집중하도록 예측치안 결과를 제시했고, 공식적 통계상으론 이 기간에 LA의 상해 사건 발생률은 계속 하향 추세를 보였다.

그러나 LA타임즈가 경찰이 제공한 자료를 재분류한 결과 상해는 16%, 폭행은 7% 정도 증가한 것으로 나타났다. 이는 경찰이 당초에 상해를 폭행으로 PredPol에 축소하여 제공함으로써 결국 위험예측 결과가 왜곡된 것이다.

시카고 경찰청(Chicago Police Department: CPD)도 오류 데이터를 활용한 사실이 언론 및 시민단체들에 의해 속속 밝혀졌다.[14] CPD가

---

11 UN Human Rights, Digital technology, social protection and human rights: Report(A/74/493), https://url.kr/nsg8mv/

12 Alston, P. (2019). Report of the Special Rapporteur on extreme poverty and human rights.

13 Richardson, R., Schultz, J. M., & Crawford, K. (2019). Dirty data, bad predictions: How civil rights violations impact police data, predictive policing systems, and justice. NYUL Rev. Online, 94, 15.

14 Dumke, M., & Main, F. (2017). A look inside the watch list Chicago Police fought to keep secret. Chicago Sun-Times.

활용했던 알고리즘 예측치안 프로그램인 통계대상명단(Statistical List list: SSL)은 최고 범죄위험 점수 500점 만점을 기준으로 400~1400여 명의 위험인물 명단(Rank-Order List)을 작성하고, 이 가운데 250점 이상을 고위험자 명단으로 분류하도록 설계되었다. 그런데 CPD가 SSL에 오류 데이터를 입력하였고, 결국 SSL은 무려 398,684명의 위험인물 명단을 산출한 것이다. 그리고 이들 중 72%인 287,404명을 250점 이상의 고위험군으로 분류하였다.

CPD는 이들을 표적 감시 및 우선적인 수사대상으로 지정하고, 직접 방문 혹은 주변인물 탐문수사 등의 성과를 거두었다고 홍보하고 관련 예산을 확보하여 경찰 인력을 증원한 것으로 밝혀졌다. 이러한 문제점이 밝혀지자 시카고의회는 CPD의 SSL 시스템 관련 예산을 전액 삭감하였고, 결국 CPD는 2019년 11월부터 예측치안 프로그램을 중단하였다.[15]

LAPD와 CPD의 사례들은 알고리즘 예측치안 시스템이 경찰공무원에 의해 왜곡된 빅데이터에 따라 예측위험의 결과가 달라진다는 것을 확인한 계기가 되었다.

동시에 알고리즘 예측치안 프로그램이 산출하는 강력범죄의 증가 혹은 감소추세 등의 자료가 지역경찰관과 경찰기관장에게 상당한 직무 부담을 준다는 사실도 밝혀졌다. 즉, 범죄문제에 제대로 대응하지 못한다는 비난을 받지 않으려 알고리즘 입력 데이터들이 과소 혹은 과대 값으로 왜곡될 위험이 있다는 것이다. 나아가 PredPol이나 SSL 등의 알고리즘 예측치안 프로그램을 스마트 경찰활동으로 홍보하는 도구[16]로 활용하고, 이를 성과로 치부한다는 비난도 받고 있다. 실제

---

15 Sweeney, A., & Gorner, J. For years Chicago police rated the risk of tens of thousands being caught up in violence. That controversial effort has quietly been ended. JAN 24, 2020, https://url.kr/1x9nom/

16 실제로 PredPol사의 기업홍보웹사이트에서 Smart Policing with PredPol, Using PredPol With Smart Policing Initiatives 등의 홍보문구를 볼 수 있다. predpol,

로는 예측치안 알고리즘 프로그램을 이용한 범죄예방 효과는 매우 미미하거나 검증되지 않았다는 것이다.[17]

시카고경찰청의 ShotSpotter 프로그램

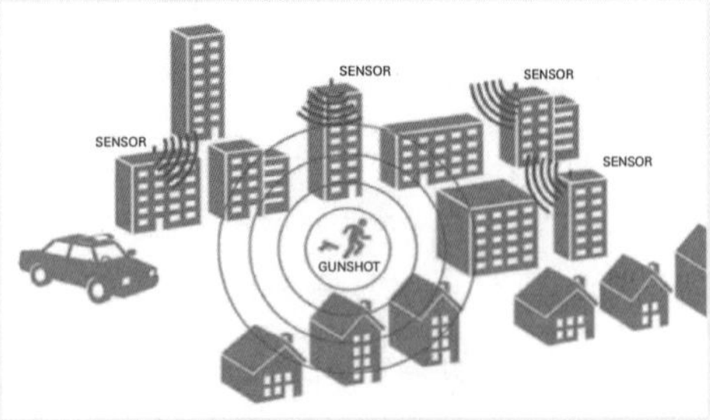

시카고 경찰청은 SSL예산이 폐지되고 이 알고리즘 예측 치안 프로그램을 더 활용지 못하게 되자 2020년부터 2023년까지 ShotSpotter이라는 총기발사추적기술(gunshot detection technology) 프로그램을 도입했다.[18] 이는 시카고 지역 곳곳에 음향을 인지할 수 있는 CCTV를 설치하여 총성이 울리면 이를 인지하여 민간회사 관제센터에 보내고, 관제센터 전문가가 이를 총성으로 확인하면 총기사건이 발생한 장소를 경찰에 알려주어, 경찰이 해당지점으로 출동하도록 하는 시스템이다.

ShotSpotter은 투입되는 예산에 비해 그 효과도 높지 않지만, 해당 장소 주변인들의 얼굴을 촬영하고, 대화내용 등을 모두 녹취하여 해당정보를 민간업체에게 제공하고, 분석한다는 측면에서 인권침해라는 문제가 지속적으로 제기되었다. 결국 시카고 시정부는 2024년 2월 13일 이 ShotSpotter 프로그램 운영 예산을 중단하였다.[19]

---

https://www.predpol.com/smart-policing/

17 경찰청. (2021. 4. 30). 보도자료, 경찰, 빅데이터·인공지능(AI) 활용한 범죄예방활동 전국 확대, https://han.gl/hcFlQ/

18 City of Chicago Office of Inspector General, The Chicago Police Department'S Use of Shotspotter Technology, 2021.

19 wttw news, Mayor Brandon Johnson Cancels ShotSpotter Contract, Fulfilling Major Campaign Promise, https://news.wttw.com/2024/02/13/mayor-brandon-

3. 편향적 범죄예측

알고리즘 범죄예측 프로그램은 폭력, 강도, 절도, 길거리 소란 등 전통적인 범죄에 대한 피해자나 목격자의 신고접수 등의 통계가 자료수집의 단서가 된다. 따라서 전통적인 범죄의 범죄인과 피해자, 그리고 주변지역의 지리적 특징 등에 대한 일차적인 수집자료들을 축적하여 향후 범죄를 예측하고, 경찰력을 집중시켜 그 외의 범죄영역에 대한 경찰 대응력이 현저하게 떨어지는 문제점을 보인다. 특히 사이버상의 횡령, 사기, 자금세탁, 마약사범, 메타버스 범죄 등 피해 규모가 큰 화이트칼라 범죄보다 알고리즘 예측시스템의 개발과 유지에 더 많은 예산과 인력을 배정하는 등의 문제도 지적된다.[20]

실제로 미국의 범죄피해자조사(NCVS)에 따르면 2020년 폭력사건의 약 40%, 재산범죄의 33% 정도만이 경찰에 신고되었고, 이는 미국의 최근 10년 동안 공식통계와 큰 차이가 없다.[21] 그런데 알고리즘 예측치안은 이 한정된 공식통계만을 바탕으로 위험지역과 위험인물을 예측하고, 이를 바탕으로 경찰력을 집중하게 되어 결국 새로운 영역의 범죄에 적절하게 대응하지 못하는 모순적 양상을 보인다는 것이다.[22]

---

johnson-cancels-shotspotter-contract-fulfilling-major-campaign-promise

20 한국 경찰도 전통적 범죄영역인 강도, 절도, 폭행, 성폭력과 시비, 행패 소란, 청소년비행, 무전취식, 무전승차, 술 취한 사람, 보호조치, 위험방지, 기타 경범, 소음, 노점상 등 경범죄에 해당하는 영역을 예측하고 있다. 경찰청. (2020. 12. 20). 보도자료, 경찰청, 빅데이터 플랫폼 구축하고 인공지능(AI) 범죄예방 시범운영, https://han.gl/BKWTw/

21 Morgan, R. E., & Truman, J. L. (2021). Criminal victimization, 2020. Washington, DC: National Crime Victimization Survey, Bureau of Justice Statistics.

22 Richardson, R., Schultz, J. M., & Crawford, K. (2019). Dirty data, bad predictions: How civil rights violations impact police data, predictive policing systems, and justice. NYUL Rev. Online, 94, 15.

4. 몰인간화

한편 알고리즘 예측치안은 지역사회의 특별한 치안수요나 지역주민의 의견이 반영된 쌍방향적인 경찰행정(Community Policing)이 아니라, 경찰의 일방적 경찰행정이라는 문제점도 있다.[23] 즉 경찰은 정성적 판단 없이 로봇처럼 알고리즘이 제시하는 위험점수 혹은 위험색깔에 따라 공권력을 행사함으로써 몰인간화(dehumanization) 되어간다는 것이다. 유엔도 앞서 2019년 채택한 보고서에서 복지 및 치안 분야에 나타나는 알고리즘 예측행정의 몰인간화에 대한 우려를 표명하였다.

5. 표적 감시와 낙인찍기

알고리즘 시스템을 작동하기 위해서 경찰은 위험성 요소와 기준을 정해야 한다. 경찰이 분류한 특정인의 범죄경력, 최초 체포 연령, 범죄의 피해자 여부와 횟수, 지역의 총기나 폭력, 약물범죄 추세 등의 데이터를 프로그램에 입력, 통계적 분석을 거쳐 개인 및 지역의 범죄위험 정도가 숫자 및 색깔로 표시된 리스트 혹은 지도로 산출된다. 이를 바탕으로 경찰은 가장 위험점수가 높은 대상자나 그룹을 표적(target)으로 정하고, 밀착 감시하면서 범죄의 용의선상에 올려놓고 체포하고 책임을 추궁하는 등 경찰권을 행사하게 된다.

그런데 앞서 미국의 NCVS에 의하면 미국인들은 폭력사건의 60%, 재산범죄의 67% 정도는 피해가 작거나, 신고해도 문제가 해결되지 않을 것 같아서 또는 경찰을 신뢰하지 않아서 등의 이유로 신고하지 않는다고 응답하고 있다.[24] 따라서 경찰이 알고리즘 위험예측 시스템

23 Gstrein, O. J., Bunnik, A., & Zwitter, A. (2019). Ethical, legal and social challenges of Predictive Policing. Católica Law Review, Direito Penal, 3(3), 77–98.

24 Morgan, R. E., & Truman, J. L. (2021). Criminal victimization, 2020. Washington,

을 작동하기 위하여 입력하는 데이터는 매우 한정된 자료에 불과하다.

그러나 이 한정된 데이터를 바탕으로 한 알고리즘 분석추론에 따라 위험인물(red people)이나 위험지역(red zone)이라고 낙인이 찍히고, 경찰표적이 되어 상시적인 경찰권 발동대상이 된다. 나아가 경찰의 낙인은 일반인들에게도 부정적인 영향을 끼쳐 잦은 마찰과 다툼, 범죄의 원인으로 작용하게 된다. 또한 경찰이 수시로 불심검문을 하거나, 경찰순찰차가 상주하는 지역에서는 그렇지 않은 경우보다 폭행이나 경미범죄가 더 빨리 그리고 더 많이 적발된다.

따라서 위험인물 또는 위험지역이라는 낙인이 더 강화되고, 경찰개입 역시 더 강력해지는 악순환을 불러온다. 결국 범죄예측 알고리즘 프로그램은 표적한 위험인물을 범죄자로 이끄는 파이프라인(pipeline to criminals)이 될 수 있다.

실제로 경찰의 표적이 되어 집중감시를 당한 지역의 어린이들은 그렇지 않은 지역사회 청소년보다 더 빨리, 그리고 더 많이 비행청소년이 되며, 성인이 되어서도 범죄경력이 더 많아진다는 사실이 추적조사 결과 밝혀지기도 하였다.[25]

6. 데이터의 불투명성과 위험예측 결과의 오류

알고리즘 예측치안 소프트웨어를 작동하기 위해서 빅데이터에 담기는 정보가 무엇인지 불투명하고, 신뢰성이 담보되지 않는다는 비난도 제기된다.

실례로 시카고 경찰청에 SSL프로그램을 납품한 업체는 이 프로그램에 사용한 데이터는 개인의 범죄경력, SNS 등이라고 밝혔다. 그러나 언론계 및 시카고시청 감사실의 조사에 따르면 CPD가 업체에 전

DC: National Crime Victimization Survey, Bureau of Justice Statistics.

25 Mehrotra, D. Mattu, S., Gilbertson, A., & Sankin, A. (2021). How We Determined Crime Prediction Software, Disproportionately Targeted Low-Income, Black, and Latino Neighborhoods, https://url.kr/4qzeo1/

달한 정보는 ① 총격의 피해자가 된 횟수 ② 가장 최근에 체포된 나이 ③ 상해 또는 폭행의 피해자가 된 횟수 ④ 폭력범죄로 이전에 체포된 횟수 ⑤ 마약류 범죄로 체포된 횟수 ⑥ 무기사용으로 체포된 횟수 ⑦ 최근의 범죄활동 경향 ⑧ 개인의 갱 소속 등으로 업체의 해명과는 큰 차이가 있다.[26]

MIT Technology Review가 지적한 시카고 경찰청의 SSL 무용론

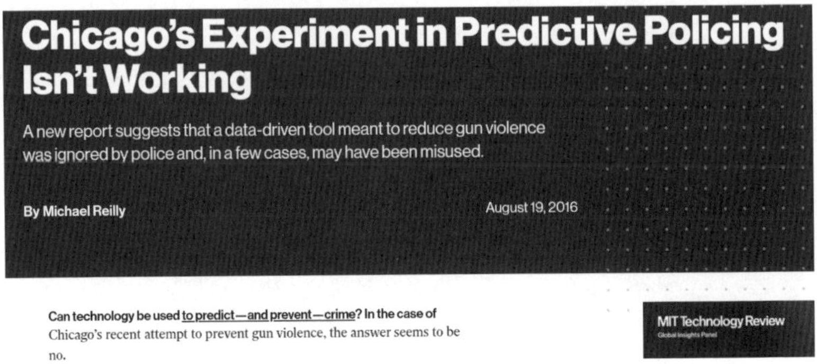
Chicago's Experiment in Predictive Policing Isn't Working

A new report suggests that a data-driven tool meant to reduce gun violence was ignored by police and, in a few cases, may have been misused.

By Michael Reilly

August 19, 2016

Can technology be used to predict—and prevent—crime? In the case of Chicago's recent attempt to prevent gun violence, the answer seems to be no.

MIT Technology Review
Global Insights Panel

자료: MIT Technology Review, Chicago's Experiment in Predictive Policing Isn't Working, https://han.gl/TzH4D/

그런데 CPD는 여덟 가지 데이터에 위험점수를 매길 때 차이를 두었지만 누가 왜 그 기준을 설정하였는지를 명확하게 설명하지 못하였다. 또한 ⑦ 최근의 범죄활동 경향을 경찰이 어떻게 파악하는지 설명하지 못하였고, 심지어 위험인물로 분류된 398,684명 모두에게 위험점수를 똑같이 준 것으로 나타났다.

또한 원천 데이터 자체를 신뢰하기 어려운 오류도 발견되었다. 즉, 위험인물 명단(rank-order list) 중 126,904명은 범죄로 체포되거나 범죄의 피해자가 된 적이 없음에도 불구하고, 이들 중 88,592명이

26 Dumke, M., & Main, F. (2017). A look inside the watch list Chicago Police fought to keep secret. Chicago Sun-Times.

250점 이상의 고위험 예측점수를 받았다. 또한 경찰 체포경력이 없는 총격, 상해, 폭행의 피해자였던 823명 중 763명이 250점 이상의 고위험 예측점수를 받았다. 특히 이 프로그램은 시카고의 20대 흑인 인구 중 56%가 특별한 전과가 없는데도 불구하고 위험인물로 분류한 것으로 나타났다.[27]

그런데 CPD는 특별지침(Chicago Police Department Special Order S10-05)에 의거, 250점 이상의 고위험 대상자들에게 1,400여 회 정도 경고장(Custom Notifications Letter)을 보내 범죄를 억지하고, 잠재적 피해자들을 돕는 성과를 거뒀다고 홍보했다.[28] 그러나 이는 CPD가 예측치안 전략을 도입한 후 프로그램 유지에 사용한 예산이 4백만 달러에 육박한다는 점에서 설득력이 매우 부족한 해명이며, 동시에 그 효과 역시 검증되지 않는다는 비판을 불러왔다. 특히 CPD가 SSL 알고리즘에 폭행이나 총기사건 발생 시 확보한 범인과 피해자의 지문정보를 입력하여 다수의 위험인물을 양산한 사실이 드러났다.

V. 한국의 프리카스는 전지적인가?

한국 경찰은 2019년 9월부터 빅데이터 통합플랫폼 구축사업을 시작하여 LAPD의 프레드폴(PredPol)을 모델로 범죄위험도예측분석시스템(Predictive Crime Risk Analysis System: Pre-CAS)을 개발, 2021년 5월부터 전면적으로 시행하고 있다. 또한 경찰청에 치안빅데이터정책

27 Sweeney, A., & Gorner, J. For years Chicago police rated the risk of tens of thousands being caught up in violence. That controversial effort has quietly been ended. JAN 24, 2020, https://url.kr/1x9nom/

28 CPD는 이 지침을 2013년 7월 7일부터 시행하였다. 250점 이상 위험예측 범죄자 및 피해자들에게 맞춤고지서(Custom Notifications Letter)를 담당 경찰관, 사회복지사, 지역의 리더 등이 직접 전달하고 법규범을 준수 경고 또는 범죄피해 보호를 요청 안내를 하도록 하였다. Chicago Police Department, Violence Reduction Strategy, https://url.kr/ofrc5z/

부서를, 경찰대학에 스마트치안빅데이터플랫폼과 스마트치안지능센터를 설치하는 등 2021년부터 알고리즘 예측치안 전략시스템을 강화하고 있다.

프리카스(Pre-CAS·Predictive Crime Risk Analysis System)는 범죄통계와 112신고를 비롯해 교통사고 건수와 유흥시설·학교 숫자는 물론 인구·기상·실업률·고용률 등 각종 데이터를 분석해 특정 요일, 특정 시간에 어디에서 범죄가 발생할 확률이 높은지 분석한다. 당초 경찰은 이러한 결과를 토대로 범죄발생 가능성이 높은 지역의 순찰을 강화하는 수준에서 프리카스를 활용했는데, 최근에는 마약·전세사기 범죄예방으로 확대해 활용하기 시작했다.[29]

2022년 1월부터는 서울 서초구가 전국 최초로 범죄발생 가능성이 높은 지역을 빅데이터로 예측해 시간대별로 집중감시하는 범죄예측지도시스템을 운영하고 있다. 한편 한국과학기술연구원(KIST)은 나이 정보를 포함한 한국인 몽타주 1만 장을 이용해 나이변화에 따른 특징점(얼굴형 변화, 주름, 색소침착, 피부색 변화 등)을 AI로 분석, 장기간 실종된 실종자의 몽타주를 예측하는 기술을 개발했다. 이러한 정보는 장기 실종자를 수배하고 찾는 데 활용할 수 있다.[30]

야근 후 어두운 골목길을 걸어가는데 앞에 한 여성이 가고 있다. 그런데 갑자기 경찰이 불쑥 나타나 날더러 '범죄 용의자'라며 신문을 하려든다. 손짓, 발짓, 표정이 영락없는 범죄자라나? 웬 날벼락인가 싶겠지만 서초구에서는 이런 일이 벌어질 수 있다.

---

29 조선일보, 2023.2.19., 'AI 활용한 범죄 예측' 확대하는 경찰... 학계선 "엉뚱한 결과 나올 수도" 우려, https://biz.chosun.com/topics/topics_social/2023/02/19/MWPOCKZ2HBH5DJIBYIP2RV3VIU/

30 정보통신신문, 2022.3.27., 빅데이터 분석해 범죄 예측·대응… 스마트치안 '주목', https://www.koit.co.kr/news/articleView.html?idxno=94969/

2002년 톰 크루즈가 주연한 마이너리티 리포트 영화 이야기가 서초구에서는 이제 현실이 된다. 서초구는 범죄 발생 가능성이 높은 지역을 빅데이터로 예측해 집중 감시하는 '범죄예측지도 시스템'을 한국전자통신연구원(ETRI)과 공동 개발해 운영한다고 밝혔다. 최근 3년간 지역 내 3만2656건의 CCTV 사건·사고 빅데이터를 분석해 우범 지역을 찾아내고 붉게 '고(高) 범죄 위험지역'으로 표시하는 것이다.

이어 해당 지역은 CCTV 통합관제센터인 서초스마트허브센터 관제사가 CCTV를 집중 감시하면서 AI(인공지능)가 과거 범죄와 유사한 상황을 실시간으로 찾아내 몇 분 또는 몇 시간 후 우범률(%)을 예측하는 '범죄 가능성 예측기술'을 적용할 예정이다.

가령 새벽시간대 골목길에서 모자를 쓴 남성이 젊은 여성을 따라가는 모습이 CCTV에 잡힌다면 위험도를 높게 책정해 알람을 울리고 경찰이 출동하게 하는 식이다. ... 한국전자통신연구원에 따르면 현재 개발 중인 '지능형 CCTV 영상분석기술' 등을 활용 시 복장과 움직임, 소리까지 분석해 '범죄 가능성'을 파악할 수 있다. 구두 발자국 소리만 듣고도 말이다. ...

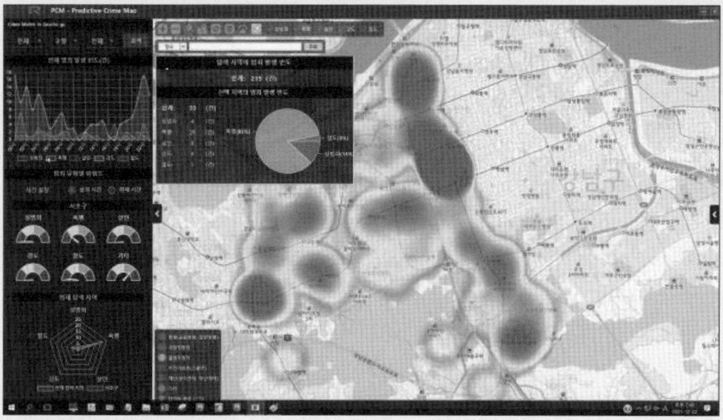

자료: 조선일보, 2022.2.14., 골목길 걸어갈 뿐인데 '범죄 용의자' 된다고?, https://www.chosun.com/special/special_section/2022/02/14/YGC76N6YG5GOBJS3XHH7P74KVQ/

한국의 경우에도 경찰청의 프리카스와 같은 알고리즘 예측 프로그램을 활용한 공권력 행사의 효율성에 대한 비판적 시각과 함께 인권침해의 우려에 대한 다양한 지적이 있다.[31]

미국의 뉴욕, 로스앤젤레스, 시카고 등의 경찰기관이 도입한 알고리즘을 활용한 범죄예측 전략이 완전하게 실패한 범죄대응 전략이라고 할 수는 없다. 그러나 매우 인권침해적 우려가 높고, 효용성이 충분히 검증되지 않은 공권력 행사의 표징이라는 것도 드러났다.

31 허경미, 현대사회문제, 2022, 박영사. 132–137.; 이병규. (2019). 예측 치안의 헌법적 논의. 한국부패학회보, 24(3), 73–94.; 정채연. (2023). 예측적 치안과 형사정책: 쟁점과 과제. 영남법학, 57, 67–92.

참고문헌

1 wikipedia, https://ko.wikipedia.org/wiki/

2 University of York, How do algorithms work?, https://online.york.ac.uk/how-do-algorithms-work/

3 geeksforgeeks, Most important type of Algorithms, https://www.geeksforgeeks.org/most-important-type-of-algorithms/

4 University of York, How do algorithms work?, https://online.york.ac.uk/how-do-algorithms-work/

5 Weisburd, D., Willis, J., Mastrofski, S., & Greenspan, R. (2019). Critic: Changing Everything so that Everything Can Remain the Same: CompStat and American Policing. In D. Weisburd & A. Braga (Eds.), Police Innovation: Contrasting Perspectives (pp. 417-436). Cambridge: Cambridge University Press. doi:10.1017/9781108278423.019

6 Geolitica, https://geolitica.com/company/

7 Perry, W. L. (2013). Predictive policing: The role of crime forecasting in law enforcement operations. Rand Corporation. 10-12.

8 brennan center, Brennan Center for Justice v. New York Police Department, https://www.brennancenter.org/our-work/court-cases/brennan-center-justice-v-new-york-police-department

9 The NewYORK City Council, A Local Law in relation to automated decision systems used by agencies(2018/049), https://han.gl/otEwS/

10 경찰청, 2021.4.30. 보도자료, 경찰, 빅데이터·인공지능(AI) 활용한 범죄예방활동 전국 확대, https:// han.gl/ShLSt/

11 UN Human Rights, Digital technology, social protection and human rights: Report(A/74/493), https://url.kr/nsg8mv/

12 Alston, P. (2019). Report of the Special Rapporteur on extreme poverty and human rights.

13 Richardson, R., Schultz, J. M., & Crawford, K. (2019). Dirty data, bad predictions: How civil rights violations impact police data, predictive policing systems, and justice. NYUL Rev. Online, 94, 15.

14 Dumke, M., & Main, F. (2017). A look inside the watch list Chicago Police fought to keep secret. Chicago Sun-Times.

15 Sweeney, A., & Gorner, J. For years Chicago police rated the risk of tens of thousands being caught up in violence. That controversial effort has quietly been ended. JAN 24, 2020, https://url.kr/1x9nom/

16 predpol, https://www.predpol.com/smart-policing/

17 경찰청. (2021. 4. 30). 보도자료, 경찰, 빅데이터·인공지능(AI) 활용한 범죄예방활동 전국 확대, https://han.gl/hcFlQ/

18 City of Chicago Office of Inspector General, The Chicago Police Department'S Use of Shotspotter Technology, 2021.

19 wttw news, Mayor Brandon Johnson Cancels ShotSpotter Contract, Fulfilling Major Campaign Promise, https://news.wttw.com/2024/02/13/mayor-brandon-johnson-cancels-shotspotter-contract-fulfilling-major-campaign-promise

20 경찰청. (2020. 12. 20). 보도자료, 경찰청, 빅데이터 플랫폼 구축하고 인공지능(AI) 범죄예방시범운영, https://han.gl/BKWTw/

21 Morgan, R. E., & Truman, J. L. (2021). Criminal victimization, 2020. Washington, DC: National Crime Victimization Survey, Bureau of Justice Statistics.

22 Richardson, R., Schultz, J. M., & Crawford, K. (2019). Dirty data, bad predictions: How civil rights violations impact police data, predictive policing systems, and justice. NYUL Rev. Online, 94, 15.

23 Gstrein, O. J., Bunnik, A., & Zwitter, A. (2019). Ethical, legal and social challenges of Predictive Policing. Católica Law Review, Direito Penal, 3(3), 77-98.

24 Morgan, R. E., & Truman, J. L. (2021). Criminal victimization, 2020. Washington, DC: National Crime Victimization Survey, Bureau of Justice Statistics.

25 Mehrotra, D. Mattu, S., Gilbertson, A., & Sankin, A. (2021). How We Determined Crime Prediction Software, Disproportionately Targeted Low-Income, Black, and Latino Neighborhoods, https://url.kr/4qzeo1/

26 Dumke, M., & Main, F. (2017). A look inside the watch list Chicago Police fought to keep secret. Chicago Sun-Times.

27 Sweeney, A., & Gorner, J. For years Chicago police rated the risk of tens of thousands being caught up in violence. That controversial effort has quietly been ended. JAN 24, 2020, https://url.kr/1x9nom/

28 Chicago Police Department, Violence Reduction Strategy, https://url.kr/ofrc5z/

29 조선일보, 2023.2.19., 'AI 활용한 범죄 예측' 확대하는 경찰... 학계선 "엉뚱한 결과 나올 수도" 우려, https://biz.chosun.com/topics/topics_social/2023/02/19/MWPOCKZ2HBH5DJIBYIP2RV3VIU/

30 정보통신신문, 2022.3.27., 빅데이터 분석해 범죄 예측·대응… 스마트치안 '주목', https://www.koit.co.kr/news/articleView.html?idxno=94969/

31 허경미, 현대사회문제, 2022, 박영사. 132-137.; 이병규. (2019). 예측 치안의 헌법적 논의. 한국부패학회보, 24(3), 73-94.; 정채연. (2023). 예측적 치안과 형사정책: 쟁점과 과제. 영남법학, 57, 67-92.

찾아보기

— ㄴ

— ㄷ

— ㄹ

— ㅈ

— ㅊ

— ㅋ

— A-Z

저자약력

허경미

학 력
동국대학교 대학원 경찰행정학과 졸업(법학 박사)
동국대학교 공안행정대학원 경찰행정학과 졸업(행정학 석사)
동국대학교 법정대학 경찰행정학과 졸업(행정학 학사)

경 력
계명대학교 사회과학대학 경찰행정학과 교수
경찰대학 경찰학과 교수요원
대구광역시 자치경찰위원회 위원
경찰청 인권위원회 위원
경찰청 마약류 범죄수사자문단 자문위원
대구지방검찰청 형사조정위원회 위원
대구고등검찰청 징계위원회 위원
대구지방보훈청 보통고충심사위원회 위원
경북지방노동위원회 차별심판 공익위원
대구광역시 인사위원회 위원
대구광역시 행정심판위원회 위원
법무부 적극행정위원회 위원
법무부 인권교육 강사
한국양성평등교육진흥원 폭력예방교육모니터링 전문위원
John Jay College of Criminal Justice 방문교수
한국소년정책학회 부회장
한국교정학회 부회장
한국공안행정학회 제11대 학회장

수상경력
경찰대학교 청람학술상(2000)
계명대학교 최우수강의교수상(2008) 업적상(2014) 업적상(2024)
한국공안행정학회 학술상(2009)
중앙노동위원장상(2023)
대통령 표창(2013)

범죄와 도덕적 가치
- 형벌과 사회적 수용성 사이의 딜레마 -

초판발행 2024년 7월 30일

지은이 허경미
펴낸이 안종만 · 안상준

편 집 장유나
기획/마케팅 장규식
표지디자인 이은지
제 작 고철민 · 김원표

펴낸곳 (주) 박영사
서울특별시 금천구 가산디지털2로 53, 210호(가산동, 한라시그마밸리)
등록 1959. 3. 11. 제300-1959-1호(倫)
전 화 02)733-6771
f a x 02)736-4818
e-mail pys@pybook.co.kr
homepage www.pybook.co.kr
ISBN 979-11-303-2059-5 93350

정 가 23,000원